新时代劳动教育及其创新路径

高丽梅　著

中国原子能出版社
China Atomic Energy Press

图书在版编目（CIP）数据

新时代劳动教育及其创新路径 / 高丽梅著. —— 北京:
中国原子能出版社, 2023.12
ISBN 978-7-5221-3128-3

Ⅰ. ①新… Ⅱ. ①高… Ⅲ. ①劳动教育—教育研究
Ⅳ. ①G40-015

中国国家版本馆 CIP 数据核字（2023）第 230005 号

新时代劳动教育及其创新路径

出版发行	中国原子能出版社（北京市海淀区阜成路 43 号 100048）	
责任编辑	郭　康	
装帧设计	李　冉	
责任印制	白雪睿	
印　　刷	三河市悦鑫印务有限公司	
经　　销	全国新华书店	
开　　本	710×1000　1/16	
印　　张	13	
字　　数	220 千字	
版　　次	2024 年 5 月第 1 版　2024 年 5 月第 1 次印刷	
书　　号	ISBN 978-7-5221-3128-3	**定　价　79.00**

网址：http//www.aep.com.cn　　　　E-mail：atomep123@126.com
发行电话：010-68452845　　　　版权所有　侵权必究

前　言

　　劳动教育是国民教育体系的重要内容，是学生成长的必要途径，具有树德、增智、强体、育美的综合育人价值。实施劳动教育重点是在系统的文化知识教育之外，有目的、有计划地组织学生参加日常生活劳动、生产劳动和服务性劳动，让学生动手实践、出力流汗，接受锻炼、磨炼意志，培养学生正确的劳动价值观和良好的劳动品质。大学生思想敏锐，头脑聪明，个性张扬，更希望得到尊重与鼓励；他们对关爱、赞扬有更强的渴求和反应；他们活泼好动，有强烈的"动手"参与兴趣。

　　本书属于新时代劳动教育方面的书籍，由大学生劳动教育概述、新时代劳动教育精神、新时代大学生劳动教育、新时代大学生劳动教育的路径、社会劳动与职场劳动实践、新时代高校劳动教育的分层实施、新时代高校劳动教育的创新路径、新时代劳动教育价值与体系建构、新时代劳动教育的创新实践等部分构成。重点论述大学生劳动教育的内容和路径，阐明新时代劳动教育的价值、体系与创新。本书可作为劳动教育相关课程的教材，也可供有兴趣的社会读者参考阅读。

　　劳动教育是人生的"必修课"，但让它从课程表上的一种价值召唤真正成为砥砺成长的广阔天地，可能还有很长的路要走。不让劳动教育流于形式，尤需社会、学校、家长齐心协力创造更多有利条件，让青少年真正走进生活的课堂、走进劳动的现场，在扎根大地的劳动中，展现风采、感受快乐、实现成长。

　　由于写作时间有限，本书可能存在欠缺之处，希望读者批评指正，在此表示衷心的感谢。

作　者

2023 年 8 月

目　　录

第一章　大学生劳动教育概述

第一节　劳动和劳动教育

一、劳动

劳动是人类生存和发展的第一个基本条件。人类的历史就是生产劳动发展的历史，是劳动创造的历史。

所谓劳动，通常是指能够对外输出劳动量或劳动价值的人类运动，是人维持自我生存和发展的唯一手段。如果没有劳动，也许世界上至今没有人类；如果没有劳动，人们不可能有今天这样富裕的生活。人类劳动不仅仅为了生存，同时还为在征服和改造自然中获得自由，在自由中领略到幸福之美感，从而获得精神之满足。劳动首先是人和自然之间的过程，是人以自身的活动来引起、调整和控制人和自然之间的物质变换的过程。人自身作为一种自然力与自然物质相对立。为了在对自身生活有用的形式上占有自然物质，人就使他身上的自然力——臂和腿、头和手运动起来。当他通过这种运动作用于他身外的自然并改变自然时，也就同时改变他自身的自然。他使自身的自然中沉睡着的潜力发挥出来，并且使这种力的活动受他自己的控制。

（一）劳动概念的产生和发展

劳动是人类本质的集中体现，任何劳动都是在一定的社会生产关系条件下进行的。对劳动内容的探索经历了从现象到本质的认识过程，劳动概念的产生和发展过程也成为一个不断发展的理论探索过程。

在古希腊，"劳动"一词指的是营生和自然代谢的活动，劳动遭到轻视、蔑视，甚至是鄙视，劳动者只能沦为被自身劳动统治的对象。英国古典政治经济学创始人威廉·配第（William Petit）认识到"劳动是生产的真正灵魂"，提出"劳动是财富之父，土地是财富之母"，此时劳动的边界仅限于个体的人的体力劳动。以弗朗斯瓦·魁奈（Francois Quesnay）为代表的法国重农学派将财富的本质视为一般劳动，这种将抽象性的劳动提升为财富的普遍本质的原则是一个较大的进步。本杰明·富兰克林（Benjamin Franklin）将劳动作为衡量价值的尺度，对抽象劳动提出了初步的见解。现代经济学主要创立者亚当·斯密（Adam Smith）非常重视劳动，认为劳动是一切活动中最重要的活动。他认为财富的普遍本质是劳动，将抽象出来的劳动视为衡量一切商品交换价值的真实尺度。大卫·李嘉图（David Ricardo）坚持并发展了劳动时间决定商品价值的原理，他认为所有的价值都是由劳动产生的，并进一步区分了直接劳动与间接劳动、简单劳动与复杂劳动、个别具体劳动与社会必要劳动等经济学概念。

5—17世纪中叶的西欧封建社会时期，劳动的概念带有神学的性质，强调从事精神活动和体力劳动是上帝对人的旨意。德国古典哲学家格奥尔格·黑格尔（Georg Hegel）把劳动概念由经济学领域提升到了哲学领域，认为劳动是绝对精神在塑造世界时的外化，把劳动看作人的本质，是一种抽象的精神活动，他所承认的劳动也限于抽象的精神劳动。法国空想社会主义者傅立叶认为劳动是人的本能，一种"娱乐活动"，一种比跳舞和看戏更加诱人的事情。

真正对劳动做出正确理解的是马克思。劳动首先是人与自然之间的过程，是人以自身的活动引起、调整和控制人和自然之间的物质变换的过程，这一定义非常经典。在这里，马克思深刻揭示了劳动的特点：①劳动体现了人作为行为主体的能动性。劳动是一种服务于一定目的的社会现象，这一目的就是确定人对自然、对自己命运的支配。②劳动是文明的真正基础和根源。充当人的劳动对象的，不仅有大自然本身，还有人用某种方式变更过的和人在劳动过程中改造过的自然，即"第二自然"，因此劳动成了人类历史和个人的基础，成了文明的真正基础和根源。劳动作为使用价值的创造者，作为有用的劳动，是不以一切社会形式为转移的人类生存条件，是人和自然之间的物质变换即人类生活得以实现的永恒的自然必然性。

随着世界科技的高速发展和信息经济、知识经济的出现，知识、信息、科技在劳动创造价值中的作用越来越大，劳动的内涵与外延也在不断变化。劳动包括有目的地为生产物品和提供劳务而付出的一切脑力和体力的耗费，这是社会主义市场经济中形成价值的生产劳动的内涵。现阶段劳动的概念可以表述为劳动是人们为了满足物质、精神文化需要以及实现自身全面发展所进行的有目的的活动，是人能动的、创造性地利用自然资源、社会资源和人类自身潜能与客观世界进行物质变换并创造精神文化产品的过程。这一表述包括三层含义：一是把劳动的目的扩充为满足人们的物质、精神文化需要和实现人自身发展三大方面；二是强调人的劳动的能动性、创造性；三是将劳动的对象扩充为自然资源、社会资源和人的潜能等领域。

随着生产力的发展，劳动概念的内涵和外延还会不断扩展，劳动的具体形态也会不断变化，其复杂程度也将不断提高。

（二）劳动的本质特征

人类需要的各种物质资料，都要从自然界获取，劳动是人类最基本的社会实践活动。劳动的本质特征有以下几点。

第一，劳动是一种客观的物质性活动。在劳动中起主导作用的人是物质世界的一部分，人类进行劳动所依赖的条件是客观物质条件，人类劳动的目的性是在对物质世界的客观性的认识中产生的。因此，劳动过程就是一个客观的物质性活动过程。

第二，劳动是一种有目的的活动。劳动是人类为了满足自己的需要而进行的活动，人类劳动是具有目的性和预见性的，人类在开始劳动之前就能预见到劳动的结果。劳动就是人类按照预定的目的有计划地进行的活动。

第三，劳动具有能动性。劳动的能动性首先表现为劳动的创造性。人类不仅用自身的力量改造自然，还能自觉地利用自然的物质力量改造自然。劳动所具有的能动性还表现为人类在劳动过程中表现出来的自我约束性。劳动过程就是人类按照预定的目标，运用一定的方法消耗自己脑力和体力的过程。

第四，劳动是社会性的活动。人类劳动的社会性最初是在人类改造自然的过程中产生的。人要改造自然，首先必须在一定的关系下联合起来，结成人与人之间的关系，形成一种集体力量。人同动物的本质区别在于人具有社会性。

（三）劳动的社会职能

作为人类特有的社会活动，劳动具有多方面的社会职能。

1. 创造社会财富

自然界为人类的生存提供了物质基础，但人类对自然界的依存并不是直接的，而是以劳动作为中介。直接作为人类生存和发展的客观物质条件的是社会物质财富，而社会物质财富则是人类劳动的产物。社会物质财富虽然最初都是自然物，但经过人的劳动加工或改造之后已经改变了存在的形态，成了社会的产物，不再单纯是自然的产物。社会物质财富的创造必须具备自然物和人类劳动两个条件，人类劳动首要的职能就是运用生产工具对作为劳动对象的自然物进行加工或改造，使其成为社会物质财富，并以生活资料的形式来满足人类自身生存和发展的需要。除了物质财富以外，社会财富的另一种形式是精神财富。社会精神财富也是在物质性生产劳动的基础上，通过精神性生产劳动创造出来的。

2．推动社会发展

社会文明的基础是物质生产的发展水平，归根到底取决于人们的劳动方式，即战胜自然、获取生活资料的方式。根据人们战胜自然、获取生活资料方式的差别，把人类社会由低级到高级、由不完善到比较完善的发展过程划分为三个时代：蒙昧时代、野蛮时代、文明时代。恩格斯肯定了这种划分方法，并做了进一步阐发，蒙昧时代是以采集现成的天然产物为主的时期，野蛮时代是学会经营畜牧业和农业的时期……文明时代是学会对天然产物进一步加工的时期，是真正的工业和艺术产生的时期。进入文明时代以后，社会的发展进步归根到底取决于人们战胜自然、获取生活资料的劳动方式的发展进步。正是人类的劳动不断地改造和完善着社会，推动着社会发展。

3．满足人的需要

人作为一种动物，天然地有着自身的需要，在这一点上人和其他动物是相同的，但动物的需要是出自本性，仅以维持生命的延续为限度，长久地停留在一个大致不变的水平上，人的需要则内容广泛且不断提高。人的发展需要是人所特有的，是人区别于动物的根本标志之一。对于人类的生活来说，劳动不但创造着满足需要的社会财富，而且创造着需要本身以及满足需要的方式。

劳动创造了人，也改造和完善了人，满足了人的生存需要和发展需要。人类的历史就是人类通过自身的劳动而诞生和不断自我完善的历史。劳动的社会职能决定了它是人类各种活动中最重要的活动，它不仅改造着自然界，还改造着人和社会。

（四）劳动的分类

劳动的分类对于我们全面认识劳动、有效组织劳动、充分发挥劳动的社会职能，具有重要的作用。

1．体力劳动和脑力劳动

按照劳动力支出的特性划分，劳动可以分为体力劳动和脑力劳动。体力劳动是劳动者以运动系统为主要运动器官的劳动。脑力劳动是劳动者以大脑神经系统为主要运动器官的劳动。运用知识、经验创造新知处理问题的脑力劳动称为智力劳动。脑力劳动在源头上决定着体力劳动，因为只有在头脑中决定了劳动的目的、方法和对象，体力劳动才成为必要。脑力劳动是劳动的创造阶段和决定阶段，是创造性劳动，居于主导地位，体力劳动是生产性劳动，居于被支配地位。

人类最初的劳动都是体力劳动和脑力劳动的结合，只是发展到一定的阶段，二者才相对分开，有的人专门从事脑力劳动，有的人专门从事体力劳动。体力劳动和脑力劳动的分离只是一种历史现象，最初二者没有分化，将来二者还要结合。不能孤立地去理解体力劳动和脑力劳动，重视体力劳动轻视脑力劳动或者重视脑力劳动轻视体力劳动都是不正确的。

2．简单劳动和复杂劳动

根据同等劳动时间内形成的价值量的差别，劳动可以分为简单劳动和复杂劳动。简单劳动是指不需要经过专门训练和培养的一般劳动者都能从事的劳动。复杂劳动是指需要经过专门训练和培养，具有一定文化知识和技术专长的劳动者所从事的劳动。简单劳动和复杂劳动在同样的时间里，创造的价值是不同的。在相同的劳动时间里，复杂劳动创造的价值大于简单劳动创造的价值，原因是从事复杂劳动的劳动力需要花费更多的劳动才能被生产和再生产出来，是一种较高级的劳动力。

在以私有制为基础的商品经济条件下，复杂劳动转化为简单劳动，不是商品生产者自觉计算出来的，而是商品交换过程中自发实现的。简单劳动和复杂劳动的区分是个动态的历史范畴，是根据不同国家、不同地区、不同生产力发展水平和不同历史时期来区分的。无论是简单劳动还是复杂劳动，都应该得到承认和尊重。

3．具体劳动和抽象劳动

在古典经济学家提出的劳动创造价值的基础上，马克思将劳动划分为两种形式：一种是具体劳动，另一种是抽象劳动。具体劳动是生产不同使用价值的不同性质和不同形式的劳动，由生产的目的、操作方式、劳动对象、手段和结果决定。抽象劳动是撇开劳动的具体形式，凝结在商品中的无差别的一般人类劳动。具体劳动和抽象劳动是生产商品的同一劳动的两个方面，两者相互依存、互为条件，在时间、空间上都是不可分割的。具体劳动创造商品的使用价值，抽象劳动形成商品的价值。具体劳动反映人与自然之间的关系，属于劳动的自然属性；抽象劳动反映人与人之间的社会关系，属于劳动的社会属性。

4. 生产性劳动、服务性劳动和公益性劳动

根据劳动对象的不同可以将劳动分为生产性劳动、服务性劳动和公益性劳动。生产性劳动是指从事物质资料生产的劳动，即劳动者运用生产工具作用于劳动对象，生产出人们需要的物质产品的劳动。生产性劳动实现了人和自然界之间物质和能量的变换，是人类最基本的实践活动。服务性劳动是指服务性行业的劳动，包括服务业、旅游业、饮食业、医疗保健、娱乐业等在内的劳动，是第三产业的重要方面，其最大特点就是为生活和生产服务。服务性劳动是社会生活不可缺少的环节，随着生产力和商品经济的发展，服务性劳动在国民经济中占有的比例越来越高。公益性劳动是指为社会整体的公共利益而进行的劳动，以服务他人为宗旨，但不为某个人服务。公益性劳动具有义务性，不计报酬。

（五）劳动的意义

依靠劳动和劳动所创造的文化和技术的发展，人类不但能够在自然界幸存下来，而且能够不断地加强社会的生产力，以至于这个似乎无限的生产力的发展开始威胁到地球的生态系统和人类本身的存在。从 20 世纪中期开始，越来越多的历史学家开始关注劳动的历史意义。

劳动过程随着社会的规则和法律的不同而变化，而一个社会的规则和法律又有很大一部分是由社会所拥有的生产关系所决定的。生产关系可以看作是调整一个社会的劳动资源的供给、分布及劳动结果的方式。也就是说，劳动随文化与社会的变迁及差异而不断地变化。生产关系决定劳动的经济、政治的目的和意义。每个文化时期和历史时期都有其特有的劳动形式。

劳动有一个与社会和国家体系不完全相关的方面，就是技术水平。虽然每个人与社会的能力和经济可能不同，但一般来说人类总是尽可能地使用最有效、新颖的技术来保证和提高其劳动的质量和生产力，来保证其劳动结果符合社会的需要。但随着技术的发展，人的体力在劳动过程中越来越不重要了。体力劳动不断地被机器取代，而为了维护和发展现代化的生产系统的运行,越来越多的劳动力需要更好的教育和训练,新的劳动因此产生。

二、劳动教育

民生在勤，勤则不匮。劳动是推动人类社会进步的根本力量，是财富的源泉，也是幸福的源泉。要求把劳动教育纳入人才培养全过程，对新时代劳动教育做了顶层设计和全面部署，意义重大，影响深远。

（一）劳动教育的概念及内涵

培养学生树立正确的劳动观点和劳动态度，热爱劳动和劳动人民，掌握一定的劳动知识和技能，养成热爱劳动习惯的教育。劳动价值观是劳动素养的核心内涵，劳动教育也可以定义为以促进学生形成劳动价值观（即确立正确的劳动观点、积极的劳动态度，热爱劳动和劳动人民等）和养成良好劳动素养（形成劳动习惯、有一定劳动知识与技能、有能力开展创造性劳动等）为目的的教育活动。

劳动教育包含以下两方面的内涵。

（1）在劳动价值观方面，劳动教育要帮助学生：其一，确立正确的劳动观点、积极的劳动态度，倡导通过诚实劳动创造美好生活、实现人生梦想，反对一切不劳而获、崇尚暴富、贪图享乐的错误劳动价值观。其二，形成尊重、热爱劳动过程、劳动成果和劳动人民的价值态度，培育积极的劳动精神。

（2）在劳动素养方面，劳动教育要特别强调：其一，促进学生具备一定的劳动知识与技能，成为全面发展的人。其二，发展学生创造性劳动的潜质，使学生成为新时代所需要的创造性劳动者。其三，让学生养成良好的劳动习惯，成为"流自己的汗、吃自己的饭"的有尊严、有教养的现代公民。

（二）劳动教育的基本特征

劳动教育是新时代党对教育的新要求，是中国特色社会主义制度的重要内容，是全面发展教育体系的重要组成部分，也是学校必须开展的教育活动。劳动教育具有以下三个基本特征。

1. 鲜明的思想性

必须将马克思主义劳动观贯彻始终，强调劳动是一切财富、价值的源泉，劳动者是国家的主人，一切劳动和劳动者都应该得到鼓励和尊重；倡导通过诚实劳动创造美好生活、实现人生梦想，反对一切不劳而获、崇尚暴富、贪图享乐的错误劳动价值观。

2．突出的社会性

必须加强学校教育与社会生活、生产实践的直接联系，发挥劳动在个人与社会之间的纽带作用，引导学生认识社会，增强社会责任感；同时，注重让学生学会分工合作，体会社会主义社会平等、和谐的新型劳动关系。

3．显著的实践性

必须面向真实的生活世界和职业世界，引导学生以动手实践为主要方式，在认识世界的基础上，获得有积极意义的价值体验，学会建设世界，塑造自己，实现树德、增智、强体、育美的目的。

（三）劳动教育的内容

劳动教育是培养青少年运用知识和技能获得精神财富和物质财富的教育实践，劳动教育的内容主要包括日常生活劳动、生产劳动和服务性劳动中的知识、技能与价值观教育。

1．日常生活劳动教育

日常生活劳动教育主要是让学生立足个人生活事务处理，结合开展新时代校园爱国卫生运动，注重生活能力和良好卫生习惯的培养，树立自立自强意识，目的是培养学生日常生活所必需的劳动技能和独立生活能力，让学生在个人生活自理中强化劳动自立意识，体验持家之道，这也是学生健康发展、适应社会生活的重要基础。

2．生产劳动教育

生产劳动是人类社会赖以生存和发展的基础，是人类最基本的实践活动，生产劳动教育体现了教育与生产劳动相结合教育方针的基本要求。在生产劳动教育中，学生在工农业生产过程中直接经历物质财富的创造过程，体验从简单劳动、原始劳动向复杂劳动、创造性劳动发展的过程，掌握相关技术，感受劳动创造价值，增强产品质量意识，体会平凡劳动中的伟大。

3．服务性劳动教育

服务性劳动教育是培育学生公共服务意识的重要途径。在服务性劳动教育中，学生利用知识、技能等为他人和社会提供服务，在服务性岗位上见习、实习，树立服务意识，实践服务技能。同时，服务性劳动教育还可以让学生在公益劳动、志愿服务中强化社会责任感，使学生具有面对重大疫情、灾害等危机主动作为的奉献精神。

（四）劳动教育的独特价值

劳动教育是促进青少年全面发展、健康成长的教育活动，对培养担当民族复兴大任的时代新人具有重要作用。

1. 树德价值

品德修养是一个人的立身之本、成才之要，劳动教育是贯彻"立德树人"宗旨的有效途径。在劳动教育中，通过亲身经历实际劳动过程，学生可以正确理解劳动是人类发展和社会进步的根本力量，懂得劳动创造人、创造价值、创造财富、创造美好生活的道理，尊重劳动，尊重普通劳动者，牢固树立劳动最光荣、劳动最崇高、劳动最伟大、劳动最美丽的思想观念。

同时，劳动教育能够让学生在劳动实践中体会劳动精神、锤炼品格和磨炼意志，养成良好的劳动习惯，坚定为中华民族伟大复兴而奋斗的理想信念。

2. 增智价值

劳动是由人的主观意图、思想认识和掌握工具共同进行社会实践的过程，是智力和体力的结合，要想熟练掌握一项劳动技能，必须手脑并用。人在劳动中，大脑指挥手做出各种各样的动作，劳动过程中的不断试错和纠错则促进了大脑的思考，从而促进了智力的不断发展。离开劳动，不可能有真正的教育。劳动教育可以使学生在劳动中将课本上学到的知识用于实践，深化理论知识，更加深入地了解事物的本质，知行合一，进一步提高认知能力和探索能力，促进智力发展，实现以劳增智。

3. 强体价值

劳动是最好的体育锻炼。适当的体力劳动，不仅可以锻炼人的肌肉和骨骼，促进健康发育，还能增加肺活量，改善呼吸系统，促进新陈代谢，优化生理机能，使人充满活力。劳动教育要符合学生年龄特点，以体力劳动为主，注意手脑并用。劳动教育让学生在亲身体验中使身体各方面机能得到充分锻炼和发展，起到强身健体的作用。另外，劳动教育对学生的心理健康有促进作用，劳动可以调节大脑活动，促进学生脑部神经系统的发展，有利于缓解繁重学习带来的压力。

4. 育美价值

劳动不仅创造美好生活，还创造美。人类的审美感受产生于劳动，因为人类的劳动是一种合目的与合规律的审美活动，是最能体现人的本质和审美精神的实践活动。

劳动教育是学生审美教育的重要载体，可以促进人对本性、自由及审美的追求，实现以劳育美。学生在劳动教育中可以深刻认识和理解劳动之美，激发创新创造潜能，不断增强创造美和欣赏美的能力，提升精神品位和文明素养，主动追求更有高度、更有境界、更有品位的美好人生。

劳动教育除了具有树德、增智、强体、育美的综合育人价值外，还可以与德育、智育、体育、美育互相渗透，互相融合，形成"五育"并举的格局，"五育"融合共同促进学生的全面发展。从最根本的意义上说，没有劳动，没有劳动教育，其他教育都无从谈起。深刻理解和把握劳动教育的独特价值，对深入实施劳动教育、促进学生全面发展意义重大。

第二节 大学生劳动教育的重要性

大学生劳动教育被弱化，甚至边缘化，部分大学生存在"啃老"、期望一夜暴富、好逸恶劳等回避劳动的现象，不利于高校培养德智体美劳全面发展的社会主义建设者和接班人，加强大学生劳动教育刻不容缓。

一、大学生劳动教育的特点

根据劳动的内涵，大学生劳动可以分为广义的劳动和狭义的劳动。广义的劳动包括一切有计划、有目的的社会实践活动，学习也是一种劳动。狭义的劳动是高等学校针对大学生开展的有目的、有计划的社会实践活动，具体表现为高校内部有目的、有计划的公益性劳动、实践性劳动、探索性劳动、艺术性劳动、创新创业性劳动等。大学生劳动教育围绕大学生主体，以劳动的形式实现教育的目的，旨在通过劳动教育落实立德树人的根本任务。从本质上看，大学生劳动教育既具有劳动教育的一般性和普遍性，又因大学生这一特殊的主体而具有特殊性。总的来说，大学生劳动教育具有以下特点。

（一）适应性

大学生劳动教育，是针对大学生这一特殊群体而开展的劳动教育，大学生劳动教育必须适应大学生身心发展规律和教育发展规律。大学生劳动教育的目标是促进大学生劳动知识与劳动技能的融合与提升，增强大学生的创新意识和创造能力，通过劳动教育塑造大学生的世界观、人生观和价值观，实现立德树人的本质要求，这也是大学生劳动教育区别于其他阶段劳动教育的重要特点。大学生劳动教育的内容要适应大学生的心理认知阶段，切合大学生的关注点，同时紧跟科技发展和产业变革，只有这样才可以充分激发大学生参与劳动教育的主动性和积极性。在大学生劳动教育途径方面，高校要打破传统劳动教育途径的单一性和机械性，增强劳动教育的体验性以及社会实践性，重视大学生劳动过程中的体验和感悟，使劳动教育真正成为理论教育与实践锻炼的契合点，激发大学生的兴趣。此外，大学生劳动教育应该创新教学方式，可采用项目学习、任务驱动、情境探究、小组协作、体验式学习、探险学习等"以学习者为中心"的现代教学方式，满足大学生个性化的学习需求，拓宽劳动教育的知识广度，促进大学生深度思考，提升劳动教育的教学效果。

（二）专业性

不同于中小学的基础教育，大学是专业教育阶段，大学生劳动教育的最大特点是专业性。大学生劳动教育与专业教育在过程和目标上具有内在统一性，大学生劳动教育要针对各个专业的特点，将劳动教育与专业教育结合起来，在专业课程中强化本专业劳动伦理和劳动发展趋势教育，构建具有本专业特色的劳动教育价值体系。各个专业可以结合专业特点开设生产劳动课程，开发劳动实践与志愿服务课程，形成理论性高、实践性强、学段区分鲜明的劳动教育专业课程体系，在专业教育中加强劳动知识的传授和劳动技能的训练，同时重视培养劳动精神、劳模精神、工匠精神，与劳动教育公共必修课形成协同育人效应，使当代大学生成为劳动精神、劳模精神、工匠精神的自觉实践者。大学生劳动教育与专业教育的深度结合有利于大学生创造性地解决实际问题，增强诚实劳动意识，积累职业经验，提升就业、创业能力，树立正确的择业观，具有到艰苦地区和行业工作的奋斗精神，使高校教育内涵更加丰富，有助于高校培养德智体美劳全面发展的高素质人才。

（三）学科性

不同的学科和劳动教育结合的角度和重点都有所不同，大学生劳动教育要体现学科性。各学科教学中的实践活动部分，从广义的角度看都是劳动教育，都可以打上"劳动课"的烙印，同时又具有学科的"基因"，是综合性的劳动育人课程。大学生劳动教育要结合不同学科学生的特点，引导大学生在学科学习中，走进生产一线，同广大普通劳动者交流，加深与普通劳动者的感情，拓展劳动知识，提升劳动技能，养成劳动自觉，为走入社会做好职业准备。例如，在人文、社科类学科的学习中可以推广服务性学习和实践，为他人和社会提供服务，增强公益意识，提高服务他人和社会的能力；在理工类学科的学习中可以结合学科实验、生产实习、创新创业等，基于产教融合开展劳动实践，建构动脑思考与动手操作有机结合的学科劳动教育体系。大学生劳动教育需要在实践中探索劳动教育与不同学科的有机融合方式，建立劳动教育与学科知识融合的新生态，发挥劳动教育的综合育人作用。

（四）创新性

创造性劳动是大学生劳动教育有别于基础教育阶段劳动教育的核心特征，大学生劳动教育必须体现创新性。大学生具有一定的知识和技能储备，是创新创业的重要力量。大学生劳动教育要将劳动教育与培养大学生的创新意识和创新能力相结合，引导大学生在动手动脑、探究实践的过程中发现问题、提出问题、分析问题、解决问题，开发智慧潜能，激发创新思维，破解实践难题，促进大学生创新能力的发展。例如，大学生劳动教育可以与"双创"（大众创业、万众创新）教育相结合，拓展"双创"教育空间，为大学生提供更多创新创业的机会和平台，充分发挥大学生主体的创造性，引导大学生创造性地解决实际问题，提升大学生就业、创业能力。另外，大学生劳动教育要注意与云计算、物联网、大数据、人工智能等新技术相衔接，创新劳动教育形式，运用人工智能技术搭建网络空间、虚拟环境教育情景，鼓励学生运用多元学科知识，开展创造性劳动，提升创造性劳动能力。

（五）时代性

大学生是劳动力市场的后备军，大学生劳动教育必须与时俱进，体现时代的发展。随着技术的革新、生产力的发展、教育质量的提升和文化的进步，传统劳动方式和组织形态都发生了深刻变革，劳动越来越呈现出创造性、协作性、非物质性的特点。在信息化和人工智能时代，劳动内涵无限丰富与扩展，劳动的类型日益多元，不仅包括第一、二产业的生产性劳动，还包括第三、四产业新兴的服务型、高技术型、审美型、创造型劳动。在新的历史条件下，传统的劳动教育内容、途径和方法已经不能适应时代的发展。大学生劳动教育应该顺应时代的发展，一方面仍然要重视物质劳动教育的价值，引导学生通过有汗水、有老茧、有疲乏的体力劳动获得劳动技能、磨炼意志、提升自我；另一方面必须紧跟时代发展，与新业态、新技术、劳动新形态相呼应，赋予劳动教育信息化、时代化、全球化的新内涵，创新劳动教育形式，彰显劳动教育的价值，不断摸索与尝试大学生劳动教育的新方法与新途径，体现大学生劳动教育的时代性。

大学生劳动教育的特点是新时代大学生劳动教育内涵的反映，把握这些特点是因材施教、精细化实施大学生劳动教育的前提，也是提升劳动育人质量、培养全面发展的人的保障。

二、大学生劳动教育的意义

大学生劳动教育是高等教育培养体系的重要组成部分，是高校落实立德树人根本任务的重要要求，加强大学生劳动教育具有重要的时代意义。

（一）有利于大学生形成马克思主义劳动观

大学是大学生世界观、人生观、价值观确立的关键时期，大学生劳动教育可以让大学生正确理解和形成马克思主义劳动观，建立正确的世界观、人生观、价值观，树立正确的择业观、就业观、创业观，具备到艰苦地区和行业工作的奋斗精神。

首先，通过系统学习劳动关系、劳动法律、劳动经济等劳动科学基础知识，大学生可以更加深刻地理解劳动的本质、价值和方式，认清劳动与社会发展的关系，加深对劳动在社会发展进程中的重大作用的理解，以科学、理性的态度对待劳动、劳动者和劳动方式，最终形成正确的新时代劳动价值观。

其次，大学生劳动教育可以让大学生在劳动实践中学习和运用社会积累的生产、生活知识与技术，知稼穑之艰难，察民生之疾苦，获得劳动技能、职业体验和社会经验。

最后，大学生劳动教育可以引导大学生培育和践行社会主义核心价值观，有助于大学生养成踏实、勤奋、严谨的劳动品质和社会责任意识，促使大学生在劳动实践中成长、成才，自觉将个人的前途命运融入祖国和民族的事业中，真正成为社会主义事业的建设者和接班人。

（二）有利于高校构建完善的人才培养体系，全面贯彻党的教育方针

科学、完备、高效的人才培养体系，发挥着基础性、先导性、全局性的作用，是培养一流人才的重要保证。要努力构建德智体美劳全面培养的教育体系，形成更高水平的人才培养体系，为培养高素质人才队伍指明了方向，提供了遵循。

新时代大学生劳动教育是通过系统的劳动思想教育、劳动技能培育和劳动实践锻炼全面提高大学生劳动素养的过程，是高等教育人才培养体系的重要组成部分。劳动教育与德育、智育、体育、美育各具特点，各负重任，共同构成全面发展的教育体系，共同实现培养全面发展人才的教育目标。大学生劳动教育在整个教育体系中长期处于较低地位，将劳动教育明确纳入高等教育人才培养体系，是我国现行高等教育体制的一次反思与纠偏，对于完善高校人才培养体系、支持德智体美教育发展具有重要作用。

（三）有利于高校落实立德树人根本任务

培养德才兼备的高层次人才是高校的历史使命和根本职能，也是高校区别于其他社会组织的本质特征。立德树人工作的开展直接关系高校培养什么样的大学生，如何培养大学生以及为谁培养大学生的根本问题，立德树人的成效更是检验高校一切工作的根本标准。

高校思想政治教育工作的核心在于立德树人，如果脱离社会实践，思想政治教育就会成为无源之水，流于空洞说教。大学生劳动教育与思想政治教育的目标具有相关性，内容具有关联性，是高校思想政治教育的重要载体，有利于提高思想政治教育的实践性、针对性、实效性。在理论联系实践中，大学生劳动教育不仅增加大学生的劳动知识与技能，而且强化劳动教育的道德引领和精神塑造，推动大学生产生责任感、荣誉感、协作精神，培养大学生勇敢拼搏、坚忍顽强的劳动精神和思想道德品质，对高校落实立德树人的根本任务具有重要的价值。

（四）有利于促进大学生全面发展

青年兴则国家兴，青年强则国家强。大学生是中华民族伟大复兴的主力军，他们的素质和能力对于促进中国梦的实现具有重要意义。

教育必须与生产劳动相结合，教育是生产劳动与智育和体育的结合，是实现人的全面发展的唯一方法。大学阶段进行的劳动教育，不仅仅是人对自然的改造和适应的目的性行为，更是人性有机体的活力和积极性表征，是追求自信、自尊的解放过程，也是大学生深入剖析自我、认清自我的一个阶段。系统的大学生劳动教育，能够有效促进大学生自身发展和健全人格的形成，培养大学生坚韧不拔、精益求精、追求卓越的优良劳动品质和坚定的意志力，使大学生在由自发性劳动向自觉性劳动转型升级方面具备更强的能力，从而促进创新型、技术型和知识型劳动人才的成长，为社会主义建设提供人才保障。大学生劳动教育是培养和造就全面发展人才的必要条件，也是基本途径和有效途径。

第三节　大学生劳动教育的目的与原则

科技的高速发展改变了世界。无论是生产劳动还是家务劳动，都因数字化、智能化产品的广泛应用而在一定程度上被取代或者改变，数据、代码催生的数字劳动、非物质劳动等新劳动形态使体力劳动和脑力劳动呈现出融合的态势，劳动者的劳动素养被注入新的时代内涵。

一、大学生劳动教育的目的

大学生劳动教育既要满足信息社会生产力发展以及中国崛起的社会需要，又要满足学生个体潜能开发、全面发展的成长需要，以培养具有健全体力和脑力的新型劳动者、不断提升自由个性的"全面发展的人"为最终目的。劳动教育的目的在于使学生能够理解和形成马克思主义劳动观，牢固树立劳动最光荣、劳动最崇高、劳动最伟大、劳动最美丽的观念；体会劳动创造美好生活，体认劳动不分贵贱，热爱劳动，尊重普通劳动者，培养勤俭、奋斗、创新、奉献的劳动精神；具备满足生存发展需要的基本劳动能力，形成良好劳动习惯。

（一）树立正确的劳动价值观

当代大学生的价值观既具有实用主义，又很多元，在享乐主义的影响下，部分大学生存在着轻视劳动、不尊重劳动人民及劳动果实、不诚实劳动、劳动意愿不强以及劳动技能低下等问题，这既影响了大学生自身的成长，又使国家缺少足够的高质量人才，亟须改变。

1. 树立马克思主义劳动观

随着生产力的发展，社会对劳动技能素养的要求也在不断变化，但"以劳动为荣"的观念、素养却一直是对所有劳动者的要求。大学生劳动教育的实施，首先要引导大学生认识到劳动的价值。

劳动是人类的本质特征，"劳动创造了人本身"；社会的一切物质、文化财富都始于劳动，劳动创造了人类社会。

随着人类社会的发展、科学技术的进步，劳动工具越来越强大、智能，越来越多地代替人类的劳动。机器是人的身体的延伸，将人类从繁重的体力劳动中解放出来；电脑作为人类大脑的延伸，又会将人从机械、重复的脑力劳动中解放出来。人工智能时代，机器人代替人类的手脑承担大量简单、机械的劳动。人类的劳动时间越来越少，劳动形式越来越强调精神劳动，在这样的时代里，劳动还具有创造人本身、促进身体和精神和谐发展的功能吗？答案是肯定的。

首先，劳动永远需要体脑并用，在动脑流汗中个体的手脑协调、互相促进才可能实现。智能生产时代，人工智能技术以及自动化生产技术不仅将代替人类从事简单、重复的体力劳动和脑力劳动，而且取代人类劳动的范围会越来越广、复杂程度会越来越高，但无论人工智能取代和辅助人类劳动的能力有多强，这些能力都是靠人类劳动创造出来的，不是它们自我进化或者学习的结果。而创造人工智能技术的过程、应用人工智能的过程都是一个大脑和身体协调共进的过程。以编程为例，这个高度依靠智慧和经验的脑力劳动也需要程序员精神和身体的高度协调，程序员如果因为久坐而伤害了肩颈和腰部也就没有办法继续工作了。

其次，所有的劳动都是直接面向现实世界、真实问题的活动，所面对的挑战是真实的，劳动的过程就是解决问题的过程。在这个过程中，思维的范式、意志力、身体的灵活性和韧性及强度都会根据现实情况而改变，在不断的改变中，人的思维、意志力和身体就越来越多地得到锻炼，不断发展和成长。

最后，在大机器时代和人工智能时代，如果没有劳动，人就没有与现实世界、真实问题接触的机会，理论的以及思维的问题固然可以促进思考能力的提高，但只在幻象的世界里活动，很难有比较重大的创新，因为没有范式颠覆。即使在我们的双手已经被解放、大脑即将被解放的新时代，为了人类走向真正的自由，为了个体的全面发展，我们依然认为劳动具有重要的价值。

马克思主义劳动观揭示了劳动在个体发展和社会运行中不可或缺的地位，大学生要在深刻的理论层面理解劳动，尤其是理解劳动对个人自由和谐发展的根本意义，这样才能真正接受劳动，热爱劳动，把劳动素养内化为自己人格的一部分，把劳动过程看作自己生活的一个方面。

2. 树立劳动最光荣的价值观

随着社会的发展，人类经济活动变得越来越复杂，体力劳动对经济增长的贡献越来越小，经济增长更多依赖于经济资本和智力资本，创新性劳动是经济增长的主要动力之一。因此，劳动，尤其是体力劳动的价值在当代社会不被认同，社会普遍缺乏对体力劳动必要的尊重。大学生普遍存在着轻视体力劳动、认同"不劳而获"价值观、刻意逃避劳动、劳动技能低下等问题，这在一定程度上影响着大学生的职业发展。大学生接受劳动教育的主要目的之一就是树立劳动最光荣的价值观，尊重劳动、尊重劳动人民和劳动成果，养成勤劳奋斗的人生态度。

学习劳模，努力奋斗。幸福都是奋斗出来的，奋斗本身就是一种幸福，劳动是创造未来的武器，是成就自我的工具，只有热爱劳动，走上工作岗位才能真正做到爱岗敬业，在劳动实践中收获更多幸福感和成就感。

3. 树立劳动最美丽的价值观

很多人逃避劳动除了因为劳动本身很艰苦外，还因为劳动后皮肤粗糙黝黑、身材粗壮有力等体貌方面的改变，认为这些影响身体美观。殊不知，欧美国家还追求这样的体貌，认为这样才是健康的美。实际上，劳动可以是美丽的，劳动者更是美丽的。

劳动本身也是艰苦的，尤其是还没有劳动技能、技巧的初期。但随着劳动技能越来越熟练，劳动者就会得心应手，与工具融为一体，与劳动对象的交流会使劳动本身也充满乐趣。劳动之美，是一种正面的、积极的情感体验。当然，劳动之美也表现在劳动者的姿态、表情和动作中，它可以是专注、是陶醉、是奋斗、是不服输的坚持——劳动的过程培育了精神之美。劳动之美更表现在劳动成果及其社会价值上，经历过汗水和心血浇灌的劳动成果凝聚着劳动者的感情，是美丽的。劳动成果丰富社会产品，促进社会进步，为善一方，更有德行之美。

（二）培养积极的劳动精神和劳动习惯

劳动教育要使大学生在理解劳动对国家发展和个人发展的根本意义的基础上，真正接受劳动、热爱劳动，把劳动素养内化为自己人格的组成部分，把劳动过程看作自己生活中不可或缺的一个方面。

1. 培育积极的劳动精神

21 世纪年轻一代的学习和社会活动大多表现出兴趣驱动而非责任驱动的特点，喜欢的他们愿意付出时间和精力，不喜欢的他们一点都不愿意付出时间和精力。兴趣除了是最好的老师外，还是行为的"永动机"。这种热爱，不是生理需要满足后的简单情绪体验，而是一种稳定、丰富和深刻的情感，它来自人脑对于价值关系的相对主观的判断，而不是机体对刺激的简单反应。在娱乐至上的消费主义时代，大众追求即时的简单快乐，畏惧于情感获得的艰难，误以为正面情感都是轻松的，这导致很多年轻人质疑对劳动的热爱之情是否真实。

对劳动的热爱之情源于人的存在感知。人的存在感知是对生命本身及其社会意义的主观体验，与"我思故我在"类似，劳动也是个体存在感的来源。没有身体和心理的活动，个体的存在感就会丧失。因此，个体对劳动的热爱是人的天性之一。同时，个体在成长的过程中逐步社会化，也渐渐摆脱生物本能对行为的控制，情绪情感开始带有社会化的内容。喜怒哀乐不再只因生理需要而起，更多是因社会需要而起。劳动能带来身心舒适的感觉、亲近自然的机会，劳动成果能带来社会的认可以及随之而来的社会成就，也就能让人产生足够的正面感情。在劳动时个性可得到发挥、显露和发展，劳动便可成为快乐的源泉。而当人思考个人能为社会做什么，劳动能给予个人什么，只有当人学会思考这些时，个人的个性和才华在劳动的成就中才会发挥什么水平。也就是说，当个性与社会价值完美结合时，劳动就会带来极大的成就感。劳动的社会意义能带来快乐和充实的精神生活，这就是正面的情感体验。当大学生在生产环境、劳动过程中找出某些东西，表明自身劳动的社会意义和创造意义时，他们知道自己在参加为社会创造财富的活动，会从中收获自豪感、荣誉感，从而提高对劳动教育的认识。如果他们能在劳动的物质成果中向他人展现自己的智慧、技艺，就能体验到对所做事情的无限热爱。

只有这样，才能使大学生领会"幸福是奋斗出来的"内涵与意义，继承中华民族勤俭节约、敬业奉献的优良传统，弘扬开拓创新、砥砺奋进的时代精神。

2. 养成良好的劳动习惯

劳动习惯是大学生长期形成的劳动行为模式，它既是价值观的反映，又是情绪情感作用的结果。良好的劳动习惯不仅影响着劳动的速度，也影响着劳动质量，培养学生良好的劳动习惯是大学生劳动教育的一个重要目标。习惯是一种定式，好的劳动习惯一旦形成，便成为一种半自动化的潜意识行为，对人生、事业、生活起着永久性的作用，会使人终身受益。反之，没有良好的劳动习惯会使人生处处都有风险，试想一下，如果一个医生做手术时将手术工具、敷料随手放置于病人的身体里，做完手术又忘记取出，直接缝合会有什么后果？我国目前处在大国崛起的关键时期，劳动力的素质，尤其是劳动习惯会直接影响这一历史目标能否顺利实现。对大学生来说，好的劳动习惯包含以下方面。

（1）良好的生活劳动习惯。很多研究表明当代大学生不爱劳动、不会劳动，尤其是不爱生活劳动，宿舍和个人卫生状况差，导致社会形象和自身健康都出了问题。

（2）良好的工作习惯。现代职场的所有要求是大学生劳动教育目标的来源，一般来说，大学生应该养成以下习惯：①安全工作的习惯。安全工作包含很多方面，如安全使用设施设备的习惯，不违规操作；重视公司或者单位的信息安全，严格遵守保密协议；保证公司或者单位的财产安全，严格遵守内部管理制度。②良好的时间观念。守时、准时是基本的职场规范，它反映了主体的规划能力、自律程度和自我控制能力，是建立合作关系的基础。③正确的劳动方式。在保证劳动方式是合乎道德伦理要求的基础上，大学生的劳动程序、操作要领和分工协作是最有效率的，又是最经济的。④较高的劳动效率。不拖延、不敷衍，尽职尽责地完成工作。⑤劳动责任意识。能够自觉自愿、认真负责、安全规范、坚持不懈地参与劳动，不偷懒耍滑，主动承担分内之责。⑥诚实守信、吃苦耐劳的品质。不剽窃、不偷盗他人劳动成果和创意，尊重他人的劳动。

（三）形成较强的劳动能力

中华民族的复兴、社会主义强国的建设需要每个大学生都兼修理想主义的人文知识和实用主义的技术，成为博闻强识、技术专精的专业人士。同时，智慧劳动、创造性劳动、人机协同等劳动形态的新变化要求大学生提高劳动创造能力、问题解决能力、沟通协调能力。从类型上看，大学生的劳动能力应该包含公益性劳动能力、实践性劳动能力、探索性劳动能力、艺术性劳动能力和创新创业性劳动能力，大学生应该在从社会服务到专业性劳动的广泛领域中"劳力上劳心，用心以制力"，掌握基本的劳动知识和技能，正确使用常见劳动工具，增强体力、智力和创造力，具备完成一定劳动任务所需要的设计、操作能力及团队合作能力，能够服务他人、奉献社会、实现自我。

1. 专业性劳动知识与技能

对当代大学生个体而言，掌握必需的劳动知识与技能是其生存与发展的前提条件。劳动能力是指人类进行劳动工作的能力，包括体力劳动和脑力劳动。大学生的劳动能力培养，以职业性劳动能力和专门性劳动能力为主。

无论是职业性劳动能力，还是专门性劳动能力，都包含以下内容：一是相关的知识基础，能力是这些知识在实践中的应用，是影响应用效率、效果和效力的心理特性；知识基础的广度、深度和建构方式直接决定了能力的高低，大学生的知识基础应该有基本的文化知识、信息科学知识和专业理论知识体系。二是使用劳动工具的能力，这一能力在劳动中表现为动作和行为，从低到高依次表现为合规范的动作、熟练的自动化的动作、有个性特点的技巧；大学生的劳动能力目标，只需要达到基本的合规范的动作目标即可。三是改变劳动对象、解决问题的能力，工具的使用目的在于改造劳动对象使其成为产品，但不同对象有不同的特性，需要劳动者分析其内部规律并因地制宜地改变劳动方法以取得最好的效果。四是创造能力，即以新颖、独特和高效的方法解决问题的能力。

2. 通用性劳动知识与技能

任何一个针对大学生的招聘信息列出的任职资格里都包含了诸如思维敏捷、逻辑性强，善于快速学习和独立思考或者具有良好的沟通能力和团队合作精神、优秀的分析问题和解决问题的能力这样的要求，这是对求职者的非专业能力设定的标准。大学生作为高层次的劳动者，其高级属性除了表现在专业性的知识与技能外，还表现在一些基本的劳动能力上，即开展所有类型劳动都必备的身心素质。这些素质抽象化程度较高，难以用指标量化，不便展示，但能决定一个人的成长价值和潜力。它们因岗位和职业的不同而有不同的要求，比如软件开发岗位就要求有很好的学习能力、很强的逻辑思维能力，而销售岗位则会对沟通能力和团队合作能力提出很高的要求。

一般来说，大学生要培养的通用能力包括三个方面：与他人相处的能力、管理自己的能力、管理工作的能力。现代社会的劳动是社会化大生产而非小作坊式的手工劳动，劳动者不是单打独斗而是在一个劳动集体中工作；这个集体会分成不同的组织结构，会形成不同的人际关系，但所有关系的处理都必须以"团结协作"为目标才能保证劳动任务的顺利完成。因此，与他人相处的能力体现在大学生要有沟通交流能力、高情商、良好的协调能力以及换位思考能力。管理自己的能力体现在自我管理、学习能力和抗压能力上，要对自己的工作和生活有足够的主体意识，规划、调整、改变工作和生活节奏，应对工作和生活中各种挑战而不断成长。管理工作的能力体现在职业意识、成就动机、写作能力和反思能力上，它们能保证个体在职场上把握各种机会，展示自己的劳动成果，从而获得更多的认可。

如果把专业性劳动知识与技能称为硬能力，通用性劳动知识与技能就是软实力，软实力就像是图钉的钉帽，硬能力则是图钉的钉尖；钉帽承受压强，面积越大所受的压强越小，所以大学生的基础必须宽厚；钉尖是作用点，越尖越能集中发力，所以大学生的专业能力必须精深。总而言之，大学生只有在劳动中表现出严谨的专业精神、灵活务实的工作作风、自信负责的劳动态度、积极主动的服务社会意识，才能成为一个真正的高级专门人才。

3. 工匠精神与能力

工匠精神是一种对产品精雕细琢、精益求精的精神理念，是一种尚巧的工作精神、求精的工作态度、道技合一的人生态度；或者是一种纯粹为了把一件事情做好而好好工作的欲望。大学生的工匠精神与能力目标包含四个方面内容：一是传承师道的责任感和职业担当意识，勇于承担职业责任和社会责任；二是知行合一的实践精神和勇于超越的创新创业精神；三是不忘初心、严谨细致、止于至善的专业精神；四是专业的劳动技能。

二、大学生劳动教育的原则

（一）教学性原则

实施劳动教育的第一原则是以教学为主，劳动教育不是劳动本身，劳动是教育的载体，是桥梁。劳动教育以教学为主，首先就是要摒弃过去以劳动代替教育的思路；只有劳动没有教育，不可能自发地形成劳动观点和养成劳动习惯。光劳动而不教育，可能会适得其反，更不能把劳动作为惩罚的手段。只有把劳动和教育结合起来，才能使劳动成为强有力的教育手段，达到劳动教育的目的。

以教学为主的原则要求劳动教育的实施必须有教学的基本元素，即要有教学大纲、师生共同参与。教学大纲清楚阐明教学的适用对象、教学目标、教学内容、时间安排以及评价标准；教学大纲在教学前就应该公布，是师生参与劳动教育的基本依据。这样，在劳动之前，师生对劳动的目的、意义、任务、时间等都很明确，也清楚各自的权利和义务，有利于激发和维持学习动机，保障教育过程的顺利实施。实施过程中要有教师的引导、指导和监管，不能只让学生单独劳动；教师因材施教、择机点拨对提高学生的劳动素养而言是必需的条件。劳动教育结束后要有评价，以促进学生进一步总结和反思。

高校的劳动教育在与专业教学融合后会表现多元的形态，但无论是什么类别、形态和结构的劳动教育，都应该是在教学大纲框架内的师生共同参与的活动，不能是只有学生单独参与的任务式劳动。

（二）实践性原则

劳动教育的实践性原则是指劳动教育必须有实践环节，理论教学必须与实践相结合，具体内涵如下。

1. 理论联系实际

理论联系实际原则，是指教学必须坚持理论与实际的结合与统一，用理论分析实际，用实际验证理论，使学生从理论和实际的结合中理解和掌握知识，培养学生运用知识解决实际问题的能力。理论联系实际原则所反映和要解决的矛盾，主要是保证所学知识与其来源社会实践不致脱节，学生掌握的知识能够运用或回到实践中去。它既可以防止和克服忽视书本知识、忽视间接经验的实用主义倾向，又可以防止和克服忽视教学观察、实验、实习的教条主义倾向，最终使学生能学以致用。

劳动教学中贯彻理论联系实际原则，最主要的是要正确处理好书本知识和现实生活的关系，关键在于保证理论知识的主导作用；同时在理论知识指导下，使学生从事各种实践活动。教学的主要任务是传授和学习理论知识，基础理论知识反映了自然界、社会和人类思维发展的最普遍的规律，对实践具有广泛的适应性和指导作用。劳动教学要在理论的指导下把教学和生活、间接经验和直接经验、观点和材料结合起来。结合教材的系统学习，恰当地联系社会具体实际，使学生了解所学理论知识的实际意义，帮助他们获得必要的直接经验和事实材料，以便他们更好地掌握书本知识和间接经验。

劳动教学中贯彻理论联系实际原则，还要求重视培养学生运用知识的能力，要创造多种多样的活动形式，使学生把知识运用于实践，如练习、实验、实习、参加一定的生产劳动和社会活动；还要求正确处理知识教学与技能训练的关系，使学生学会劳动的基本技能，学会独立地、创造性地运用知识。

2. 体脑结合

体脑结合是指体力劳动与脑力劳动相结合，它是马克思提出的全面发展的基本途径。如果一个人不仅能从事体力劳动，也能从事脑力劳动，成为不受体力劳动和脑力劳动分工限制的人，他就能实现自由发展。马克思是针对产业革命后，体力劳动与脑力劳动的继续分离和对立不可避免地导致人的身心片面的、畸形地发展而提出这一教育理想的，同时现代化大工业生产在客观上又需要有全面发展的人来替代片面发展的人，才能进一步促进生产的发展和社会的进步，因此，这一理想就成了现代社会实施劳动教育的基本原则。

劳动教育的课程既要讲清劳动之理，又要设计体验、实践锻炼的活动或者项目，让学生面对真实的个人生活、生产和社会性服务任务情境，亲历实际的劳动过程，善于观察思考，注重运用所学知识解决实际问题，提高劳动质量和效率。

（三）专业性原则

专业性原则是大学生劳动教育的特殊性所在，它是指大学生劳动教育的实施从形式到内容都以高校专业教育的需要为基础来设计和规划，甚至融入专业教育的不同环节。

首先，专业性原则要求劳动教育在高校中是独立的一个教育分支，且由专业的师资专门负责，唯有如此才能凸显劳动教育的地位，才能引起各方主体的重视，进而才能取得良好的教育效果。

其次，专业性原则要求劳动教育的内容与专业相结合，生活劳动不是重点，虽然大学生在生活劳动上的表现存在普遍的问题，比如劳动意愿不强烈、劳动知识和技能匮乏，亟待教育，但是高校的教学时间有限，只能将"高深的学问"纳入教学中。因此，生活劳动也就被排除在大学生劳动教育的范围之外。另外，劳动态度在劳动教育课上养成后会很自然地迁移到生活劳动中，大学生的学习能力处于人生最高峰，能很轻松地从各种媒体上习得生活技能，没有必要花费专门的时间去系统学习。

再次，专业性原则要求大学生劳动教育的目的是培养大学生专业的劳动素养，培养学生的专业知识、技能和眼光。这个专业，是相对"业余"来说的，它意味着内容是特定的、有限制的，也意味着程度是熟练的、精深的。这也是高校系统、长期教学的一个必然结果。

最后，专业性原则要求高校推进劳动教育一定要将劳动教育与专业教育相结合，与实习、实训相结合，把劳动教育融入教学科研的方方面面。比如，在专业课程中强化本专业劳动伦理和劳动发展趋势教育，构建具有本专业特色的劳育价值体系；在实习实训中实施"思政劳育"，把劳动教育融入思想政治教育。

如果只是强调有机融入，不给予劳动教育一定的相对独立地位，很有可能造成劳动教育在实践中被弱化、淡化。新时代大学生劳动教育的回归，需要建构一个有机融入与课程独立设置共存的劳动教育体系。

（四）发展性原则

发展性原则是指劳动教育要以促进学生个性的全面、和谐发展和职业生涯发展为目标，为学生的终身发展奠定基础；同时，劳动教育自身也是一个不断发展的过程，不断深化对学生的影响。

大学生劳动教育能提升大学生的劳动素养和劳动技能，但并不能为各个岗位直接输送熟练的劳动者。如果将劳动教育的成果定位为不同岗位的熟练劳动者，就是对发展性原则的违背，发展性原则要求劳动教育的结果是有巨大发展潜力的大学生，他们有积极的劳动价值观、基本的劳动知识和技能，更重要的是，有终身学习的能力，从而有无限发展的可能，不能囿于一个职位和岗位要求来设计劳动教育。

发展性原则要求大学生劳动教育与职业生涯教育相结合。对大学生在职业生涯探索中进行劳动技能要求的分析，在自我能力探索中进行劳动价值观和热爱劳动的教育，以促进其职业生涯发展。大学生劳动素养的培养是一个过程，劳动教育的目的是过程性目的，不是终结性目的。

第四节　大学生劳动教育的功能与结构

一、大学生劳动教育的功能

劳动教育本身是我国教育方针的一个有机组成部分，既是人才培养的内容，又是人才培养的重要途径。劳动教育不只是教学生进行简单体力劳动，甚至重复性机械操作，而是以此为基础开发其教育价值，促进学生成人成才。此外，劳动教育直接决定社会主义建设者和接班人的劳动精神面貌、劳动价值取向和劳动技能水平。

（一）个体功能

劳动教育着眼于大学生劳动素养的培养，促进其个性和谐而自由地发展，并最终使他们成才，实现个人价值和社会价值。受过良好劳动教育的大学生，既能为社会做贡献，又能与自己和谐相处、乐享生活。

1. 促进个体发展

"劳动创造了人本身"，离开了劳动，人会被异化，劳动教育能培养学生的实践能力，帮助学生了解自身的兴趣、能力和潜力，了解各行各业的职业要求，了解经济和技术的发展及其对社会的影响，为独立生活和选择职业做好准备。除了培养大学生的劳动素养外，劳动教育还能促进个体全面发展。

生产性劳动教育能促进大学生的身心协调发展，锻炼他们的体格，使其充满活力。很多研究表明，生产性劳动在培养健康的体魄上所起的作用同运动一样重要，许多生产性劳动同运动相比，甚至还有它的优越之处，里面有很多的细微差异可以显示体力与技巧和技能的多种多样的结合。比如栽树、嫁接、埋葡萄藤这类劳动对于呼吸和血液循环系统的发育、对于新陈代谢的增强，都有十分重要的意义。在营养良好的情况下，这类劳动能促进机体的所有功能，能加强神经系统的发育，能增补神经细胞特别是脑细胞的营养，能提高睡眠对消除疲劳的作用。因为这类劳动要求更多的不是体力，而是精神集中和细心操作。

反之，四体不勤、疏于劳动的人不仅在体魄上羸弱，而且在体态和精神上也有些病态。我国古代学校教育以儒学为宗，培养统治阶级需要的精英，师生受传统价值观的限制，轻视体力劳动，不愿意劳动。

公益性劳动教育可以培养大学生热爱劳动、尊重劳动人民的观念，进而培养他们服务社会、乐于奉献的品质。学生只有通过亲身劳动，流过汗、生过老茧、疲劳过，才能真正认识劳动的艰辛，才能尊重劳动人民和劳动成果，才能真正热爱劳动。助人后所收获的价值感，又是个体自我认同和自我效能感的一个极为重要的来源，被受助者的微笑和正面变化所感动后心地会变得敏感、温柔、更加善良。常参加公益性劳动的人，总是以热忱的心去对待周围的事物。在克服劳动的"困难"中，大学生更加愿意在奉献中实现人生价值。

实践性劳动教育和探索性劳动教育可以培养大学生科学、严谨、认真的精神以及高度的合作意识、高超的沟通能力。基于专业基础的实践性劳动教育和探索性劳动都是为了求真知，内容是科学的，方法和过程是极其严谨的，容不得丁点马虎和随意。劳动教育的内容和规范都指向了科学和严谨，自然会促使大学生在学习过程中尽可能地认真、理性，并最终获得智能劳动中的重要劳动品质。

同时，任何一个课程实验、实习和竞赛项目都是以小组合作形式实施的，参与者要能听懂其他组员的观点并让自己被别人明白，遇事能够换位思考并能以完成工作为重，摆脱情绪的控制，逐渐成熟。同时，探索性劳动教育可以进一步促进学生的智慧发展。很多研究者认为：一是双手劳动可以训练抽象思维能力，二是双手劳动可以促进手脑结合，三是双手劳动可以促进脑发展。在人的大脑里，有一些特殊的、最微妙的、最富创造性的区域，把抽象的思维跟双手的精细而灵巧的动作结合起来，就能激发这些区域积极、活跃起来。手脑结合的劳动、富于创造性的劳动、显示个人才能的劳动，是推动智力发展的重要手段。

艺术性劳动教育可以增强学生的美感和创造力。艺术性劳动蕴含着动作美，一个正确的劳动姿势不仅省力、效率高，还是最美的、对身体伤害最少的。更重要的是，劳动成果创造美。劳动产品就其外形和使用价值来说都是美的高度体现，农民让荒芜的大地变得生机勃勃，工人让没有生命的各种材料变得精巧、有趣又实用。爱劳动的人心灵美，爱劳动是人的基本美德，好逸恶劳、游手好闲是美的大敌。艺术性劳动教育中的美育因素非常多，大学生的劳动动作完全可以成为一种审美创造活动，各种劳动产品要合乎审美要求并具有审美价值。

2．促进谋生技能和享用技能的养成

要改变一般的人的本性，使他获得一定劳动部门的技能和技巧，成为发达的和专门的劳动力，就要有一定的教育或训练，高等教育是其中一种，而高校的劳动教育更是直接提高大学生谋生能力的教育形式。

（1）谋生功能。劳动教育是高校培养学生个体谋生功能的主要渠道之一，它与专业教育互相融合、配合，使学生获得一定的职业知识和技能，为他们谋生创造条件。在性质上，这不同于教育的个体发展功能。教育的个体发展功能，着眼于主体人自身素质发展的需要，促进人身心和谐、完善地发展，是成"人"的教育。教育的个体谋生功能，着眼于社会生产和职业生活对职业人的专业性知识与技能的要求，是成"才"的教育，是"人力"的教育。当然，教育的最终目的是成"人"，但成"才"是成"人"的必要环节，同时，成"人"必须通过成"才"表现出来。

创新创业性劳动教育能直接提高大学生的谋生技能，一方面，通过创业实践，可以将创业行为规范传递给大学生，尤其是将创业价值观、法律规范传递给他们，使他们获得未来社会生活或职业生活中相应的角色和意识，以便他们在进入社会生活后能尽快地适应新环境；另一方面，通过传授"何以为生"的本领，即建立在专业性知识与技能基础上的劳动能力和核心的职业竞争力，大学生能在软硬实力上都得到发展，成为社会所需要的高级人才。

（2）享用功能。大学生的高级人才属性要求他们不仅有专业、精深的劳动能力，还应该有丰富的精神生活和良好的生活情趣。劳动教育使大学生学会劳动、乐享劳动过程，在谋生的同时还能获得高层次的精神享受，进而获得自由和幸福。劳动教育不仅能使大学生在劳动的当下获得一种幸福的体验，还能促进大学生的身心和谐发展，培养大学生获得幸福的能力，造就大学生完满的自由人格，使大学生成为自由之人、幸福之人。所以，人生的享用功能是个体完满、和谐发展的必然结果，教育的享用功能是教育个体发展功能的必然延伸。

劳动教育使大学生通过丰富自身的精神和能力不断打破外部束缚而追求自由和幸福。劳动教育教人求真、向善、臻美，促进人的知情意、德智体全面发展，从而造就一种自由人格，造就活动中的自由人。受过劳动教育的人，是自由之人，也是幸福之人。幸福是完美人性的展示和表现，这种人性融智慧、情感、道德于一体，劳动教育通过使受教育者人格提升和完善，使他们体验到精神上的愉悦。劳动教育系统地传授生活劳动、服务

性劳动和生产性劳动的知识和技能，使学生具备了在生活中创造美、享受美的能力。

（二）社会功能

劳动教育本身就是全面贯彻党的教育方针的基本要求，是实施素质教育的重要内容，是培养和践行社会主义核心价值观的有效途径。回归劳动教育，就是回归到培养爱劳动的中国特色社会主义事业建设者和接班人的教育目标，重视教育的社会功能。

1. 提升人力资源质量

近 20 年来我国生产发展和经济的持续、高速发展是高等教育扩招后的必然结果，我国全球第一的大学生规模为我国经济和社会发展提供了高质量的劳动力。劳动力是社会生产力中最重要的组成部分。劳动力的数量和质量是经济发展的重要条件。当然，劳动力的数量和质量要保持统一，只有数量而无质量的劳动力是社会生产、经济发展的沉重负担，高质量的劳动力才能成为推动经济发展的人力资源。所以，经济的发展取决于劳动力的质量，即劳动能力，这在现代生产中尤为重要。

在现代生产中，先进的生产工具和技术需要高素质、懂科学、技能熟练的劳动者；复杂的生产过程管理以及生产效率的提高，需要高素质的具有科学管理知识的管理人员来实现；技术的改进、科技的创新、新产品的研制需要高水平的科技人员。因此，现代生产无论是对直接的劳动者、管理人员，还是对科技人员，都提出了较高的要求。而他们素质的提高、管理水平和科技创新能力的提高都有赖于教育。只有通过教育，尤其是劳动教育，才能使一个潜在的、可能的劳动力转化为现实的劳动力，从一个简单的劳动力转变为复杂的劳动力。

专门的、职业的教育包括职业教育和高等教育，旨在培养某一方面的专门人才，使其成为社会生产的直接的劳动力；而高校中的劳动教育，对于提高劳动者的技术熟练程度、提高生产效率、提高技术改进能力以及科学管理能力具有直接的意义，能培育经济发展急需的工匠精神和创新意识。

2. 培养社会需要的政治人才

中国特色社会主义是我国生态文明、社会、经济、政治和文化建设的旗帜和方向，培养大学生坚定的共产主义理想和信念也是新时代高等学校的基本职责之一，劳动教育是落实大学生理想信念教育、强化社会主义意识观念、培养社会主义公民和政治人才的重要途径。

劳动教育能培养大学生的政治素质。在劳动教育中，大学生了解、接受"劳动最光荣、劳动最美丽"等基本的价值观，反对不劳而获，对抗一切不诚实的劳动大学生劳动教育概论行为；形成热爱劳动、尊重劳动人民、尊重劳动成果的思想，坚守马克思主义劳动观。通过劳动教育建立的劳动观念是社会主义核心价值观的一个有机组成部分，契合了"爱岗、敬业、诚信、友善"的个人价值观，也是国家"富强、民主、文明、和谐"的基础。当全体大学生将这些价值观内化之后，他们会很自然地坚持走群众路线，坚持党的领导，坚持实事求是的基本原则，自觉地践行中国共产党的纲领，成为社会主义事业的建设者和接班人，将社会主义事业传承下去，实现教育促进政治稳定的功能。

劳动教育也能培养大学生新时代的观念。在新时代，技术引发劳动变革，更带来观念的更新。时间和效率观是工业 2.0 时代的先进思想，合作、共享、开放、平等联网思维是工业 4.0 时代的先进思想，大学生在劳动教育中、在劳作中自然地习得了这些思想，走入职场得到强化后又会将这些引领时代发展的观念迁移到组织的管理和社会生活中去，积极参与社会事务，尤其是政治事务时就能自觉抑制与抵制腐朽落后的观念，弘扬正气，推进政治文明，倡导改革与奋进。另外，劳动教育还能培养大学生的管理能力和领导力，这是未来政治人才的基础。

总之，大学生劳动教育的推广与普及蕴藏着一种变革社会、促进社会发展的力量。它通过传播先进的思想、弘扬优良的道德促进社会政治的变革；通过传播科学真理，弘扬优良道德，形成正确的舆论导向，同时产生进步的政治观念，以促进社会的进步与革新、政治民主化。民主意识与科学意识紧密相关，缺乏科学知识素养，也就无法提高民主的素养。政治民主化是现代社会政治发展的必然趋势，民主意识、观念的养成，非教育不能达到。

二、大学生劳动教育的结构

大学生劳动教育体系不是一个独立的、封闭的体系，它包含多种课程形式、教学形式和学习内容，与其他教育措施融合共生又相对独立地实施。

（一）课程结构

加强高校劳育工作，既应强化显性劳育，传授与大学生就业和职业发展息息相关的劳动科学知识，又应深化隐性劳育，深入挖掘专业教育、思政教育和各类课外活动中的劳育资源，系统建构多位一体的多元化劳育课程体系。

1. 显性课程

劳动教育必须有显性课程，即有明确目标要求的、公开的课程，可以是必修课，也可以是选修课。劳动教育的必修课，可以是劳动教育通识课程，如"劳动概论"或"劳动教育概论"。高校应有专门的劳育类通识课程供大学生选修，向大学生系统介绍劳动法律、劳动关系、劳动经济、劳动社会保障、劳动安全、职业卫生等各门劳动科学基础知识。

必修的显性课程也可以是实践性课程，如劳动周、劳动月中的劳动。这些劳动活动可以计学分也可以不计学分，但都是毕业要求之一。国内外高校中都不乏成功实施实践性劳动教育的例子，比如我国青岛滨海学院无一个清洁工，校内所有区域的卫生由学生完成，而学生劳动表现计入毕业考核要求之中。该校创设强制性的公益劳动教育活动，使得受过劳动训练的毕业生因吃苦耐劳、能从基层做起而受人才市场欢迎。美国深泉学院是国外大学中通过劳作对学生进行教育的代表，它地处加州沙漠深处，与世隔绝。除了学术性课程之外，学生必须参加学校运行所需的一切劳动，从厨房工作到农场耕种、从奶牛饲养到挤奶等，学生有一半在校时间要参加劳动，用劳动换取学费和生活费。

2. 隐性课程

隐性课程是以内隐的、间接的方式呈现的课程，是学生在显性课程以外所获得的所有学校教育的经验，不作为获得特定教育学历或资格证书的必备条件。隐性课程要求学校全方位、全过程育人，办学的方方面面都要有教育性；学生在有隐性课程的环境里浸润，在不知不觉中被影响和转化成教育者希望他们成长的样子。因此，劳动教育必须有隐性课程来承接显性课程力所不逮的空白处，做到全面育人。

劳动教育的隐性课程是渗透在学校育人氛围和专业课程教学中的劳动教育环节，它可以表现为教师的以身示教。比如人民教育家陶行知先生一生都在倡导和践行生活教育思想，他不但大力倡导劳动教育，而且常常脱掉长袍、穿上草鞋和学生一起劳动。身教重于言教，教师默默地躬身亲为所形成的感召力，更能触动学生的内心世界，对学生的教育影响更深刻。在这样的环境中，身教胜于言传万千，学生对劳动的尊重、喜爱就有了坚实的基础，也就能形成良好的劳动习惯，在习惯中提升劳动技能。同时，在共同的劳动中，大学的领导、教师和学生可以更直接、有效地交流，更有利于一个大学社区凝聚力和大学文化同一性的建设，直接滋养大学生的精神世界。

劳动教育的隐性课程还表现为校园的硬件建设和管理。高校的劳动教育必然带有专业特色，专业学习必需的设施设备和环境要健全、相关的管理制度要细致。以理工科为例，其专业实验实训环节也是劳动教育环节，如果没有以上所说的隐性课程，不仅会导致劳动教育质量低下，甚至还会引发安全事故。我国高校理工科实验室安全事故频发，从客观上来看，设备老化、设备故障失灵是造成实验室事故不可忽视的原因：各种电气设备在开、关和短路时往往产生火花，与易燃气体接触以后，极易发生火灾。实验后插座不拔或者不关闭电源也会造成火灾。

从主观原因上来看，不少实验室事故，是因为参加实验的学生不按流程规范操作，或者顺序混淆、操作失误。例如，配制溶液时，错将水往浓硫酸里倒，或者配制浓的氢氧化钠时，未按规定等操作将氢氧化钠冷却就把瓶塞塞住摇动，往往会发生爆炸。

高校学生在校接受的劳动教育不但决定他们在校期间的学习安全，而且会影响他们终身的职业习惯。

（二）类型结构

无论高校采用哪种课程形式来开展劳动教育，都应该根据专业特点和学校定位选择不同的劳动类型来训练学生。劳动分类的标准有很多，我们从高等教育的专业性出发，认为劳动教育应该包含公益性劳动、实践性劳动、探索性劳动、艺术性劳动、创新创业性劳动、生产性劳动等含有高深学问的类型，不能仅仅包含作为生活必需品的生活劳动类型。这些类型中，有些是高校所有学生都要学会的，有些是特殊专业的学生必须学会的。

1. 公共劳动教育

公共劳动教育的目的是培养全体学生在学习、生活和职业生涯中必需的劳动技能，包括公益性劳动、实践性劳动和探索性劳动。这些类型的劳动是一个现代化社会的公民承担社会责任的基本形式，也是任何一个大学生必有的校园活动，更是大学生身心成长的必由之路。

（1）公益性劳动教育。公益性劳动是指在不计报酬的情况下，基于道义、信念、良知、同情心和责任感，贡献个人的时间、精力和个人技术特长，即通常所说的做义工或者志愿者。它是高校开展劳动教育的一个主要渠道，主要目的是培养大学生的社会责任感和奉献精神，使他们在奉献中领悟劳动的价值，提升劳动技能。大学生是全球公益性劳动的主体，近百年来，他们活跃在几乎所有的人类灾难现场，以自己的青春和智慧帮助需要帮助的人，以自己的热情、善良和责任感使社会变得更好。我国大学生的公益性劳动主要由共青团委组织，由各高校的青年志愿者协会具体实施。

公益性劳动教育在高校劳育系统中是一个必不可少的部分，通常是显性课程的一个部分，可以计学分也可以不计学分，但都会在培养方案中指出这一项目的修习是毕业条件之一。公益性劳动项目的教育性体现在自愿、教师引导、学生反思等方面，因此每次公益性劳动都应该有教学大纲或者类似于教学大纲的活动计划，清楚阐明活动的目的、过程、对学生参与的要求以供学生参考，一般要求学生在活动结束后进行反思与总结。

（2）实践性劳动教育。实践性劳动包括需要动手、手脑结合的相关课程，我们认为它包含实验、实习、实训等课程以及课外的社会实践、勤工助学等活动。实验、实习与实训是专业教育中的重要内容，统称为"实践教学"，它需要学生将理论与实践相结合、动手与动脑相结合，在书本之外学习。其中，实训包括各种探究式、项目化、综合性和创新性的学习性劳动项目，典型代表是专业性的大作业、毕业设计等，也包括音乐、美术、表演等艺术课程和本科生科学研究课程。

实践教学是劳动的一种形式。首先，所有的实践教学都需要学生用相关的专业理论知识去解决一个真实的问题，面向真实世界而不是虚幻的世界，这是劳动的第一个要素。不同专业的实验、实习与实训有程度不同的真实性，真实性体现在学生的作品上，有的作品是实验室级别的，有的是工业级别的。非理工专业的作品也都是实实在在的，不是一个虚幻的理念，一定有载体，能供人评鉴。其次，绝大多数实践教学都需要手脑并用，在劳心的基础上劳力。这一特点是实践教学与普通劳动最大的不同之处，它不是自动化、机械化的身体动作，一定是动脑先于动手的手脑结合的动作。

实践教学中的劳动教育元素丰富，首先，是劳动规则、劳动安全教育。无论是实验、实习，还是实训，都是在专门的场所实施，都要有基本的设施设备，有的还会有专业的器材和实验物料，有的实践教学还有危险性；如何使用设施设备和物料，是重要的教学内容，不可或缺。训练学生按章做事的习惯不仅仅能让他们成功完成实践学习，更有益于其未来的职业发展。其次，在实践教学中要实施劳动技能、技巧教育。大学生毕业后是专业人员，专业性除了表现在专业知识之外，还表现在专业技能、专业眼光、专业判断。在某种程度上，专业技能就是劳动技能，形成于大学期间的实践教学。大学的劳动技能、技巧教育不是岗前培训，不是精确到岗位的劳动要领培训，是每个专业核心的、要素性质的技能和技巧教育教学。因此，高校制定每个专业的核心劳动素养指南是必须的。最后，是劳动态度教育。实践教学中有很多需要体力劳动的机会，也有很多需要团队合作的机会；每个学生在完成具体任务时还要面临诸多没有预想到的困难，需要有坚忍的劳动品质。紧密结合实践教学中具体的教育契机，进行启发式教学，避免说教式灌输，会让大学生在劳动态度的培养、改善和升华中获益匪浅。

（3）探索性劳动教育。探索性劳动对大学生而言是指课外的科研活动，这些活动需要学生自己发现问题、界定问题的边界并用自己的方式去解决该问题，包括科学实验、社会调查、科技发明、软件制作、艺术创作等形式。大学生处于人生中学习能力最强、学习欲望最强烈的阶段，在专业知识的加持下，他们对未知世界的好奇已经由天然的冲动转变为自觉的、理性地探究行为，从课内延伸到课外。正视大学生的探索性劳动，承认它的价值并给予其足够的保障，会创造出意想不到的社会财富和精神力量。重视并鼓励大学生参与探索性劳动是全球高校在信息化社会共同的举措，在21世纪初期我国已经开始鼓励学生探索、创造，设立了丰富的比赛项目和群众性项目来激发学生的探究能力和创新能力。

探索性劳动在每个专业中都存在，是学生初试专业知识能力及其效果的努力，也是学生认识自我、发现自我的契机。从这个角度看，探索性劳动中的教育不同于其他类型的劳动教育，在基本的劳动知识、态度、技能教育之外，要有更多的创造性教育和对学生自我探索的引导，促进学生自主发展与成长。学生是探索性劳动教育的主体，教师只是咨询者、帮助者。

2. 专业劳动教育

相对公共劳动教育而言，艺术性劳动、创新创业性劳动、生产性劳动不是每个专业都有机会实施的，是特殊专业培养学生专业技能的渠道，是教室外的劳动教育。作为有组织的教育活动，这些类型的劳动教育是由相关专业实施的，当然，也不排除个体大学生在课外自发参与这些类型的劳动，这时它就不是劳动教育，而只是劳动本身，因为没有教育者和教育影响。

（1）艺术性劳动教育。艺术性劳动教育是艺术类专业为提升学生的创作或者表演能力而组织的课外创作或者表演教育活动。就传统观念而言，艺术不是劳动，是人类另外一种实践形式，以创造美、表现美为目的，劳动结果的实用性不强。但从我们对劳动的定义来看，艺术创作也是劳动，因为它有真实的作品，作品创作过程要遵循客观的艺术规律，同时也需要创作者手脑并用，付出体力和脑力。当然，它与其他劳动相比有截然不同的特点：产品的艺术家个体特征明显、无法量化生产等。

艺术性劳动通常在高校艺术专业实习、实训环节中进行。艺术课程作业不是艺术劳动，因为它只是单个的、零散的知识和技能的应用，没有综合性；也只是为了实践某个艺术理论，不是为了解决某个真正的社会审美需求问题。艺术性劳动要综合应用多个知识点或者艺术技能，不只是一个片段的展示，而是一个完整作品的展示，尽管作品可能很简单，但作为艺术品的基本要素和环节都是完整的。艺术性劳动教育的特殊之处在于它要在基本劳动素养教育和个性化教育之间取得平衡。艺术性劳动的个性化是其首要特征，也是创造性的基础，无个性就无创新。个性化表达不仅体现在作品上，还会贯穿劳动过程；不同主体的艺术性劳动节奏、强度、方式和手法都会不同，教育者在引导他们遵循基本的行业规范时，教育形式要多样化，真正做到因材施教。

（2）创新创业性劳动教育。创新创业性劳动教育是我国建设创新型国家战略举措中的教育改革措施，其目的是培养大学生的创新创业精神，即一种积极向上的人生态度和坚韧不拔的意志品质。这种精神本质上是对自我的挑战，即要求大学生不沉迷于安逸的现状，对自己的职业和人生进行主动规划与探索，养成敢于探索与冒险，负责任、能经受挫折，独立思考、客观判断，积极进取、锲而不舍等心理素质。

创新创业性劳动教育要整合校内校外、国内国外、线上线下的优质资源，创新教学模式，全方位构建开放的育人环境。一般来说，创新创业学院负责统筹推进创新创业性劳动教育，但它也必须与专业教育相融合。创业是以创新为基础的，没有创新的创业是低水平的生意。因此，创业学院也要依托其他教学机构来实施创新创业性劳动教育，以各级工程训练中心、各类实验室为基地，以校外实习、实训、实践教育资源为依托，以组织学生参加"互联网＋创新创业大赛"等国家级竞赛为抓手，在教育教学的全环节都植入创新创业的基因。此外，课外的"众创"空间或者"创业孵化服务园"能营造"创客"氛围，激发学生的创业激情，也是重要的教育渠道。

创新创业性劳动教育的内容包含创新创业基础课程、创新创业案例和实验课程以及创新创业能力课程，可以开创为独立的通识教育课程体系，也可以融合在专业教育的相关课程中。教学形式也是多样的，讲座与讨论、基于项目的合作学习和问题解决学习都是常用的形式，目的是在价值观塑造方面，引导学生在多元文化交流激荡中养成正确的价值取向，把创新创业基因融入价值观；在思维训练方面，让学生不仅具备批判思维、求异思维和创造思维，而且具备系统思维、战略思维以及多学科交叉思维；在能力培育方面，让学生基于竞争与合作不断提升自身能力，具备国际竞争力。

第二章　新时代劳动教育精神

第一节　劳动精神

一、劳动观的概念

人们在劳动的过程中，形成的对劳动的看法和认识，就是劳动观。劳动观反映着劳动者对劳动的态度，决定着劳动者在劳动过程中的行为。劳动观作为意识观念领域的内容，与人生观、世界观一脉相承，它生动地反映着人生观、世界观。随着经济的发展和科技的进步，劳动被赋予新的内涵。只有树立正确的劳动观，才能让自己更好地懂得尊重劳动人民，更好地珍惜自己的劳动成果，并以热情饱满的劳动态度积极投入社会劳动生产过程当中，从而不断提高劳动生产率，为社会创造出更加丰富的社会物质财富，同时能够促进个人的全面发展。一个人只有树立了正确的劳动观，才能自觉强化劳动意识，用双手和智慧去创造人生，实现自己的理想。

二、马克思主义劳动观

全部人类的活动迄今都是劳动。马克思把劳动比喻成整个社会为之旋转的太阳，劳动是人类生存的本质，人类的发展过程就是劳动的发展史。马克思主义对于劳动的论述，主要体现为劳动本质论、劳动价值论以及劳动解放论。

（一）劳动本质论

人的本质是什么，一直是困扰哲学界的一个重要命题。马克思主义认为劳动是人的本质，人的本质是一切社会关系的总和。

（1）劳动创造了人本身。劳动会使用和创造劳动工具把人类社会与猿群世界区分开来。劳动使人学会直立行走，并且劳动还创造了语言。

（2）劳动创造了人类生活。劳动的过程就是人通过自身的劳动作用于自然的过程，是人的本质力量与自然之间的一种物质交换过程。

（3）劳动是一切价值的创造者。劳动是一切价值的创造者。只有劳动才赋予已发现的自然产物以一种经济学意义上的价值。劳动和自然界在一起它才是一切财富的源泉，自然界为劳动提供材料，劳动把材料变为财富。但是劳动的作用还远不止于此。它是一切人类生活的第一个基本条件，而且达到了这样的程度，以致我们在某种意义上不得不说：劳动创造了人本身。劳动是人类创造物质和精神财富的活动。

（4）劳动创造了社会关系。劳动不仅创造了人与自然的关系，劳动还形成了人与人之间（即"劳动资料的占有和使用关系，劳动的分工和协作关系，劳动产品的交换、分配和消费关系等"）以及人与主观意识之间的关系，而这些关系成为人类社会的基本关系。社会是人类劳动的产物，是劳动活动的展开形式，也必将随着劳动的发展而发展。

（二）劳动价值论

劳动价值论是马克思关于劳动创造商品价值及商品生产、交换遵循价值规律的理论，它详细阐述了商品经济的本质和运行规律。

（1）生产商品的同一劳动划分为具体劳动和抽象劳动，具体劳动创造商品的使用价值，抽象劳动创造商品的价值。而具体劳动与抽象劳动是生产商品劳动的两种形态，是同一劳动的两个不同方面，不是生产商品的两次劳动。

（2）抽象劳动内在的属性是生产商品过程中人类脑力或体力的支出（人类的一般劳动），其外在的属性则是生产商品创造价值的劳动，其抽象劳动创造的价值则是商品经济社会特有的经济特征。马克思认为，在一切社会状态下，劳动产品都是使用物品，但只是历史上一定的发展时期，也就是生产一个使用物品耗费的劳动表现为该物的"对象的"属性，即它的价值的时候，才使劳动产品转化为商品。

（3）抽象劳动内化为商品的价值，外化为商品的交换价值。

（三）劳动解放论

劳动解放论是从劳动本质论和劳动价值论中得出的对科学社会主义的深刻表述，认为劳动的发展过程推动了人类历史当中在自然和社会两方面的不断解放。首先，劳动解放是人类智力提高的过程，是劳动工具的改进与经济形态的创新，而不是一种简单的政治行为或者政权的归属问题。其次，劳动者解放程度是衡量社会文明的尺度和标准，对于劳动与劳动解放程度的促进或者倒退、保护或者破坏等，直接反映出社会的政治体系与制度模式的优劣。

三、如何树立正确的劳动观

（一）树立正确的劳动观，就要善待自己劳动的岗位

劳动的一个重要特性就是平等性，意思是劳动虽然有分工、专业、条件和环境等诸多方面的差别，但就劳动本身而言，是没有高低贵贱之别的。因此，不管是从事体力劳动，还是从事脑力劳动，不管是从事简单工作，还是从事复杂工作，也不管是从事重要工作，还是从事一般性工作，性质都是一样的，其地位都是平等的。只有理解了这一点，才能客观地看待自己劳动的岗位，愉快地服从组织分配的任何工作，在本职岗位上建功立业，用辛勤劳动实现"我的梦"进而助推中国梦早日实现。

（二）树立正确的劳动观，还要充分认清劳动与财富之间的关系

劳动不但创造着有形的物质财富，也在创造着无形的精神财富，劳动不但在丰富物质生活，同时也在塑造着劳动者的精神世界。正确的劳动观，是既重视物质财富的产出，又重视精神财富的产出，既重视物质上的回报，又重视精神上的满足。树立正确的劳动观，就应该把国家利益和人民利益放在首位，以集体利益为重，自觉强化奉献意识，用辛勤劳动书写报效祖国的忠诚。

（三）树立正确劳动观，就要坚信劳动价值，养成热爱劳动的良好习惯

劳动是人类的本质活动，劳动光荣、创造伟大是对人类文明进步规律的重要诠释。青年作为我国社会主义事业建设的栋梁和希望，要确实践行劳动观，不断充实自我。作为新一代青年大学生，只有不忘初心、牢记使命，对工作保持一如既往的干劲儿，才能永葆奋斗品质，为祖国建设添砖加瓦，为实现中华民族的伟大复兴和现代化强国贡献力量。

四、树立正确劳动观的重要意义

（一）有助于培养热爱劳动的美德

体力劳动是防止一切社会病毒的伟大的消毒剂。脑力劳动者参加一些

体力劳动，是有利于身心健康的。向社会提供劳动，获得自己生活的权利，是光荣的生存方式。树立正确的劳动观，坚持劳动正义感，在社会上广泛传播正能量，有助于促进我国社会的和谐发展，是实现中华民族伟大复兴、全面实现共产主义事业的推进器。

（二）通向成功、实现理想的必由之路

青春是用来奋斗的，劳动是光荣的。劳动是财富的源泉，也是幸福的源泉。宏伟的目标、美好的愿景，只有靠脚踏实地的诚实劳动、勤勉工作，才能一步步变成现实。

在全面建成小康社会、实现中华民族伟大复兴的历史征程中，广大知识分子、广大劳动群众、广大青年责无旁贷、义不容辞，必须紧跟时代、肩负使命、锐意进取，把自身的前途命运同国家和民族的前途命运紧紧联系在一起，努力为共同理想和目标而团结奋斗，做实现中华民族伟大复兴中国梦的奋进者和贡献者。

（三）有助于形成积极向上的就业创业观

很多人在毕业就业过程中容易形成眼高手低的择业观念，出现不能胜任工作等问题，只有树立正确的劳动观，才能形成积极向上的就业观和创业观。正确的劳动观能够培养我们优良的品质，实现我们的积极就业。正确的劳动观能够帮助我们正确认识社会劳动分工的本质，消除劳动差别观，建立劳动平等观，促进我们积极基层就业、加强锻炼，为以后的发展奠定良好基础。正确的劳动观能够培养我们吃苦耐劳的劳动精神和创新精神，促进我们的自主创业。

（四）可以使生活丰富而充实

劳动是世界上一切欢乐和一切美好事情的源泉。这是高尔基对劳动的诠释，也是劳动的真谛。生活中，劳动必将是一笔难得的人生资源和财富。人生的绚丽和精彩都是在不断劳动并勇于创造的过程中写出来的。劳动能使我们消除不必要的忧虑和摆脱过分的自我注意，使生活内容丰富而充实。劳动的成功与成果，可使我们认识到自己生存的价值，因而对生活充满信心。

（五）有助于促进自身全面发展

作为社会主义建设者和接班人，我们的全面发展对实现中华民族伟大

复兴的中国梦有着重要作用。合格的建设者和接班人本质上是"以劳动实现中国梦"的劳动者，既是辛勤的劳动者，也是敬业的劳动者，更是创造性的劳动者。树立正确的劳动观，有利于我们在劳动中增强体魄、磨炼意志、提升人格品质，实现以劳树德、以劳增智、以劳健体、以劳育美的目标。

五、新时代劳动观的理论意蕴

（一）创新驱动发展

科学技术的进步和知识经济的发展，使知识经济成为当今世界经济发展的主要特征，劳动方式和结构发生了巨大的变化，管理劳动、服务劳动和知识劳动等各种新兴的劳动方式兴起并得到快速发展。当今社会发展中提出和提倡的创新劳动是有其理论基础、符合时代发展规律的。在新时代下，要转变经济发展方式、促进经济社会全面发展，必须促进劳动创新，让创新成为促进经济社会发展新的推动力。

1. 创新驱动成为社会发展的必然趋势

加快建设创新型国家，创新是引领发展的第一动力，是建设现代化经济体系的战略支撑。创新已经成为新时代经济社会发展的动力源泉。

（1）创新发展是我国经济发展进入新常态的必然要求。改革开放以来，我国经济社会长足发展。但也必须清醒地认识到，我国在快速发展的同时也存在着一些问题，这要求我们必须重新定位我国经济社会发展的速度，实现转型升级。要把创新打造成推动经济社会发展的动力源泉，从根本上转变经济发展方式，为我国社会发展创造一个更长的增长周期。实施创新驱动发展战略，是应对发展环境变化、把握发展自主权、提高核心竞争力的必然选择，是加快转变经济发展方式、破解经济发展深层次矛盾和问题的必然选择，是更好引领我国经济发展新常态、保持我国经济持续健康发展的必然选择。通过科技创新，进一步促进生产力发展，才能克服经济社会发展的瓶颈，实现经济社会向前发展。

（2）创新发展是当今世界发展的大趋势。创新意味着信息互通、资源共享、能力协同、开放合作、互利共赢。当前，面对新一轮的信息科技革命和产业革命，世界各国纷纷制定新的发展战略，抢占科技创新和信息发展的制高点，并且随着全球经济一体化的不断增强，各国之间经济联系更加紧密。对我国而言，要在新一轮的信息科技革命中抓住机遇，并在全球经济一体化的合作中占据优势，促进合作共赢，就必须提高自主创新能力，通过创新发展抓住机遇，让创新成为社会发展的新生动力。

2. 注重创新劳动，培养创造型人才

培养创新型人才，是对马克思所强调的发挥劳动者主体性和能动性的当代阐释。要发挥创新在经济社会发展中的重要作用，就必须注重对劳动者创新意识的培养。

科技是第一生产力，人才是第一资源。社会整体的劳动力素质对一个国家、一个民族的发展至关重要。面对日趋激烈的国际竞争，一个国家的发展能否抢占先机、赢得主动，越来越取决于国民素质特别是广大劳动者素质。因为无论科技、知识怎样发展，它们都无法创造价值，只能实现价值转移和提高创造价值的效率。只有劳动才能创造价值，科技、知识只有与人的劳动相结合才能创造价值。坚持扩大对外开放和人才交流，必须培养创新型、技术型、知识型劳动者。只有加快对创新型人才的培养，才能实现创新劳动，实现经济社会转型升级，促进经济社会持续健康发展。科技的发展以及新兴技术产业的发展，使得对高技能劳动力的培养需求更加迫切。

3. 创新劳动驱动社会全面发展

随着时代的发展和人类生产力的提高，劳动的内容和形式已然发生了巨大的变化。面对经济全球化的不断加强及日益激烈的国际竞争、新一轮产业革命浪潮，基于我国新的时代条件和发展机遇，党中央提出创新驱动发展战略，将创新作为驱动经济社会持续健康发展的动力。实施创新驱动发展战略，使创新劳动成为社会发展的重要动力源泉。首先必须转变人们的发展理念，这是因为理念是行为的先导，一定的发展实践都是由一定的发展理念来引领的。必须改变过去粗放型的发展方式，树立创新、协调、绿色、开放、共享的新发展理念。这里创新驱动发展战略指的是全面的创新和全面的发展，包括科技、制度、文化和理论等各个方面的创新发展。各个层面的创新，最终都要通过劳动来完成。

国际竞争新优势越来越体现在创新能力上。谁在创新上先行一步，谁就能拥有引领发展的主动权。随着科学技术不断发展，尤其是知识经济成为全球经济发展的新趋势，在新时代的发展中更多地强调创新劳动，创新劳动已成为国家创新能力的重要体现。所以，要激发创新创业的动力和活力，通过创造释放新的需求，从而推进新技术和新产业的蓬勃发展。

（二）工匠精神的重塑与劳模精神的弘扬

1. 工匠精神的重塑

在向实现中华民族伟大复兴中国梦迈进一大步、全面建成小康社会之际提出工匠精神，具有鲜明的时代特征，是对那些在平凡的岗位上默默辛勤付出、追求品质、勇于探索创新的社会主义劳动者的高度赞扬。要大力弘扬工匠精神，培育更多中国工匠，打造更多享誉世界的中国品牌，推动中国经济实现高质量发展。新时代重塑工匠精神也是对马克思劳动观的继承和发展。实现自由自觉的劳动是形成工匠精神的前提与条件。只有实现了自由自觉的劳动，劳动者才有可能从事自己所感兴趣、喜欢和热爱的劳动活动，并在劳动过程中全身心地投入，将敬业、专注和创新等深深地嵌入自己劳动过程中，把实现和完成好自己的工作作为最终目的，进而实现自我的人生价值。因而，从另一方面看，工匠精神实际上就是马克思劳动解放理论和人的自由全面发展学说在当代的诠释。

培育工匠精神不但是传承传统精神，同时也是今天经济社会发展的现实需要。在经济发展新常态下，用创新发展从根本上提升中国制造的品质，就需要有大批具有工匠精神的劳动者从劳动实践中提升产品质量。实体经济是我国经济的重要支撑，做强实体经济需要大量的技能型人才，需要大力弘扬工匠精神，加强职业技术教育。因此，我们应该大力倡导并重塑工匠精神，使其在全社会蔚然成风。

2. 劳模精神的弘扬

劳模精神不仅仅是劳动者个人素质和精神的反映，同时也是民族精神和时代精神的重要体现。我国召开了多次全国劳动模范表彰大会，在全民心中标榜劳动模范的精神力量。要崇尚劳动、尊重劳动，懂得劳动最光荣、劳动最崇高、劳动最伟大、劳动最美丽的道理。这是进入新时代，党和国家重视劳动的重要体现。劳模精神是党中央对广大劳动者的伟大劳动实践所作的高度评价和充分肯定，是对马克思劳动观的丰富和发展，具有鲜明的时代特色和中国特色，是助力中国梦的宝贵精神财富。劳模精神的载体是劳模，即劳动模范，他们是劳动人民的杰出代表；劳模精神就是每一位劳动模范在各自平凡的岗位上所体现出的爱岗敬业、争创一流、艰苦奋斗、勇于创新、淡泊名利、甘于奉献的伟大精神，是对时代精神和民族精神的极大丰富。他们身上所展现的爱岗敬业、努力创新创造就是当代劳模的鲜明特质。

在新时代下，弘扬劳模精神是社会发展的必然要求，是共筑中国梦的精神力量，是实现人生价值的内在动力，是全社会都应汲取的精神营养。弘扬劳模精神，就是要向劳动楷模学习，以劳模为榜样，不断将劳模精神发扬光大。新时代实现中华民族伟大复兴中国梦的宏伟目标，离不开全国人民在各自岗位上的辛勤劳动，以劳模精神和工匠精神为集中体现的敬业精神、奋斗精神将成为全面建成社会主义现代化强国的不竭动力。

（三）和谐劳动关系的构建

1. 树立尊重劳动和劳动者的价值观念

劳动是人类的本质活动，正是因为劳动创造，我们拥有了历史的辉煌；也正是因为劳动，我们拥有了今天的成就。在新常态下，要处理好社会主义新时代下新型的劳资关系，牢固树立尊重劳动和劳动者的价值理念，从而充分调动劳动者的积极性，推动社会经济的发展。

（1）形成尊重劳动的价值观念。爱劳动是中华民族的传统美德，在致力于实现中华民族伟大复兴的新时代，必须进一步强调尊重劳动，充分激发劳动者拼搏和创新的精神，发挥社会主义劳动者的主力军作用。牢固树立"劳动创造了中华民族，造就了中华民族的辉煌历史，也必将创造出中华民族的光明未来"的理念，社会的发展和进步都离不开广大普通劳动者的辛勤付出，必须尊重一切合法的劳动，倡导广大劳动者形成辛勤劳动、创新劳动的社会氛围。

（2）树立尊重劳动者的价值观念。人民是历史的创造者，实现中国梦，必须坚持人民群众的主体地位不动摇。新时代，推进全面建成小康社会，需要全体社会主义劳动者共同努力。实践证明，只有尊重劳动、尊重劳动者，维护劳动者的合法权利，才能真正体现人民当家作主和劳动者的主人翁精神，才能充分调动劳动者的积极性和创造性，才能进一步推进社会的发展。

2. 树立正确劳动观，构建和谐劳动关系

新时代，和谐的劳动关系主要体现在以下几个方面。第一，在整个劳动体系中应该坚持公平与正义的原则，这是构建和谐劳动关系的关键因素。第二，和谐的劳动关系应体现劳动者的主体地位。实现中华民族伟大复兴的中国梦，要靠各行各业人们的辛勤劳动。只要有志气有闯劲，普通劳动者也可以在宽广的舞台上展示自己的人生价值。我们是社会主义国家，人

民是国家的主人，因而新的劳动关系的建立必须站在人民的立场上。充分尊重和维护劳动者的劳动，坚决维护劳动者的主体地位，才能建立和谐的劳动关系。第三，建立合理的劳动关系协调机制，对劳动过程中出现的问题及时协调，推动和谐劳动关系的建立。第四，处理好人与自然之间的关系，也就是处理好金山银山与绿水青山之间的关系。制定正确的发展战略，在满足社会发展的同时，努力构建资源节约型、环境友好型社会，从而保证人类社会的可持续发展。新时代，社会主要矛盾的变化表明要大力发展社会主义市场经济，促进社会主义市场经济协调发展，满足人民日益增长的美好生活需要。因而要树立科学的劳动观，建立以公平正义为原则的和谐的劳动关系。

3. 促进和谐社会建设

社会和谐是中国特色社会主义的本质属性，也是实现国家富强、民族振兴、人民幸福的重要保证。和谐的劳动关系是社会主义和谐社会建设的重要内容。要切实维护劳动者的合法权益，以促进社会主义和谐社会建设。以和谐劳动促进社会主义和谐社会建设，具体体现在以下几个方面。

（1）充分尊重劳动者的主体作用。在我国的经济社会发展过程中，出现了企业在用人方面重视人的学历、忽略人的主观能动性的问题。劳动者能否很好地胜任自己所从事的工作，知识储备只是一个基础因素，还有一个决定性因素就是能否充分调动自身的积极性和主观能动性。在社会主义和谐社会的建设中，必须尊重劳动者的主体性作用，按照"人的本质"要求促进社会主义和谐社会建设。

（2）提高劳动者的科技水平。随着知识经济时代的到来，社会发展中需要的简单劳动越来越少，因而需要提高劳动者的科学技术水平，以适应经济社会发展的需要，降低市场需求与劳动力供应之间不能适应的矛盾。

（3）鼓励劳动者创新创造。创新是建设我国社会主义和谐社会的动力，要鼓励社会各阶层人民群众创新，调动全社会创业创新的积极性，将创新劳动成果转化为生产力，增强人们认识和改造自然的能力，实现人与自然的和谐共生，促进社会主义和谐社会建设。

（4）坚持人与自然和谐共生的价值理念。建设美丽中国，树立绿水青山就是金山银山的理念。在新的发展阶段，要彻底转变发展观念，牢固树立保护生态环境就是保护生产力的理念，实现人与自然和谐共生，为社会主义和谐社会的建设提供良好的生态环境。

第二节 劳模精神

一、劳模精神概述

劳模精神体现着人民群众的劳动态度，传承着中华民族热爱劳动的传统美德，学习和践行劳模精神是党对全国各族劳动人民的政治要求和殷切期望。

（一）劳模与劳模精神

1. 劳模

劳模是劳动模范的简称，"劳"，表示劳动，这是劳模的基本前提。"模"，意思是规范、标准、效仿。劳模，是指在劳动中被效仿的标准和模范。劳模是指在各个时期的生产劳动和建设中涌现出的劳动者的优秀代表，他们是在劳动中产生，被广大劳动者所认可和推崇的榜样，是经过层层推选审核评比后，被各级党委、政府认可并授予劳动模范证书或先进生产者证书的人群。评选劳模使劳动者能够看到典型的生动形象，使广大劳动者树立信心、坚定意志。劳模是时代的特色音符，谱写着时代的建设之歌。他们在形象上是普通人，品质却是伟大的；生命是有限的，但精神却是永恒的。他们可以由党中央、国务院授予全国劳动模范的称号，也可以由省委、省政府根据本省的情况，评选授予省劳动模范和省先进生产者。同样的，各市、县区产生各自范围内的劳动模范。

2. 劳模精神理论

（1）劳模精神的含义。劳模根本上是一种精神，通过劳模展现，既体现了劳动的本质，又体现了劳模的先进性，是推动劳动向前发展的精神力量。劳模精神脱离不了劳动和劳动者，它在劳动中产生，并通过劳动者来生动地展现。劳模精神是一种先进的精神，体现出人本质的光辉和优秀的潜能。劳模精神是伟大的，推动了历史的进步。劳模精神中顽强拼搏的进取精神、自强不息的高贵意志是做好一切、成就自我的根本。伟大的事业需要伟大的人民，伟大的人民需要伟大的精神，伟大的精神鼓舞伟大的人民，伟大的人民创造伟大的事业，三者之间缺一不可，相互促进。劳模精神的实质就是要通过诚实劳动为人民创造美好的生活，为国家开创崭新的局面，这是中华民族几千年发展历程中最伟大的总结。

（2）劳模精神的生成。劳模精神与时代同步发展，贯穿于中国社会发展强大的整个历史进程中，它的生成与发展并非虚无，而是具有强大的理论基础和文化基础。

马克思主义的劳动理论是其生成的理论基础，中国特色社会主义的先进文化是其生成的文化基础。①劳模精神生成的理论基础。马克思主义的劳动理论。劳动是劳模精神的基石，深入理解劳模精神必须从深入理解劳动开始。在马克思主义的劳动理论中，劳动是人类最基本的生产和社会实践活动，它是人的本质力量的反映，是人自身和人类社会不断向前推进的永动力；劳动是人的自由自觉的有意识的活动，一直维持这种活动就能够产生财富和价值。劳动是促进人类历史发展的根本动力。②劳模精神生成的文化基础。中国特色社会主义先进文化。人们自己创造自己的历史，但是他们并不是随心所欲地创造，并不是在他们自己选定的条件下创造，而是在直接碰到的、既定的、在过去继承下来的条件下创造。劳模精神也不是根据主观心理状态创造的，而是在特定的精神文化基础之上创造的。

作为在建设中国特色社会主义的伟大实践中形成的优秀文化，劳模精神的生成具有深厚的文化基础。

首先，劳模精神含蕴着博大精深的中华优秀传统文化。中华传统文化是劳模精神的文化母体。"敬业乐群、踏实勤勉"的实干精神，"自强不息、励精图治"的奋斗精神，"革故鼎新、破旧立新"的创新精神，"国而忘家、公而忘私"的奉献精神与劳模精神不谋而合，它们是劳模精神发展与创新的历史文化根基。

其次，劳模精神生成于中国共产党的革命文化。中国共产党在带领人民反帝反封建的浴血奋战中产生的井冈山精神、长征精神、延安精神等革命文化，熏陶了一批又一批的劳动模范，激励他们将不畏艰难、舍生取义、艰苦奋斗的大无畏精神熔铸于自己的血液之中，在实践中不断外化为感人肺腑的劳模精神。中国近代的革命斗争史，是劳模精神的锤炼史，也是中华文明涅槃重生的自信史。面向现代化、面向世界、面向未来的，民族的，科学的，大众的社会主义先进文化与资本主义社会相比，劳动不再是被资产阶级压迫下的活动，而是自由自觉实现人的本质回归的活动。劳模精神作为社会主义先进文化的特有精神现象，它每发展一步，社会主义文化就发展一步。

（二）新时代劳模精神的内涵

中国特色社会主义事业已进入新时代，中国劳模精神一方面延续了过去年代的精髓要义，另一方面又显露出新时代的内涵和实践向度。

1. 爱岗敬业

爱岗敬业是劳模精神的重要内涵，首先我们要清楚爱岗敬业的概念。爱岗敬业的本质含义是指人们对待职业的一种责任心和敬畏态度，深层内涵则可上升为吃苦耐劳、任劳任怨、精益求精的可贵品质。以往我们对敬业精神的认识往往局限于职业道德和职业伦理的范围，认为爱岗敬业精神就是一种对职业的热爱、虔诚、敬畏的态度，以及忠于职守、无私奉献、精益求精的精神状态。其实，爱岗敬业精神有着更加深刻的文化内涵，尤其是与人的存在和发展、社会的和谐稳定，甚至国家的前途具有内在关联。爱岗和敬业，互为前提，相互支持，相辅相成。爱岗是敬业的基石，敬业是爱岗的升华。这些足以显现爱岗敬业在劳模精神中的价值内涵。

爱岗敬业的精神是社会职业道德的基础和核心。爱岗，就是热爱本职工作；敬业，是爱岗的升华，是对工作的一丝不苟，高质量地完成工作；奉献，就是给予付出，不计得失，为社会和他人服务。爱岗、敬业、奉献，是普通而崇高的道德情操。在普通的岗位上，默默无闻地付出爱心和耐心，从平凡的工作中找到一种蓬勃向上的精神力量。劳模精神映照的就是这样一种催人奋发的精神与动力。

爱岗敬业不仅是个人生存和发展的需要，也是社会存在和发展的需要。不论在哪个时期，爱岗敬业作为一个词语都有它不可替代的光芒以及深厚的意义，劳模精神的价值追求正在于此。爱岗敬业诠释了劳动模范的自身价值，符合社会发展的根本要求。在崇尚务实精神的当代社会，爱岗敬业尤为重要。任何人都有追求荣誉、最大限度地实现人生价值的天性。要想愿望变成现实，就要在自己的平凡岗位上做到爱岗敬业。爱岗敬业属于道德建设的基本要求，爱岗敬业是人类社会最为普遍的奉献精神，它看似平凡，实则伟大。任何一份职业、一个工作岗位，都是一个人赖以生存和发展的基础保障。同时，一个工作岗位的存在，往往也是人类社会存在和发展的需要。

2. 争创一流

争创一流是当代劳模具有竞争力、战斗力和爆发力的精神源泉。在实际工作中很多人前望"标兵"自叹不如，后顾"追兵"甘拜下风，面对困难像泄气的皮球，鼓不起勇气。探究这些现象的原因，最关键就是因为缺少劳模精神所彰显的争创一流的品行，缺少像劳模一样一往无前的闯劲、不畏艰难的拼劲、百折不挠的韧劲和争先创优的干劲，缺少干大事、创大业的意识，缺乏攻坚克难的胆识，缺少自我超越、开拓进取的精神。广大劳模在工作中不断强化自身竞争意识，善于比，敢于拼，争当各个行业和岗位的排头兵。当代劳模在中国特色社会主义建设和改革开放的历史进程中，不仅和自己的过去比，和本单位的同事比，还和国内外业内同行比，谁领先就向谁学习。广大劳模以不能等待的危机感、不能拖拉的责任感、不能落后的紧迫感、不能退却的使命感，振奋精神、坚定信心、鼓足干劲，以舍我其谁的勇气去奋斗，以蓬勃向上的朝气去进取，以一马当先的锐气去开拓，以敢为人先的风范去拼搏，以争创一流的情操去奋进，在比拼中扬鞭奋蹄，在竞争中创造价值，在发展建设中国特色社会主义事业的进程中绽放生命的精彩。当下，如果没有了争创一流的精气神，劳模精神就失去了竞争力，就没有了战斗力，就不会有爆发力，当代中国劳模精神就失去了灵魂。市场经济就是竞争经济，故步自封、安于现状的思想行不通，争创一流是市场经济环境造就而形成的劳模精神要素，符合现代社会主流思想。市场经济竞争，需要劳模勇往直前、开拓进取，用一流的技术、一流的管理、一流的产品、一流的品牌、一流的服务、一流的信誉、一流的口碑，树行业标杆。故步自封、甘于落后不是当代中国劳模的风貌，争创一流、比学赶超已是当代劳模的整体风格。

改革如逆水行舟，不进则退。在改革开放的深化和关键期，全国各族人民要向劳模学习，学习劳模具有危机意识、争先意识，用一流的工作业绩回击一些消极情绪和杂音，用一流的国际形象捍卫中国劳动者的尊严和自信，使中华民族以昂首的姿态屹立于世界东方。

争创一流是当代劳模以高标准、高目标要求自我的高尚情操。争创一流就是要树立自信心、提振精气神，以敢为人先、追求卓越的精神状态，高起点谋划、高标准定位、高质量落实、高效率推进，做到谋划上胜人一筹、行动上快人一步、措施上硬人一度。劳模是全面建成小康社会的先锋力量，他们在争创一流中建立并提高自信心，不断实现自我肯定，影响了一大批劳动者攻坚克难，带动着一个个团队和行业做到了高标准、高目标，最后使国家进入了高水平的行列。从精神上讲，支撑这些工人、发明家持续创新的动力就是争创一流的伟大品质。

3．艰苦奋斗

劳模精神是一股先进、积极、进取、向上的伟大力量，劳模精神能够鼓舞人、催人奋发，是带动人们奋斗拼搏的一种力量。艰苦奋斗的精神是中国工人阶级伟大品格的发扬，也是劳模精神不断吸纳新能量的结晶。大力弘扬劳模精神，是对中华传统文化最好的继承和弘扬，也是对我党一贯倡导的革命传统和社会主义建设时期的艰苦创业、奋勇拼搏精神的继承和发扬。时刻不忘继承中国工人阶级的优良传统，发扬劳模精神，这是中国共产党总结革命、建设、改革开放时期的劳动概括出来的一条十分宝贵的经验，也是党在新时期领导人民实现中国梦的征程中必须始终坚持的一条基本经验。新时代呼唤新的大批劳动模范的涌现，呼唤弘扬伟大的劳模精神，需要我们在全社会大力弘扬艰苦奋斗精神。

艰苦奋斗是劳模精神的要求。劳动模范是劳动群众的杰出代表，就要在工作中积极奉献、努力拼搏、争创一流，这是伟大时代精神的生动体现，也是劳模精神的优良传统。这一传统催发了广大工人阶级的工作热情，坚定了工人阶级的信念，为我国的繁荣富强贡献了伟大的工人力量。新时期的艰苦奋斗精神具有以下要求。

（1）艰苦奋斗的精神要具有强烈的主人翁意识。要始终坚持把国家的利益和人民的利益放在首位，敢于承担历史使命，提高责任感意识。当前我国的经济已进入"经济新常态"的发展阶段，中国经济将从要素驱动、投资驱动转向创新驱动。在这新的发展时期，更需要广大人民群众以强烈的主人翁责任感承担自己的历史使命和职责，把自己真正看作国家的主人，承担起自己的责任，奋斗拼搏、贡献力量。劳动模范更要拿出艰苦奋斗的精神，要有能担当历史使命、能为历史使命提供精神力量的动力。在新时代的背景下，当代劳模具有与时俱进的作为，更有强烈的主人翁的使命感，能够促进国家快速稳定健康发展。只要踏实劳动、勤勉劳动，在平凡岗位上也能干出不平凡的业绩，普通劳动者也可以在宽广的舞台上展示自己的人生价值。这就促进了劳模精神的发展，推动了社会的进步，为全面建成小康社会奉献了力量。

（2）艰苦奋斗精神要具备忘我劳动、爱岗敬业和创新的品质。这是劳模精神的中心。虽然时代在不断发展、科技在不断更新、社会发展日新月异，但以劳模为代表的工人阶级始终保持并发扬着劳模精神的光荣传统，为我国社会主义的建设和发展做出了巨大的贡献与努力。艰苦奋斗精神是推动社会生产力不断向前发展的强大动力，同时也是推动我国经济稳定增长的强大动力。在新时期艰苦奋斗就是保持忘我劳动、爱岗敬业的品质，突出社会主义优越性在劳模精神中的显现，伴随着社会的发展勇于创新、甘于劳动。当前我国在"大众创新，万众创业"背景下更要发挥劳模精神，在创新中不断突破，调动创新、创业的积极性以开启我国经济新的增长动力。

（3）艰苦奋斗的精神要具备与时俱进和艰苦学习的品格。在新时期劳模精神中，与时俱进和艰苦学习是工人阶级先进性的重要体现，也是工人阶级担当主力军的重要保障。劳模精神就是在工人阶级不断学习、艰苦奋斗的过程中孕育而生的，同时又对工人产生了潜移默化、深远持久的影响。工人要在工作岗位中拼搏进取，不断学习新的知识、新的技能、新的方法，不断适应社会的发展，与时俱进。只有工人的思想与时代的发展吻合，才能步调一致、一同进步，为我国的发展贡献自己的力量。

4. 勇于创新

创新在劳模精神的发展过程中具有重要的作用，它推动着劳模精神不断发展、与时俱进。同时劳模精神作为创新的动力支撑，推动着各项工作勇于创新，实现新的突破。每一名劳动模范都在自己的工作岗位上努力创新，用自己的劳动成果服务于人民、服务于社会。勇于创新是劳模精神的内涵，是劳模精神的组成部分。

勇于创新是马克思主义的实践向度和理论品格。马克思主义认为，创新即人的存在方式。创新是人类特有的活动，是作为拥有智慧的高等生物有意识的创造性实践，这种创新实践的目的是实现人的自由全面发展，推动社会变革与发展。马克思主义告诉我们，创新的本质是有目的、有计划地改变现存客观事物的存在状态、属性、功能，从而最大限度地实现创新主体利益及自我解放，并能满足人们的需要。从付出上看，与一般的实践活动相比，创新是一种更高级形式的实践活动，需要人投入更多的时间和精力，不仅需要耗费更多的脑力劳动，也伴随着大量的体力劳动；从产出上讲，创新所创造的财富更多，带来的经济价值也更大。不仅如此，创新活动还能促进并实现人的自由全面发展，凸显人的本质力量。

科技驱动发展是我国的发展战略。它一方面汲取了马克思、恩格斯、列宁的科技创新思想，另一方面在不同的时代背景下，结合中国客观实际，发展了科技创新思想。我国的科技发展战略一脉相承，又根据时代发展的要求开拓进取、锐意创新。新时代科技发展战略是习近平新时代中国特色社会主义思想的重要组成部分，是马克思主义中国化的最新理论成果。改革开放以来，具备创新创造能力成为劳模的目标和方向。

提倡勇于创新、善于创造的劳模精神是实现中华民族复兴的现实需要。创新是引领发展的第一动力，是建设现代化经济体系的战略支撑。改革开放以来，中国经济迅猛发展，已经成为世界第二大经济体。面对国内经济发展的现实状况，党和政府提出我国经济发展进入新常态。要解决经济增长速度放缓、产能过剩、拉动力不足等方面的问题，科学技术就成了提升经济增长的真正动力。与此同时，当今世界科技竞争日益激烈，全球新一轮科技革命和产业革命正在孕育兴起，我们要抓住机遇不断推进科技创新、管理创新、产品创新、市场创新、品牌创新。

这就要求社会主义建设者和劳动者在创新创造的时代洪流中，必须掌握关键技术，学习并发扬劳模身上展现的勇于创新的劳模精神。科学技术从来没有像今天这样深刻影响着国家前途命运，从来没有像今天这样深刻影响着人民生活福祉。我们要培养造就一大批具有国际水平的战略科技人才、科技领军人才、青年科技人才和高水平创新团队，建设一支又一支知识型、技能型、创新型劳动者大军，为创新创造提供雄厚的人力资源保障；要弘扬劳模精神和工匠精神，营造劳动光荣的社会风尚和精益求精的敬业风气。中国要强盛、要复兴，就一定要大力发展科学技术，努力成为世界主要科学中心和创新高地。我们比历史上任何时期都更接近中华民族伟大复兴的目标，我们比历史上任何时期都更需要建设世界科技强国！

当代中国劳模充分发挥先锋模范作用，不断钻研科学技术，全面提升勇于创新的本领，锐意进取、勇于创新、不断增强善于创造的能力，结合实际运用互联网技术和信息化手段推动工作不断取得新成效，在自主技术研发、提升产品品质、改进管理模式等方面都取得了突出业绩，为中国特色社会主义现代化发展建设做出了突出贡献。

5. 淡泊名利

淡泊名利是中国传统名利观的集中体现，是中华民族传统美德。淡泊名利是中国劳模固有的精神境界，涵养着当代中国劳模精神。劳模从登上中国历史舞台起，就拥有着淡泊名利的精神境界。掏粪工人、共和国首批劳模时传祥，受到党和国家领导人的接见。头顶光环的时传祥没有因此骄傲自大，也没有因此去炫耀和交换什么，他依然在掏粪工的岗位上兢兢业业、勤奋工作。全国劳动模范、全国道德模范袁隆平，也是淡泊名利的榜样。袁隆平把全部精力都放在了杂交水稻上，放在了解决中国人的吃饭问题上，并且把杂交水稻的专利权无私地捐赠给了国家。

当今整个中国社会的现代文明程度有了明显提升，人民的思想道德素质有了显著提高。正确的名利观会影响和铸就高品位和高格调的人。新时代，要学习继承老一辈劳模谨守本分、淡泊名利的精神境界，甘于寂寞、淡泊自守、不求闻达的豁达态度，弘扬当代中国劳模精神。

6. 甘于奉献

劳模精神的另一内涵就是甘于奉献。每一个劳动模范都甘于奉献、勇于担当，并把这一准则作为自己在工作岗位上的行动指南。甘于奉献诠释了劳动模范不辞辛苦、甘愿付出的大爱，体现了劳动模范不求回报、不为名利的社会主义现代化工人的精神品质。

追求真理的勇气，相信精神的力量，乃是哲学研究的第一个条件。人应当尊敬他自己，并应自视能配得上最高尚的东西。精神的伟大和力量是不可以低估和小视的。甘于奉献是一种精神，更是一种力量，二者合一，构成了劳模精神的内在动力。人可以先满足自己，在满足自己之后实现更大的价值，就是为社会、他人服务。劳模精神就是要营造这样的氛围，在这样的文化氛围之中催人奋进，实现个人更大的社会价值，使每个人拥有为人民服务的精神。

奉献是恭敬地呈献，奉献是不计报酬地给予。甘，美也。甘于奉献，就是以奉献为甜美，以奉献为快乐。甘于奉献是一种至高无上的人生追求，甘于奉献是一种至善至美的精神境界，甘于奉献是一种推动社会进步的强大精神动力。甘于奉献是劳动模范的优良传统。劳动模范把这一传统发扬、传承，运用到工作和生活之中，形成了"人人为我，我为人人"的良好风气，推动着劳模精神的形成。

甘于奉献是行动的指南，需要处理好大我与小我的关系。实现小我、成就大我，其中有一个取和舍的关系。当我们面对问题、遇到挑战，需要奉献与付出时，能否舍弃小我、实现大我，能否给予别人帮助？当在工作岗位上遇到困难没有人能够承担，在危难关头没有人能够站出来时，就需要一种力量、一种精神，即无畏困难、舍弃小我、成就大我的奉献精神，这是劳动模范的特有精神。甘于奉献的精神蕴含在劳模文化之中，也是劳模精神的重要组成部分。甘于奉献在劳模精神中是一种潜移默化的持久力量，蕴含着强大的动力，让人更加热爱劳动。奉献精神在我们当今的社会发展中尤为可贵，在思想和意识观念多元化、信息多样化的背景下，市场经济的发展使每个人都很独立，很少有人愿意去分担别人的职责，去关注和自己没有关系的事情，奉献精神无疑是使社会发展回归正轨的一剂良药。

弘扬劳模精神就是要把劳模精神的内涵发扬光大、把劳模精神的价值放大，让人们知道劳模精神对当今社会发展的有利作用，对培养人、塑造人的价值。甘于奉献蕴含在劳模精神中，激发了劳模精神的生机活力。弘扬甘于奉献的精神就是对劳模精神的最好诠释。

甘于奉献的精神是一种态度，是一种责任担当，必须不断打磨自己，增强自信心，因为自信可以激发生命活力，是支撑生命的重要力量。甘于奉献的精神需要真正的自信，不是自以为是、刚愎自用。自信能激励一个人对待工作的热情，在工作中变得自强、自立、自爱。甘于奉献的精神是一种实力，是人有所作为的基本要素。甘于奉献的精神蕴含着一种聚焦功能，是战胜困难、推动事业发展的基石。要成就一番事业，就要勇于担当、甘于奉献，拿出激情所能赋予自己的全部力量去有所作为。甘于奉献，意味着忠于事业、信守承诺、矢志不渝、艰苦奋斗，是勇敢品质和责任意识的统一。甘于奉献表现为不求回报、甘于承担、勇于作为。劳动模范身上有一股干劲，有一种要把工作做到位的责任态度，在困难面前毫不退缩。只有勇于奉献、愿意付出才能体会人作为社会的有机体的价值。这也是奉献精神的本质。

甘于奉献，才能突破思想禁锢、解放思想，才能放开手脚、挑起重担、勇敢前行，不断克服前进障碍，破解瓶颈，开创各项工作的新局面。敢于担当、多做奉献，就要敢想敢为，进一步打开解放思想的总闸门，破除思想上的小富即安、工作上的小进则满、发展上的小打小闹的束缚，瞄准更高追求，确立更高目标。在发展规划上先谋划，在发展政策上先争取，在发展措施上先实施，以舍我其谁、当仁不让的气概抓落实，以敢于超越的胆略勇于开拓、奋力前行。敢于担当、多做奉献，就要敢闯敢试，面对阻碍发展的各种制约，要克服困难，弘扬奉献精神。肯吃苦、做难事才能有所作为。甘于奉献是一种可贵的品格，不是没有标准、没有道理、不守规则的奉献。甘于奉献是面对困难问题不退缩、面对责任敢承担、在危难时机敢出头的奉献，是敢于承担、愿意付出的行为，是一种大爱，是高思想、高境界的体现，这种奉献是对劳模精神最真的诠释。甘于奉献的精神实质是关键时刻敢作为的责任意识。

甘于奉献、勇于担当就要善作善成，不论顺境还是逆境，不论成功还是挫折，不论有无风险，都要相信"办法总比困难多"，认准的事要一抓到底，不怕难、不服输、不言弃，敢于向"不行"叫板，善于做"能行"文章，化不利为有利，化无路为有路，切实干出效率，干出水平。对待工作要负责，对待问题要钻研，只要肯付出没有完不成的事情，甘于奉献的精神价值就体现于此。劳动模范身上都具备这种不服输、敢作为的特点，这也体现了劳模精神的内涵。

甘于奉献的精神就是要有作为、敢承担、能吃苦、善做事。甘于奉献的精神体现在一代又一代的劳动模范身上，他们在自己的工作岗位上兢兢业业、一丝不苟，忘我地工作，他们为了工作、为了国家敢于献出宝贵生命，为了伟大事业敢于牺牲自我。这是一份投入，这是一种精神，这是一种力量，甘于奉献构成了劳模精神的独有内涵。

二、新时代劳模精神的特征与意义

（一）新时代劳模精神的本质特征

劳模精神既是体现在劳动模范身上的优秀品质，又是中华民族传统美德的结晶，它包含着中华各族人民做人做事的美德，体现着我国悠久的文明历史。在时代的变迁中，劳模精神的内涵愈发丰富，它的本质也愈发突出，它是我国工人阶级优秀品格的体现，是对伟大中华民族精神的传承，是对改革创新时代精神的彰显，是对社会主义核心价值观的生动诠释。

1. 工人阶级优秀品格的体现

工人阶级是我国的领导阶级，是中国共产党最坚实可靠的后盾，它代表了先进生产力和先进文化的前进方向。劳动模范和先进工作者作为工人阶级和劳动群众的优秀代表，是祖国和人民的骄傲，是最美的劳动者。

劳动模范作为我国工人阶级中最闪光的一个群体，他们身上凝聚的劳模精神始终体现着我国工人阶级的优秀品格。一方面，劳模精神体现了工人阶级的先进性。在中国共产党领导中国人民革命、建设和改革的各个历史时期，我国工人阶级都是勇挑重担、建功立业、开拓创新的时代先锋和行动楷模，他们在任何时代都是辛勤劳动、诚实劳动、创造性劳动的有功者，推动着国家富强与民族进步。劳模精神作为劳动模范的核心要素和行动指南，是支撑时代前进的强大精神力量，充分体现了工人阶级的先进性，推动了工人阶级的成长进步。另一方面，劳模精神彰显了工人阶级强烈的主人翁责任感。劳动模范先进的思想和优秀的品质是时代的产物，他们所拥有的高度的主人翁责任感是自这个阶级出现就与生俱来的，是劳模精神的内在本质，正是因为他们自觉的、高度的主人翁责任感，使得他们将国家的富强和民族的复兴作为自己的责任，以极大的热情投入各项事业中，努力进取、勇于创新、艰苦奋斗、淡泊名利、无私奉献，将个人理想与国家理想、个人梦与中国梦融合在一起，为中华民族的伟大复兴奋斗终身。

2. 伟大中华民族精神的传承

中华民族是具有伟大创造精神、伟大奋斗精神、伟大团结精神、伟大梦想精神的民族。这四个伟大精神精准而深刻地描绘出中国人独有的气质和禀赋，即富于创造、崇尚奋斗、团结一心、追求梦想。创造给予我们奇迹，奋斗给予我们机会，团结给予我们力量，梦想给予我们希望，它们是支撑中华民族创造伟大历史、不断向前发展的精神底气。这四个伟大精神体现在中华民族从站起来、富起来到强起来的奋斗过程中锻造出的不同精神中，其中劳模精神就是对它的一种传承与发展。

一方面，劳模精神中强烈的主人翁意识和责任感、艰苦奋斗和勇于创新的品质特征，就是对中华民族伟大创造精神和伟大奋斗精神的直接展现。中国人民是具有伟大创造和伟大奋斗精神的人民，而作为人民群众杰出代表的劳动模范就更具有这种优秀的精神品质。"时代楷模"南仁东用 20 多年的岁月艰苦奋斗、坚持创新，建造了中国探测太空的"天眼"——球面射电望远镜 FAST；造林英雄杨善洲退休后艰苦奋斗、义务造林，绿了荒山却白了头。他们是劳模精神的承载者，是伟大创造精神和奋斗精神的传承者，他们深刻阐释着中华民族的优良传统。另一方面，劳动模范之所以拥有爱岗敬业、争创一流、淡泊名利、甘于奉献的精神，就是因为他们有着伟大团结精神和伟大梦想精神。回顾中国改革开放以来取得的巨大成就，中国网、中国港、中国路、中国桥，这都是怀揣伟大梦想的人民努力获得的。梦想是引领我们向前发展的动力，但发展的根本还是要各族人民团结一致，同心同德。有梦想、能团结，才能形成守望相助的大家庭，才能铸牢中华民族共同体意识。新时代为了进一步弘扬和践行劳模精神，就要在每个人的心里都种下团结与梦想的种子。

3. 改革创新时代精神的彰显

时代精神是一个国家和民族在新的历史条件下形成和发展的思想观念、价值取向和精神风貌的总和。它是一种体现国家和社会发展方向，反映民族特色和时代潮流的集体意识，在国家整体发展战略中占据着重要地位。当今我国时代精神的核心是改革创新，它贯穿于改革开放的全部实践，体现在时代精神的各个方面。改革开放进程中涌现出来的一系列"时代楷模"和榜样群体，都生动地展示着以改革创新为核心的时代精神。

劳模精神是改革创新的时代精神的有力彰显。劳模精神是一种人文精神，代表的是一个时代的价值观、道德观与世界观，展示的是一个时代的民族思想与情愫，是时代精神的典型化、人格化。一方面，作为一种文化，劳模精神不是定格的，而是能动的、实践的、发展的，随着社会主流价值、国家意识观念、社会生活的变迁而不断演变发展。另一方面，劳模在实践中体现出来的具有个人特质的精神品质，代表着社会先进生产力的发展方向，引领着时代的进步潮流，凝结着改革创新的时代精神，丰富和发展着时代精神的内涵。

（二）新时代劳模精神的意义

1. 生动诠释了社会主义核心价值观

倡导富强、民主、文明、和谐，倡导自由、平等、公正、法治，倡导爱国、敬业、诚信、友善。这24个字是社会主义核心价值观的基本内容。它分别从国家层面、社会层面和个人层面对国家、社会和个人的价值进行了阐述，这些内涵是适应我国现阶段的发展进程和国情状态的，是我们每个公民都应该尊崇的价值体系，并按照内涵要求，努力完善自己、提高素质。

社会主义核心价值观是对全社会公民的道德要求和行为准则要求，而劳模正是全体公民中的杰出代表，他们展现出的劳模精神与社会主义核心价值观是部分与整体的关系。从内涵上来看，社会主义核心价值观是在中华民族长期的发展历程中，通过几代人、几十代人不断提炼，将传统的中华民族优秀美德与各时代相结合的产物，劳模精神是在长期的生产实践中总体凝结成的先进的劳动领域的精神支撑，各个时代的劳模精神也都是符合社会主义核心价值的要求的，是其重要组成部分。无论是从社会公德方面，还是个人道德品质方面，社会主义核心价值观都是对全社会价值观的多角度考量和要求，是全面的、系统的、立体的。而劳模精神包含着热爱劳动、热爱生活、追求知识、不断进取、努力创造的价值取向，是社会主义核心价值观在社会生产领域的更高要求。

弘扬社会主义核心价值观的过程是任重道远的，这就要求劳模群体作表率，身体力行，在弘扬劳模精神的同时，促进社会主义核心价值的宣传，引导全社会践行社会主义核心价值观。

2. 丰富了民族精神和时代精神

民族精神是以中华民族为对象，以爱国主义为核心的。时代精神是以改革开放为核心，坚持改革开放就是最大程度坚持时代精神。这两种精神始终贯穿于中华民族的历史当中，既沉淀于近代中华民族不屈不挠的民族斗争中，又体现于新时代中国快速崛起的改革进程中，动员和鼓舞着中华儿女以饱满的热情投身祖国建设，将自身的价值实现于民族和时代的意义当中。民族精神和时代精神是群众为之凝心聚力的兴国之魂，民族精神和时代精神是党和政府的强国之道。

民族精神是指一个民族在长期历史和阶级条件下，通过长期的发展和推进，在共同生活和社会实践活动当中形成的，为本民族大多数成员所认同的想法和理念。民族精神是全面系统的，既包括人民的价值取向、思维方式、道德规范，也包括民族的观念、传统、革新和改变。在中华民族几千年的发展历程中，无论是充满硝烟的战争时期，还是如今的和平年代，民族精神都是不可或缺的宝贵财富。中华民族经过几千年的历程，逐步形成了以爱国主义为核心内容的团结统一、爱好和平、勤劳勇敢、自强不息的伟大民族精神。民族精神是不断发展的、是与时俱进的、是开放的、是包容的。而劳模精神体现勤劳、勇敢、奋斗、创新等内容，它恰恰生动地诠释了民族精神的内涵。广大劳模是传承和发展民族精神的先行者，他们用自己在劳动中展现出的高尚情操和高贵品质，为传承和发扬民族精神做出了表率。

时代精神是一种与时代特色联系最紧密的精神，每个时代的经济、社会、文化等方面的特点，都赋予了各自时代精神的深刻内涵。随着经济的腾飞、国内外局势的错综复杂，改革创新成为中华民族面临的迫切要求。新时代精神就是以改革创新为核心的时代精神，这种精神体现了为了满足人民对美好生活的向往的发展需要，必须进一步发展科技，发展生产力。时代精神也是创建新型现代化国家的迫切要求，国家的强大成为新时代的特色。改革创新是落实科学发展、可持续发展的必然要求，也是构建社会主义和谐社会的重要保障。改革开放是中国共产党团结带领全国人民做出的最伟大的决策之一，通过创新改变了民族的陈旧，改变了方式的固化，改变了道路的模式，改变了环境的影响。创新是时代精神的灵魂，墨守成规应该被淘汰，取而代之的是创造的思维、创新的理念。只有创新才能适应时代变迁带来的高速发展。时代精神具有不断勇攀高峰、不断突破自我、不断打破陈规的特点，在新的形势、新的实践、新的任务、新的挑战面前，时代精神将不断探索出适合中国发展的道路，并将这条路越拓越宽、越走越远。时代精神的核心是改革创新，新时代劳模精神也强调勇于创新，从这一点上看，劳模们用自己的实践活动，推动着时代的发展，也丰富和诠释了时代精神。

3. 劳模精神是劳动精神的积极体现

劳动是人类的本质活动，也是推动人类社会进步的根本力量。作为新时代的创造者，应当树立端正的劳动观，即劳动最光荣、劳动最崇高、劳动最伟大、劳动最美丽。历史悠久的中华民族，从闭关锁国落后挨打的局面，到今天的新时代发展，实现了从站起来、富起来到强起来的伟大跨越，这是全体劳动者在中国共产党的领导下，经过艰苦卓绝的革命、建设和改革，一步步实现的。

4. 劳模精神是培育时代新人的重要手段

时代新人首先要符合新时代的特点，要与新时代相结合，时代新人要有新思想、新方式、新观念、新目标，要有神圣的责任心和使命感，要有理想、有梦想、将自己的个人梦、个人理想同国家和民族的梦想结合到一起。要实现在劳动中创造价值，在劳动中实现人生、锤炼人性，这些就要以劳模精神为指引，要以国家富强、人民幸福为己任，发扬劳模精神的勇于创新、甘于奉献，要胸怀大志，将国家富强乃至世界进步作为前进的动力，投身中国特色社会主义建设的时代大潮当中。把远大的理想转变成现实，需要在平时的工作学习当中，不断探索、求得真学问、练就真本领，广大青年要自觉加强自身学习的意识，体会到重担在肩、时不我待的紧迫感，不断刻苦求学、提升本领。在国家发展的各个历史阶段，当时阶段的年轻人都作为时代新人，发挥着举足轻重的作用。劳模身上的坚守与专注、负责与担当、严谨与求真、勤奋与奉献的品质，正是目前社会时代新人所应当具备的。对时代新人进行社会主义核心价值观教育和劳模精神教育，有利于他们端正人生态度、正确看待社会责任、树立人生目标。

三、"劳模精神"融入高校思想政治教育的路径选择

（一）坚持"双主体"育人原则，强化思想政治理论课建设

在劳模精神融入高等院校思想政治教育教学实践活动过程中，教育者和当代大学生同为主体，因为只有这样，大学生在接受教育的同时才能够发挥自己的主观能动性，在接受教育的同时进行自我教育。自我教育，主

要是指作为大学生群体在教学实践过程中，以自身接受的教育信息和内容，通过学习和交流对其他成员进行"劳模精神"的传播和交流，从而由教育客体转换为教育主体。强化思想政治理论课建设要求思想政治理论课（以下简称"思政课"）教师在劳模精神教学实践过程中充分发挥主体作用，用正确的教学方法和丰富的理论课程内容正确引导大学生，使其学会积极主动思考，使劳模精神相关课程内容内化为正确价值观塑造力量，外化为文化交流和传播的积极行动。

一方面，重视教师队伍建设，发挥教师主体引导作用。发展教育事业是实现中华民族伟大复兴中国梦的基础工程，教育事业处在优先发展的位置。教师是教育活动的主体，发挥着重要作用。加强师德师风建设，培养高素质教师队伍，倡导全社会尊师重教。劳模精神融入高校思想政治教育，通过劳模精神教育可以加强教师队伍建设，强化教师队伍的政治意识、大局意识、核心意识、看齐意识，使教师队伍成为一支德艺双馨、发挥教育引导作用的合格工作队伍。将劳模精神融入高校思想政治教育，思政课教师在参与实际教学过程中是教育主体。

因此，思政课教师对劳模精神理解、掌握程度以及自身理论水平直接决定着学生对劳模精神的认知，决定劳模精神德育功能是否正常发挥。在实际教学过程中，要对思政课教师首先进行劳模精神的专题培训，使思政课教师深刻理解劳模精神的内涵，强化问题意识，明确劳模精神想要传达的价值观念，全面掌握劳模精神学习的相关资料。打铁还需自身硬，思政课教师需要系统地学习劳模精神相关知识，让劳模精神的敬业精神、首创精神和奉献精神深深感化自己、塑造自己，才能发挥教师主体引导作用，才能向学生传授劳模精神相关知识。

另一方面，充分调动大学生的积极性，加强自我教育。真正的教育乃自我教育。德育育人的过程也是大学生由教育客体向教育主体转变的过程。作为教育客体的当代大学生，要自觉接受劳模精神为主要内容的思想政治教育，领悟劳模精神内涵，抓住劳模精神学习要点，拓展劳模精神学习领域，不断完善自我，提升自己的人生修养，树立正确的人生观和价值观。思想政治教育贯穿大学生生活全过程，大学生在自我提升的同时也影响着周围的人，从而实现由教育客体向教育主体的转变。充分调动大学生的积极性，强调理论和实践相结合，为他们创造学习交流的机会和平台，使他们学有所得、学有所悟，不断提升自我教育的水平和能力。

（二）重视劳模精神的教育价值，丰富高校思想政治教育的内容

将劳模精神融入高校思想政治教育的内容，并不是机械地把劳模精神强加在高校思想政治教育中，而是要深刻审视劳模精神对丰富高校思想政治教育内容的重要性。一方面，要充分阐释劳模精神的理论内涵，深入挖掘劳模精神的时代价值，丰富劳模精神自身的内涵，这是将其融入高校思想政治教育内容的前提。另一方面，要把劳模精神融入高校思想政治教育内容进行全国推广，切实在更大的空间上体现劳模精神的重要性，切实在高校思想政治教育的理论与实践中彰显劳模精神的教育价值。

除此之外，要把劳模精神的传播与社会主义核心价值观的宣传、社会实践活动等结合起来，充分让劳模精神的教育价值"活"起来，从而真正彰显其在高校思想政治教育内容中的重要性。尤其是要深刻领悟劳模精神在立德树人方面的重要性，凸显高校思想政治教育内容的深刻性。

（三）加强校园文化建设，把劳模精神融入高校各个环节

校园文化是以校园为空间，以教师、学生为文化传承创新的主体，以精神文化为核心，并与物质文化、制度文化、行为文化相统一的具有时代特征的一种群体文化。劳模精神融入高校思想政治教育：通过加强建设校园文化这个着力点，把劳模精神主题教育融入高校的各个环节；多措并举，以弘扬劳模精神为核心，以改善校园整体环境为重点来加强校园文化建设。校园文化具有文化育人的功能，可以潜移默化地影响人。高等院校是弘扬劳模精神、加强劳动教育的主阵地，所以，把劳模精神融入思想政治教育，就要开展多种形式的教育教学活动促进校园文化建设。

1. 通过学校硬件设施建设，加大劳模精神宣传力度

在劳模精神融入高校思想政治教育的过程中，改善学校硬件设施建设的目的就在于为弘扬劳模精神营造良好的校园环境，注重隐性教育。改善学校硬件设施建设是加大劳模精神宣传力度的重要方式。例如，增加各学院文化宣传专栏、建设适当的文化长廊、建设特色建筑和文化景观等硬件设施都可以使劳模精神渗透到师生的日常学习生活当中去，让劳模精神通过校园环境的改变而深入人心。

2. 完善教育机制，使劳模精神教育常态化

完善劳模精神德育教育机制，努力促使劳模精神教育制度化、常态化。制度文化是校园文化的重要组成部分，可以通过制度文化来实现劳模精神

教育与规章制度相结合，规定教育客体接受劳模精神教育。健全教育机制，为劳模精神融入高校思想政治教育提供制度支持。劳模精神教育和党日活动相结合，在保证劳模精神教育正常开展的同时提供制度保障。通过制度保障，让劳模精神教育成为日常行为。另外，高校的相关院系，尤其是人文社科类专业要高度重视弘扬劳模精神、加大师资投入、提升教师综合素养，为劳模精神教育顺利开展提供有力保障。

将劳模精神融入思想政治教育，就是充分发挥劳模精神对"双主体"的文化熏陶和培育功能，从而发挥劳模精神内化为正确的价值观念的引导和培育作用。实现劳模精神融入思想政治教育，坚持马克思主义根本指导思想不动摇，高度重视教育者和当代大学生二者之间的互动，努力打造良好的教学环境和校园文化，提高社会主义核心价值观对各种社会思潮和价值观的整合驾驭能力，维护社会稳定，实现中华民族伟大复兴中国梦，是高校思想政治教育工作需要直面的理论和现实问题。

第三节　工匠精神

一、工匠精神的时代内涵

（一）工匠精神对人类社会的未来发展日益重要

随着未来生产方式的不断升级，工匠精神对于整个人类社会将日益重要。科技的进步让繁重的体力劳动越来越少，这将更有利于发扬工匠精神，也意味着精益求精、脚踏实地和执着专注等优良品质会因科技进步为人类创造更多价值。当前，人工智能的迅猛发展必然让机器和人之间的融合愈加紧密，如无人驾驶汽车进入实测，智能算法令电脑在围棋项目上击败顶尖职业选手等。这说明以往完全依靠熟练操作和好手艺保障质量的时代已经过去。

但是，这绝不意味着未来人类不再需要工匠精神，因为传统的循规蹈矩的重复性机械工作会减少，但富有创造性和研究性的复合型工作将会变得更多，这对劳动者的管理水平、技艺精度、团队协作能力以及多领域知识技能整合能力等都提出了更高要求，这必将拓展工匠精神的时代内涵，促进工匠文化新的发展。

（二）当代中国工匠精神的时代内涵

工匠精神必须与时俱进，富有时代内涵，在传承传统工匠精神优秀品质的基础上持续发展。当代中国工匠精神是在充分适应现代生产力和生产关系后发出的一种精神气质、道德要求及价值取向，且与社会主义核心价值观所倡导的爱国、敬业等价值观具有统一性。这种时代风貌和文化内涵不仅对中国进一步提升劳动者素质、实现高质量发展大有裨益，也因其先进性和实践性而具有世界意义。

1. 工匠精神是自觉自愿的敬业

敬业是建构工匠精神必不可少的要素。可以说，世界上没有不敬业的精工巧匠。敬业是十年如一日兢兢业业的工匠态度，是对自己职业工作选择的绝对尊重，是始终对工作抱有敬畏之心的慎独慎微。工匠态度不是"凡事差不多"地得过且过、合格就行，更不是马马虎虎地随便糊弄。不管工作性质简单还是复杂，工匠们始终能够以最朴实的心态恪尽职守地面对工作。工匠的工作责任心并不以生存需要为根本目的，敬业的工匠必定有着很高的职业使命感和荣誉感，这是一种超出物质回报的责任心。合格的工匠之所以对自己的职业有着崇高的责任感，是因为他们坚信自己的职业工作有着不同寻常的意义和内涵。责任是工匠的灵魂，责任也是每个匠人必须恪守的义务。现代工匠早已不把工作视为谋求生存的基本活动了，而是有着更高层次的审美和道德追求，这样自豪的敬业之情能让人高度认同自己的工作，喜爱自己的工作。

工匠对责任的追求会升华成为工匠信仰。在这种状态下，工匠和职业本身处于人与事、手与心、工与艺的高度融合之中。工匠信仰突破了个人价值追求，已经上升到为集体、为社会乃至为人类的高度敬业。中华人民共和国在成立初期虽然一穷二白，但许多在海外的科学家回到祖国并为新中国的建设奉献毕生力量，如以"两弹一星"团队为代表的一批科学工作者体现了人生价值与社会价值的统一，真正地将"尽己所能、无私忘我"的奋斗精神展现了出来。当下，屠呦呦、袁隆平等精益求精的精神不但造福中国，更为世界文明的发展做出了巨大贡献。工匠精神和敬业精神之间有着客观联系，但是二者之间并不能完全画等号。工匠精神具体体现为"三多"，"三多"表现在以下方面。

（1）多干一点。工匠精神比单纯的敬业更强调"多干一点"。工匠精神重视对本职工作的纵向深度挖掘和工作内容的横向边界延伸。被评为"湖北工匠"的刘军荣是一名铣工，他为了提高生产线上的效率，通过发扬"多干一点"的精神，自发在业余时间制作并改良了许多加工用的刀具和辅具，提高了公司的收益。简言之，"多干一点"就是在对穷尽职业责任的基础上多一些"马不扬鞭自奋蹄"的劳动实践。

（2）多学一点。正所谓"学知不足，业精于勤"，在敬业的基础上，工匠为了不断提升自己的技艺和理论水平，都会系统地学习钻研相关领域的理论知识。同样被评为"湖北工匠"的武重集团机械模型工人吴何庆就通过不断学习，在设计机械产品模型方面达到了国际水准，被同事誉为"技能魔术大师"。工匠往往能通过"多学一点"突破自己，将自身技艺推向一个更高的层次。

（3）多想一点。工匠精神强调知行合一，工匠要善于在实践中进行总结和思考。工匠的哲思通常能够超越工作和事业本身，他们能够洞察隐藏在不同劳动形式和繁多职业种类背后的科学规律与发展态势。

2. 工匠精神是脚踏实地的专注

对于工匠来说，利用有限的时间和精力去无止境地追求极致和完美是一个永恒的命题，专注是通往极致的唯一正途。专注是工匠精神的"稳定剂"，匠人们就是靠着专注力才心无二用地攀登自己领域的高峰。工匠的专注意识不仅不会导致"眼睛向内"和效率低下，反而成就了工匠精神。"慢工细活"强调的恰恰是高质高效的工匠精神，而不是拖累效率效果的怠工意识。工匠精神的专注包含实践性、专一性、前瞻性三个要求。

（1）实践性。实践性就是专注过程中的亲力亲为，脚踏实地地去实践。专注不只是停留在头脑意识中的注意力，还要外化成具体的行动，将眼前最实际的问题和困难作为出发点，逐步实现远大目标。例如，为解决世界粮食问题做出关键贡献的袁隆平院士，就是带领团队在试验田里专注于解决每一个具体的小问题，才不断地创造了一个又一个水稻亩产的世界纪录。

（2）专一性。专一性就是专注过程中持续努力、坚韧不拔的钉子精神。比如，雷锋精神正是雷锋同志作为一颗普通"螺丝钉"并坚持常年努力工作而彰显出来的一种钉子精神。

（3）前瞻性。前瞻性就是根据自身实践和持续努力而对事物发展前景所形成的远见卓识。对未来的前瞻性专注体现出工匠们对环境变化和事物发展规律的清醒认识。缺乏前瞻性的专注带来的可能是画地为牢的负面效应，如果无法对未来发展趋势给予充分思考和准确评估，那么此时的专注或许就是"奋力跑向相反的方向"。

3．工匠精神是重复基础上的创造

工匠的创新通常不是随机的灵光乍现，也不是少有的几次划时代技术变革，而是匠人们日复一日地对自己专精领域的反复摸索和改进。第一，重复是基础。成功的运动员要为一个动作进行成百上千次的练习，合格的飞行员在上岗之前必须要在飞行模拟器上进行长时间练习。第二，创造性重复并非呆滞无神的"匠气"——如果在反复之中只是追求不出错，那就形成不了创新创造。重复虽然能带来大量的经验和对事物的细致认知，但是也会让人陷入思维定式的束缚当中。工匠需要在重复过程中对原有的认知和经验的局限性进行思考和创新，对自己原有的技艺和经验进行批判。创造性重复最忌讳安于现状和止步不前的状态。屠呦呦团队在攀登人类药学高峰的路上经历了无数次试验失败，但正是在不断的失败中坚持思考和调整前进方向，最终取得了重大发现。由上可知，重复的过程包含"破"和"立"，"破"是对重复性工作不断有新的认知和扬弃，而"立"就是在发现问题和不足之后进行创新创造的过程，二者之间相辅相成。创造性重复是一种工作态度，要求有先破后立的果敢和不破不立的创新意识，两方面缺一不可，共同构成了工匠精神的重要内容。

4．工匠精神是匠心独运的求美

我国社会的主要矛盾是人民日益增长的美好生活需要和不平衡不充分的发展之间的矛盾，这从一个侧面说明我国对于"美"的供应仍然不足。"美"的构建必须以高品质为基础，要体现先进的生产方式和优雅的生活方式。现代工匠精神不是"面子工程"，而是追求个人品格和技艺的全方位的美，展现着人性光辉。工匠追求的不只是实用有效，还包含着对美的不懈渴求。实用性往往可以量化，而用户体验以及人文关怀等理念难以用具体的数字进行描述。这就要求工匠对人性和美须有十分透彻的了解，在追求产品性能、功能等基础价值的同时，必然内含着对美的思考。对美的追求绝不是"金玉其外败絮其中"的表面功夫，工匠精神所创造的艺术美是一种由内而外所散发的品质美，这种人文美需要极强的内在品质支撑，决定了美的性质。没有扎实的内在品质，美不过是徒有其表。

准确理解工匠精神的时代内涵，要避免以下几个常见误区。

（1）将工匠精神贵族化。许多人谈到工匠精神时不免会陷入"昂贵才能体现工匠精神"的逻辑之中，片面认为产品或服务的高端、高档、高价才能体现工匠精神。诚然，从某种意义上来说，有时候要体现工匠精神，物质和时间上的更多投入确有必要，可这并不是工匠精神的全部意义所在，更不是"以质挟价"或是"以技挟价"的筹码。曾经热卖的章丘铁锅，因为坚持纯手工打造而无法提升产能，面对长期一锅难求的状态，章丘的工匠们没有选择涨价，也没有选择见利忘"质"，而是将产品暂时从淘宝店下架，并等到库存回升之后再开始售卖。新时代的工匠精神应该是大众化的，是能够"飞入寻常百姓家"的，是一种平易近人地追求高品质的精神，而不是小众的或贵族化的。

（2）将工匠精神的主体窄化。工匠精神虽然起始于手工艺人，但是其所讨论的范围早已不限于手工业。优秀手工艺人的工作习惯不等于工匠精神，工匠精神也仅仅是"工匠"这一群体的精神。劳动者不可能人人都去从事手工业或者制造业，但是，工匠精神作为一种优秀的精神品格是值得所有劳动者学习和发扬的。在实施主体上要突破"工匠"这一具体的社会阶层，就要把工匠精神升华到民族精神层面上予以培育。例如，不忘初心、牢记使命就是对共产党执着伟大事业"匠心"的行动诠释。对于不同的个体和民族以及不同时空和地域的人们，工匠精神会呈现出许多不同的形态，要从提升各行业劳动者、各阶层建设者素质的角度来理解工匠精神，做到全覆盖。

（3）缺乏工匠自信且没有掌握工匠精神的国际话语权。中国已有大量真正体现工匠精神的成就，比如，中华牌铅笔和张小泉刀具就因质量好而享誉国际多年，中国工人花了不到一年的时间就完成了"天眼"——世界上单口径球面最大的射电望远镜的 500 万件零件的安装……这些都是当代中国工匠精神的实际体现。为国家振兴和为人民服务已成为当代中国工匠精神中宝贵的特质之一。德国和日本的工匠精神固然举世闻名，但我们不必要也不应该完全进行克隆。新时代的中国工匠精神应该在积极吸收自身优秀工匠传统与借鉴其他国家优秀工匠文化的基础上来进行培育。建立文化自信，增强中国在国际场合讲述工匠故事的话语权，对于当代中国工匠精神和工匠文化的培育与发展有着极为重要的意义。

二、工匠精神的践行路径

（一）以工匠精神彰显价值标准

当今社会低质伪劣产品仍普遍存在，一些企业的抄袭行为屡禁不止，高品质产品退出市场的"逆向选择"现象时有发生，这在一定程度上要归因于产品价值未能通过工匠精神得到彰显。工匠精神本来就是一种价值标准的彰显。政府和社会需要为弘扬工匠精神建立起正向激励的市场机制，这种机制的建立依赖于工匠精神彰显社会价值标准的各类政策。

除了要完善版权和专利法规、加强对违反工匠精神行为的监管力度之外，还需要大力倡导那些符合工匠精神内涵的市场行为和生产活动，通过奖励个人、企业减负等措施来引导工匠精神的践行。

（二）筑牢工匠精神的法治基础

如果仅靠道德文化对人的感染和教化，工匠精神这个概念就会因缺乏践行基础和实施氛围而过于虚无缥缈。法治能够让弘扬工匠精神变得更加严肃，除了在道德上的规则约束之外，法治化规定了具体技术标准。技术标准的设定与产品质量提升有着密切关系：偏低的标准往往造成市场鱼龙混杂，整体质量难以提升，缺乏国际竞争力；而略高于国际水平并能得到有效执行的技术标准则有助于整个行业的质量改进。例如，中国的电热水器、电压力锅、豆浆机的安全标准以及纸制品卫生标准均高于国际水平，就很好地树立了中国制造的形象。但目前行业标准的法律地位偏低，不具备执法权。未来可令其具备相应的强制约束力，以引导行业企业践行工匠精神，不断提升质量水平。

（三）持续推进工匠精神的大众化

通过普及化、大众化来形成凸显工匠精神的"工匠氛围"，这对于践行和培育工匠精神是一个不错的选择，它包括以下三个层次。

1. 教育养成

工匠精神的实质是一种优秀品德，因此，"工匠"的德育是十分有必要的。可尝试在高等学校尤其是职业院校建立具有中国特色的"工匠通识课"，潜移默化地培育精益求精、脚踏实地及专注执着等优秀的道德品质和行为方式。通过手工劳作课或其他形式的实践课程来增强学生的实操技能与劳动素养，构建将社会实践和理论学习深度结合起来的"二合一"人才培养模式。还可以在思想政治教育课中融入工匠精神的有关内容，通过对人生观、价值观的引导和民族自豪感的培育以及对劳动的喜爱与尊重等来让学生群体对新时代工匠精神产生价值认同，预防"差不多就行""见好就收"等不良职业价值观的出现。

2．生活融入

劳动者除了在职业工作中要践行工匠精神之外，在生活中同样要体现工匠精神。想要在日常生活中普及工匠精神，我们就要培养工匠气质。工匠气质的培育必须从生活中的日常行为和对细节的重视开始，比如，在青年人中培养守时观念和认真负责的精神等。

总之，工匠精神的生活化就是强调所有人都应该注意细节，反对工作与生活中的"不拘小节"，努力将新时代"工匠习惯"和现代"工匠气质"融入民族基因之中。

3．全球视野

其要义在于宣传中国工匠价值观，传播好中国工匠声音，阐释好中国工匠特色。我们可以从两个不同的角度去实践。第一，讲好中国"工匠故事"。我国近年来也开始通过影视媒体为中国工匠代言，央视拍摄的《大国工匠》《我在故宫修文物》《大国重器》等系列影片都很好地推广了中国工匠精神。第二，利用"全球货物贸易第一大出口国"这一强大优势，以印着"Made in China"的优质商品和优质服务为载体，充分发挥我国制造业现有的规模优势、产品生态优势来快速改变世界对中国制造原有的"低端形象"的印象，通过高品质产品的大量出口来塑造我国的工匠形象。

总之，从传统文化中的"神农尝百草""愚公移山"到当代的"钉子精神""'两弹一星'精神"，都蕴含着彰显中国智慧的工匠精神，也是当下中国精神的重要组成部分，是我们宝贵的文化财富。新时代工匠除了对事业、技艺和人生的不懈追求之外，他们具有的爱国情怀、团结向上和为社会无私奉献的精神，让中国特色的工匠精神显得更富有魅力和感召力，为实现我国的高质量发展并早日建成社会主义现代化强国提供动力支持。

三、新时代工匠精神的培养

工匠精神是一种优秀的精神品质，它蕴含的价值理念值得每一个劳动者去学习和继承。当前，社会主义意识观念仍然面临着多元文化和价值观的冲击，而高等教育肩负着培养德智体美劳全面发展的社会主义事业建设者和接班人的重大任务，必须大力培育和弘扬工匠精神，帮助当代大学生端正学习态度，激发他们刻苦钻研、开拓创新精神，为将来走上工作岗位打下坚实的思想基础和专业基础。

（一）工匠精神是践行社会主义核心价值观、弘扬"劳动最光荣"的具体实践

社会主义核心价值观个人层面的爱国、敬业、诚信、友善，与工匠精神蕴含的职业精神和价值取向有着密切关系，同时，工匠精神也是贯彻发展新理念、树立崇尚劳动新风尚的内在要求。在大学生中培育和弘扬工匠精神，有助于推进大学生对社会主义核心价值观的认同和践行，树立尊重简单劳动、重视复杂劳动的价值导向。

1．工匠精神是推进供给侧结构性改革、建设制造强国的重要推手

发展壮大新动能、加快制造强国建设需要源源不断的人才输入。为党和国家培养优秀的合格人才是高等教育的责任使命。

2．工匠精神是先进大学文化的重要组成部分

所谓的工匠精神是指工作者需要具备良好的爱岗敬业、开拓创新的精神，能够在工作岗位上坚守自己的职责，在提升自身能力的同时，把自身的工作做好，在促进各行各业发展中贡献自己的一份力量。先进大学文化对师生的行为方式、价值观念等方面具有潜移默化的影响，有助于引导师生追求真理、求是创新、团结协作。高等学校要着力建设传承与创新相结合、科学精神与人文精神相统一、工匠精神与校园文化相统一的具有时代特征和学校特色的先进大学文化，汲取中华优秀传统文化的思想精华，立足学校实际，在校园文化的基础上引导学生理解并接受工匠精神，促使学生成长为具备高素质、高职业精神的人才。

3．工匠精神是大学生未来职业发展的重要精神力量

在多元文化和价值观冲击的社会风气下，培养当代大学生坚定理想信念，干一行爱一行以及锐意进取、学无止境的治学情怀，是高等教育落实立德树人根本任务的应有之义。工匠精神中蕴含的敬业、精业和奉献精神可以为青年学子未来的职业发展提供强大的精神支柱，激励他们敢于突破自我，迎难而上，追求卓越，成为一代工匠，甚至是大国工匠。

（二）工匠精神培育的有效路径

工匠精神的培育和弘扬不是一蹴而就的，无论是学习的深入、能力的提高、精神的传递还是道德的养成，都需要保持一定的连续性，因此，必须将工匠精神融入人才培养全过程，根据高校的实际，探索培育工匠精神

的多维路径。

1. 加强师德师风建设，建设一支具有工匠精神的高素质教师队伍

教师承担着传播知识、传播思想、传播真理的历史使命，肩负着塑造灵魂、塑造生命、塑造人的时代重任，教师的一言一行对学生的人生观、价值观起着潜移默化的作用，因此，全面把握新时代师德师风建设的新坐标，写好教师队伍建设"奋进之笔"，是新时代赋予高校的神圣使命。高校要充分发挥党管人才的作用，利用各级党组织加强教师思想政治教育，深化人事制度改革，完善教师评价机制，努力使每位教师都能有施展才华的人生舞台，引导广大教师自觉践行社会主义核心价值观，以立德树人为己任。作为教师特别是大学生培养第一责任人的导师自身也应正确认识工匠精神的当代价值，摒弃教育功利化、浮躁化倾向，始终秉持守望工匠精神，当好学术权威、品德楷模和条件创造者，在教学、科研、生活各环节的过程中全方位展示师德修养，做大学生成长成才的指导者和引路人，让大学生在认知、情感等多方面切实感受教师身上所展现出的工匠精神感染力，提高大学生对工匠精神的价值认同。

2. 推进课堂教学改革，形成"大思政"工作格局

课堂是大学生系统学习的主要场所，将工匠精神融入课堂教学，可以为大学生厚植"工匠基因"，提升大学生对工匠精神的理解和时代价值的把握。具体分为以下三个方面。

（1）充分发挥高校思想政治理论课的主渠道作用，实施多元的教学方案和教学方法，大力推行案例式教学，充分挖掘贴近生活、贴近大学生的先进典型案例，引发大学生产生共鸣，定位好人生坐标，激发干事创业的热情。

（2）要充分发挥专业课教师育人的主体作用，充分挖掘和运用专业课蕴含的工匠精神元素，因材施教，将工匠精神教育整合到专业课教学全过程。

（3）开展通识教育，提高大学生的综合素质。通识教育是一种人文教育，反映着特定的文化内涵与价值取向，可以让大学生领悟不同的文化和思维方式，养成独立思考和探索的习惯，提高科学与人文素养。

3. 完善高校科研体系，建设高水平科研平台

高校科研平台承担着教学、科研和人才培养多重角色，是学科建设的重要组成部分，没有一流的科研平台就难有一流的学科。大学生是高校科研的中坚力量，他们有力地促进了学科的交叉、融合和发展。培育大学生工匠精神，要以科研为主要抓手，把工匠精神贯穿选题设计、科研立项、项目研究、成果运用全过程，培养大学生科学精神和创新意识。

高校要进一步完善科研体系，设立科研基金，通过开展大学生教育创新计划、优秀大学生学位论文资助、优秀科研成果奖励等项目，鼓励大学生参加形式多样的高水平学术交流，独立选定前沿课题开展科学研究，参与科技创新团队和科研创新训练，培养集体攻关、联合攻坚的团队精神和协作意识。

4．加强创新创业联合培养基地建设，引导大学生对工匠精神自觉践行

大学生创新创业联合培养基地是高校与政府、企业、社会组织等共同建立的人才培养平台，是大学生进行创新创业实践和专业实践的主要场所，也是推进产学研深度结合的重要载体。高校要充分发挥校、企、政等各方优势，规范基地管理，构建人才培养、科学研究、成果转化、社会服务、文化传播等多元一体、互惠共赢的资源共享机制和合作平台，让更多的大学生进入实践平台学习和锻炼，在实践中更加深刻地体会工匠精神的时代价值，树立家国情怀，培养核心素养。

5．丰富校园文化生活，打造先进的校园文化

大学校园文化主要由物质文化和精神文化组成。

（1）物质文化。物质文化是指师生在学校的使用物，主要包括学校建筑、运动场所、人文景观等，校园物质文化是学校价值观和精神风貌的一种直观反映。

（2）精神文化。精神文化反映着一个学校的朝气，内容更加丰富多样，主要包括学校规章制度和社团文化、学术文化、校风、教风、学风等，体现着学校的办学特色和理念。

将工匠精神元素渗透到校园文化各项载体中，可以促使大学生在潜移默化中接受熏陶，内化匠人气质。校园文化建设关系到学校的长远发展，因此，高校要高度重视特色校园文化建设，打造文化品牌，强化以文育人、以文化人功能。将工匠精神融入校园文化中，一方面可以通过举办大学生科技文化节、学术论坛，参加创新实践系列活动等营造崇尚科学的校园文化氛围，锤炼大学生工匠精神品质；另一方面以培育特色社团品牌项目为契机，让大学生们在丰富多彩、寓教于乐的社团文化活动中培育和践行社会主义核心价值观，坚定理想信念，争做担当民族复兴大任的时代新人。

　　青年兴则国家兴，青年强则国家强，中华民族伟大复兴的中国梦终将在一代代青年的接力奋斗中变为现实。高等学校作为青年学生成长成才的主要阵地，要深入把握新时代工匠精神的内涵和价值，把工匠精神融入高素质人才培养全过程：通过课堂教学、系列校园文化活动等载体提高大学生对工匠精神内涵的认知；通过发挥教师的言传身教和先进典型的引领示范作用提升大学生对工匠精神的内在认同；通过参与科学研究、构建多元化创新创业实践平台、深化产学研合作，引导大学生对工匠精神的自觉践行。相信经过多维度的培育路径，可以促使大学生在践行工匠精神过程中做到内化于心、外化于行，成为德智体美劳全面发展的高素质专业化人才。

第三章　新时代大学生劳动教育

第一节　新时代大学生劳动价值观

一、新时代大学生劳动价值观的表现

大学生具有一定的正确劳动价值认知。绝大多数大学生对于劳动都不陌生，都能认识到劳动是人类社会存在和发展的基础，赞同劳动最光荣的观点。高校也开展了和劳动价值观培育有关的活动，如体育活动、学校举办的各种社会实习和实践活动、学生会和社团举办的各种实践活动等。

不可否认，高校开展的这些活动取得了一些积极的成果，正是这些活动的开展才使得大学生对于劳动价值有基本的态度和认识，总体上看，大学生劳动价值观念基本正确。在今后的大学生劳动价值观培育上，这些培育途径应继续保持，同时也要尝试创新。

二、新时代大学生劳动价值观形成的影响因素

（一）传统观念

热爱劳动、勤于劳动是中华民族的传统美德，但也存在着诸如"万般皆下品，唯有读书高""劳心者治人，劳力者治于人"等观念。一些家庭的教育目标是"找一份体面的工作"，成为社会精英。人们习惯性地把财富和社会地位作为衡量成败的标准，而对于辛勤敬业、默默无闻的普通劳动者，未能给予发自内心的认可和尊重。

（二）家庭教育

受传统思想观念和应试教育压力的双重影响，很多家庭关注的是子女的学业成绩和特长，忽视了对孩子的劳动教育，没有培育他们正确的劳动价值观。

尤其是来自城市的大学生多为独生子女，普遍被父母过度爱护，享受饭来张口、衣来伸手的生活，父母包揽了一切家务，以至于其缺乏劳动体

验和劳动锻炼的机会，上大学后自理生活能力和动手能力差，甚至养成好逸恶劳、养尊处优的生活习惯，缺乏艰苦奋斗的精神，更谈不上开展创造性劳动。

（三）社会环境

随着改革开放和社会主义市场经济的不断发展，多元文化并存的现象普遍出现，大学生在多元文化的冲突中感到困惑和迷茫。

我国传统的社会价值观以伦理道德作为衡量标准，强调的是重义轻利、舍利取义，甚至是舍生取义，但市场经济下出现以趋利为特征的社会价值观，人们开始更加重视物质利益，追求实惠和实效。

三、新时代加强大学生劳动价值观教育的建议

（一）家庭重视劳动价值观养成教育

家庭是人生的第一所学校，家长是孩子的第一任老师，要给孩子讲好"人生第一课"，引导他们"扣好人生第一粒扣子"。父母的价值观念、言传身教会对孩子产生深远的影响。

一方面，家长应以身作则，热爱劳动，勤于劳动，让子女认识到劳动的重要意义以及艰苦奋斗的精神对个人发展的价值，杜绝采用金钱或物质方法来鼓励孩子劳动的行为。

另一方面，家长要积极配合学校教育，督促子女从身边小事做起，承担力所能及的家务劳动，提供各种劳动体验的途径，从而使他们树立正确的劳动观，养成良好的劳动习惯。

（二）学校多措并举，强化落实劳动教育

高校在大学生劳动价值观的塑造中扮演着重要角色，因此，要进一步贯彻落实中央有关劳动教育的文件精神，重视劳动价值观教育。

1．确立和完善劳动教育课程

高校应增设劳动教育必修课，结合学校和学生的实际加强教材建设，编写专门的教材，或者将劳动教育内容与思想政治理论课教学内容、专业课程教学内容相结合，加强马克思主义劳动观教育，引导学生坚持个人本位与社会本位的统一，自觉处理好自我利益与社会利益的关系，肩负起社会责任。

2. 健全劳动教育的保障机制

高校要完善管理机制，制定课程标准，加强师资队伍建设、物资保障和评估考核等工作的管理，确保大学生劳动教育实践的顺利开展和有效运行。

3. 丰富劳动实践活动的形式

高校可以组织学生开展志愿者服务活动和公益劳动实践等；鼓励他们利用假期开展社会实践活动或到学校实习基地劳动锻炼，深刻体会劳动的意义；增设勤工助学岗位，减轻贫困大学生的生活负担，同时磨炼他们的意志，提升其综合能力。

4. 利用网络新媒体宣传劳模事迹，营造劳动光荣的良好氛围

高校要大力宣传工匠精神和劳模精神，给予普通劳动者足够的尊重和肯定，通过榜样的力量引导学生树立劳动光荣、劳动伟大的思想观念。

5. 在就业指导中开展创造性劳动教育

随着时代的发展和变化，人类不断创新劳动形式，深化劳动分工，机会无时不在、无处不在，关键在于大学生是否具有创新意识和创新能力。

各高校必须将培育大学生的创新精神作为重要的教育内容，鼓励他们不局限于原有专业领域，努力施展才能，大胆探索创造性劳动，开辟更多适合自己的就业途径。此外，对于从事创造性劳动的师生要进行精神和物质上的奖励，健全激励机制。

（三）净化社会环境，改造社会风气

优良的社会环境对大学生形成正确的劳动价值观可以起到积极的促进作用。我们要充分发挥各类媒体的宣传作用，强化社会舆论的引导功能，大力倡导马克思主义劳动价值观、社会主义核心价值观，宣传集体主义、全心全意为人民服务的精神，弘扬主旋律、传播正能量，在全社会形成尊重劳动的良好氛围，提倡通过辛勤劳动实现人生梦想，反对一切投机取巧、不劳而获的思想和行为。党和政府要大力惩治贪污腐败现象和社会各种不良行为，以净化社会环境；深化分配制度改革，缩小收入差距，提高普通劳动者的收入水平，让普通劳动者活得更有尊严，让劳动更有价值。

总之，我们应通过营造良好的社会环境，引导大学生形成正确的劳动价值观。

第二节 新时代大学生劳动素养

一、构建大学生劳动素养培育体系

（一）深化劳动认知，涵养劳动情怀

较高的劳动素养得益于正确的劳动认知，高校要着力培养青年一代的劳动品格、积极的劳动态度，使他们能够积极主动地参加劳动，意识到劳动的不可或缺。培养劳动素养要勇于走出"象牙塔"，学生不仅要深入参与学校各类实践活动，更要在社会磨砺中认知、学习劳动知识，掌握劳动技能，锤炼劳动品格。高校可以结合学科专业特色，加强学生对劳动科学的认知，将劳动科学的教学和研究纳入人才培养方案中，开设具有劳动特色的专业课程，形成劳动学科群，培养劳动情怀深厚、劳动素养扎实的优秀毕业生。在新生入学教育中，各高校可以请校长或书记来上开学第一课，向新生们介绍学校人才培养、劳动强国的初心和使命，使新生从入学开始就葆有对国家民族的热爱、对劳动事业的热爱，勤于学习思考，练就过硬本领，怀揣一颗热情和进取之心，成为一名"立德守正，崇劳创新"的大学生。

新时代培养社会主义建设者和接班人对劳动教育提出了新的要求，培养具备较高劳动素养的国家所需的人才，需要将专业学习、高校学科特色和行业特色相结合，强化学生对劳动的认识，培养正确的劳动观念，将劳动素养的提升融入高校学科专业、思想政治教育课程和辅导员的日常思政工作中，使课堂不再是单纯灌输知识的场所，以全员、全过程、全方位培养人才为目的，将课程内容与劳动素养的提升相结合，使学生在学习专业知识的同时形成劳动品格。

同时发挥先进人物的榜样作用，将先进事迹与专业课堂相结合，使学生不仅爱劳动、会劳动，更明劳动之理，懂劳动科学知识，增强劳动意识，树立正确的劳动价值观，从而提升学生的劳动素养。

（二）注重劳动习得，培养专业技能

坚持理论教育与实践养成相结合，整合各类实践资源，强化项目管理，

丰富实践内容，创新实践形式，拓展实践平台，完善支持机制，教育引导学生在亲身参与中增强实践能力，树立家国情怀。高等教育培养学生的劳动技能，主要是培养专业技能，除课堂的理论教学、制度保障、学生思想意识的转变外，学校还要将提升学生的劳动素养纳入学校实践育人的立体网络之中，将学生的劳动教育融入实践活动和专业劳动技能培训当中。

学校可通过设置勤工助学岗位，帮助家庭困难的学生通过劳动实践自食其力，通过诚实劳动和辛勤劳动实现自身价值，增强劳动技能，提升劳动素养；在各类学生活动中融入劳动教育，加强学生劳动素养的培育，例如，组织春季植树活动、学雷锋活动、社区服务活动等，让学生深入劳动一线，拓展劳动技能，培养学生的劳动实践能力；通过举办"五月劳动文化节"品牌系列活动，加强学生对劳动文化的理解；还可组织与劳动主题相关的学生话剧《劳动者之歌》，让学生自编、自导、自演，全程参与其中，以艺术的形式感染青年学子，号召同学们热爱劳动，牢记劳动者在中华民族伟大复兴征程中的奋斗历程；开展"劳动主题诗词朗诵会"，充分展示古今中外讴歌劳动的诗词、名言名句、经典著作，以寓教于乐的方式开展劳动教育，特别是邀请劳动模范参与其中，让同学们切身领悟劳动精神，让广大学生在活动中感悟劳动与奋斗，感悟初心与使命。

这些形式新颖、内容多样的活动不仅可以丰富学生的课余生活，而且也让学生在参加活动的同时，全面、综合地提升个人的劳动素养，增强劳动实践技能。

（三）深入劳动体验，体味劳动艰辛

学校要将劳动教育充分融入国防教育训练、职业体验、社会实践、实习实践等环节的活动当中，使学生真正体验劳动。例如，高校可以组织学生参加高校学生军事特训营活动，磨炼学生的意志品质，增强学生的国防观念，激发学生献身国防、报效国家、牢记使命、奋斗青春的思想共识；将实习工厂、实训车间、校外实习基地等作为开展劳动实践的场所，让学生走进企业，置身于劳动现场，让劳动实践不流于形式，通过实践培养大学生的综合劳动素养。

在深入劳动现场的实践活动中，学校还要注重加强对师生的劳动安全教育，强化劳动风险意识，建立健全安全教育与管理并重的劳动安全保障体系，科学评估劳动安全风险，及时排查隐患，完善紧急事故处理机制，做好风险防控预案等。

（四）发挥资源优势，拓展实践基地

培育大学生的劳动素养，要拓展劳动实践基地，大力加强学校劳动教育设施标准化建设。例如，高校可通过建立学生事务一站式服务中心，帮助学生通过劳动进行自我管理、自我服务，自主办理各项学生事务，有效提高学生的自我管理能力及服务他人的劳动能力。高校还可建立大学生创新创业园，使大学生在校期间就可进行创新创业活动，并获得与社会沟通、交流的机会，全面提升各方面劳动能力，提高自身劳动素养。

大学期间，学生在学校内所接受的劳动训练要逐步与社会标准和要求接轨。高校要在大学生活动及实习、实践活动的基础上，对学生开展大量有针对性的就业、创业指导，指导不能只停留在理论上和校园内，而是要大力拓展培育劳动技能及劳动素养的场所，以满足学生走出校园、开阔眼界、深入社会的多样化需求；要充分发挥学校学科专业优势和服务社会的功能，建立相对稳定的实习和劳动实践基地。

同时，有较高劳动技能的教师要对在实习、实践基地参与劳动的学生加以引导。例如，有些高校通过收集劳模校友信息，发挥劳模资源优势，加强劳动实践基地建设，聘请劳动模范担任兼职辅导员，让劳模深入学生的日常学习与生活，对学生开展劳动教育，并通过劳模兼职辅导员的引领，将"劳模精神""劳动精神""工匠精神"融入教育实践活动中。

（五）健全评价体系，激发劳动自觉

将劳动素养纳入学生综合素质评价体系，全面客观地记录课内外的劳动过程和结果；把劳动素养评价结果作为衡量学生全面发展情况的重要内容，作为评优评先的重要参考和毕业依据，作为高一级学校录取的重要参考或依据。高校要将劳动素养纳入学生综合素质评价体系，建立劳动素养评价制度，制定评价标准，加强实际劳动技能和劳动贡献的考核，把劳动素养评价结果作为衡量学生全面发展情况的重要内容。

高校可在原有学生综合素质评价体系的基础上，在综合素质测评中对积极参与劳动和具备较高劳动素养的学生予以认定；在奖项设置上可增设单项奖学金，如"劳动之星""勤工之星"等，专门表彰在学习生活中具有较好的劳动习惯和劳动情怀深厚、积极参加各项劳动教育及实践活动的学生，通过奖励机制，倡导劳动奉献，激发学生的劳动自觉性，引导学生形成正确的劳动价值观，让学生在推优评优过程中自觉提升劳动素养。

（六）鼓励劳动创新，感受创造价值

随着经济发展进入新时期，"中国制造"转变为"中国创造"，我国对于劳动力的需求也在改变。数字时代对人才的劳动素养要求呈现出新的特点，在原有的体力劳动与物质生产劳动的基础上，对于探索性创新劳动和艺术审美性劳动的实践活动等也提出了更高的要求。大学生要在转变思想意识、提升劳动技能的基础上，勇于打破常规，掌握多种基本劳动技能，进行劳动创新，从而获得较强的社会竞争力。高校培养学生的劳动素养，不仅要把握好育人导向，把准劳动教育的价值取向，引导学生树立正确的劳动观念，还要遵循教育规律、成长规律，符合当代学生的年龄特点，更要体现时代特征，适应科技发展和产业变革，针对劳动新形态，注重新兴技术创新，深化产学教融合，完善劳动素养培育模式，真正把学生培养成社会所需的勇于创新的劳动者。

（七）加强宣传导向，形成劳动风尚

当代社会的教育发展离不开全媒体、自媒体的信息传播，对于大学生劳动素养的培育也离不开社会氛围和社会舆论的宣传导向。新时代高校大学生有着较强的自主性和独立性，因此，培育劳动素养也需要创新性的互动模式、生动活泼的教育形式，让劳动风尚潜移默化为学生的劳动认知。从社会角度来看，要积极营造全社会关心和支持劳动教育的良好氛围，宣传推广劳动教育典型经验、劳动模范先进事迹，通过高校大学生喜闻乐见的形式歌颂普通劳动者。近年来，国家对"大国工匠""时代楷模"等荣誉称号的人物评选和宣传，对于大学生来说既是榜样的力量，也是提高自身劳动素养、提升劳动技能的方向。此外，多家媒体还用当代青年喜闻乐见的"两微一端"、Vlog 和短视频的方式宣传全国劳动模范、五一劳动奖章获得者；大力弘扬劳动精神、劳模精神和工匠精神，让更多的高校学子感受到劳动模范就在身边，在全社会形成崇尚劳动、尊重劳动和劳动者的时代风尚，用劳动榜样代替青春偶像，使高校学生主动从小事做起，从点滴做起，积极提升劳动素养。

二、将劳动教育纳入人才培养方案

（一）加强劳育理论教育

随着科学技术的发展，高校教育的方式和途径日益多样化，但最核心

的方式仍然是课堂教学。因此，高校要优化课程设置，充分发挥课堂主渠道、主阵地作用，系统性地开展劳动教育。

一要开设劳动教育公共必修课与选修课，通过劳育课程引导大学生热爱劳动、勤于劳动、积极劳动，克服"少劳多得"的投机心理，树立正确的劳育观。

二是思政课程要加强劳动教育，通过思政课教学，引导大学生认识到劳动是中华民族的传统美德，幸福生活是奋斗出来的，帮助他们养成尊重劳动的情感。

三是专业课程要有机融入劳动教育元素。通常，专业课程更受大学生的重视，因此要在专业课程中融入劳动教育，对大学生进行观念上的引导，引起他们思想上的共鸣。

四是在大学生职业生涯规划与就业指导课程中增设劳动理念，把劳动精神、劳模精神、工匠精神、艰苦奋斗精神的教育融入其中，教育引导大学生到基层去，到西部去，到脱贫攻坚一线去。当然，劳动课程教学效果的保障离不开科学有效的考核，因此还要健全考核机制。总之，要通过劳动课教学，帮助大学生扭转对劳动的偏误观念，理性看待体力劳动与脑力劳动的区别和联系，最终形成对劳动的正确认知，树立积极的劳动情怀。

（二）强化劳动实践锻炼

劳动是一个实践的过程，因此劳动教育需要课堂教育与课外实践有机统一，如果课堂教育与课外实践两张皮，甚至于根本就没有课外实践，那么劳动教育则会陷入书本化、形式化的状况，这种纸上谈兵的做法也就难以有效培养大学生对劳动的认同感和敬畏心。因此，高校劳动教育还应加强实践体验，通过开展多种形式的劳动实践，让学生切实感悟劳动的获得感和成就感。

一是加强校内劳动锻炼，探索设立劳动周，组织大学生参与校园保洁和花木修剪，使学生通过自己的劳动营造清洁美丽的校园环境，让学生在"流自己的汗"的劳动实践中形成积极的劳动情怀。

二是组织校外劳动实践，如志愿服务、公益活动以及社会实践，让学生发挥专业所长，在奉献社会的实践过程中增强与劳动人民的接触，加强对劳动人民的认识，培养对劳动人民的热爱情感。

三是搭建劳动教育实践基地以及职业体验实践基地，打造接地气、接生活的劳动体验课程，组织学生进车间、下田野，让学生通过学工学农实践发展自己，创造财富，收获幸福。

总之，要使学生充分感受劳动的乐趣，享受劳动成果带来的喜悦，帮助学生养成吃苦耐劳的品质，以及独立担当的品格，进而产生尊重劳动、热爱劳动的真挚情感。

（三）注重劳动价值引导

新时代对劳动教育的加强，表明了要构建德智体美劳五育并举的全新教育体系。这意味着劳动教育不能仅是劳动知识和技能的传授，更重要的是劳动观念和态度的培养，因此在进行劳动实践锻炼时，应特别关注其教育属性。对此，学者们进行了反思，指出劳动不是最终目的，而是一种教学手段，劳动教育不仅是传授给学生劳动的知识与技能，而且涉及价值观的培养问题，是要在整个育人过程中，在学生日常行为习惯的养成中培养其劳动意识，以及基本生存能力、责任担当意识，培养国家、民族和社会的有用之才。

因此，高校教育工作者应该认识到，劳动教育并不是简单地开设理论课程，也不是完成了多少劳动任务，劳动教育的核心目标是劳动价值观的培育，要通过劳动教育，加强学生对劳动的认识，改变学生对劳动的态度，培养学生对劳动的情感，最终培养学生尊崇劳动、热爱劳动的价值观。如高校设置勤工助学岗位不能仅满足于学生完成了相应工作，更重要的是让学生在这个过程中认识到付出才有回报，使学生克服不劳而获的心理；进行校园保洁也不能变成一项为劳动而劳动的任务，而是要让学生明白清洁美丽的校园是全体师生及保洁员共同努力的结果，进而自觉维护环境卫生，共同创建文明、美丽的校园。

（四）构建校园劳动文化

校园文化对大学生的思想观念、价值取向和行为方式具有潜移默化的影响。高校应加强劳动育人校园文化建设，大力弘扬劳模精神、劳动精神、工匠精神，促进劳动教育与校园文化建设相融合。

一是重视榜样的力量，开展"劳模大讲堂""大国工匠进校园"等专题讲座，并在校园官网、橱窗、走廊等宣传阵地推送劳模和工匠的先进事迹，让大学生能够近距离接触劳动模范，聆听劳模故事，感受榜样力量，从而引导广大学生崇敬劳模、学习劳模、崇尚劳动、热爱劳动。

二是发挥朋辈效应的作用，探索成立与劳动有关的兴趣小组、学生社团，在班会、团课、社团活动中广泛开展与劳模精神相关的主题演讲、知识竞赛、征文比赛，以及辩论赛、情景剧赛，引导学生主动探索和反思劳动的意义与价值；广泛组织以劳动教育为主题的手工劳技展演，如手工制作、电器维修、班务整理、室内装饰、宿舍内务技能大赛等实践活动，提高学生的劳动意识，加强学生劳动习惯的养成。

总之，高校要大力宣扬劳动的价值，营造劳动光荣的校园文化氛围，让"崇尚一技之长，不唯学历凭能力"的劳动思想和劳动文化深入人心，引导大学生热爱劳动、崇尚劳动，积极提高劳动素养，成为劳动情怀浓厚、劳动技能突出的高素质大学生。

第三节　新时代高校劳动教育环境

一、高校劳动教育环境的构成要素

随着时代的发展，高校劳动教育环境的构成要素不断增加，在诸多方面都会影响教育者与受教育者。本文将高校教育环境的诸多构成要素在形式上分为显性环境因素和隐性环境因素，在内容上分为物质、文化、制度、网络及人际关系等因素。为确保劳动教育的实效性，高校管理者应加强劳动教育环境构成要素的管理

（一）显性环境因素

1. 物质因素

高校劳动教育环境中的基本构成要素就是物质因素，主要包括教学、实训等场所的设施完善程度，教育者获取信息的科学化水平和线上网络环境等。一些高校在学生实训场所设施方面管理不到位，需要高校管理者加强对显性环境因素的调控，创造良好的教学、实训场所环境，满足不同类型学生的需要。

2. 制度因素

制度建设和学校管理者对整个劳动教育起导向性作用，劳动教育制度建设是高校创新劳动教育的根本，应以学生为中心完善劳动教育制度。目前，一些高校劳动教育内容单一，无法激发学生对劳动的情感、兴趣，尚

未帮助学生形成正确的劳动观念与态度，导致学生丧失学习劳动技术、技能的兴趣。学校应加强劳动教育制度建设，制定劳动教育策略，构建劳动教育体系；将劳动教育纳入人才培养方案，提高教育者队伍的整体素质；开展劳动教育专项课程培训提高教师队伍的学习与教学能力；根据时代要求因材施教，制定科学的劳动教育内容，将劳动教育作为课程纳入成绩考评，充分激发学生参与劳动的兴趣；还要开设劳动技能课堂，举办劳模竞赛等活动，培养学生正确的劳动习惯。

3．网络环境因素

网络的便捷性和即时性大大减少了劳动者的体力与智力的消耗，充斥在生活的方方面面。高校要想有效开展劳动教育，就要创造与优化当前校园网络环境，帮助学生利用网络学习劳动技能，提高劳动能力，利用网络进行劳动量化反馈，完善劳动教育网络建设。与此同时，更好地利用数字校园、抖音、微信公众号等信息平台，设计具有劳动性质的网络 Logo，传播劳动知识，传授劳动技能，消除对学生发展有阻碍的消极信息，潜移默化地影响学生树立正确的劳动观，端正劳动态度。

（二）隐性环境因素

1．文化因素

高校劳动教育环境的隐性环境因素指的是学校的劳动文化、氛围等精神层面的因素，主要包含校风、班风、氛围、线上文化等。它们是影响学校劳动文化形成的心理机制。校级管理者只有全面支持劳动教育各项发展，教育者与受教育者才会积极配合劳动教育的开展，从而形成良好的校园文化和班级氛围。

教育者在教学过程中要营造和谐有趣的劳动氛围，帮助学生体会劳动的乐趣，在无形中潜移默化地影响学生形成正确的劳动观，培养学生主动参与劳动的意识，使学生逐渐认同劳动带来的种种益处。

2．人际关系因素

人是社会的人，要想在社会中生存，首先要学会劳动。现在社会劳动方式多样化，个人劳动成果与集体挂钩，只有在团队中相互合作才能产生更多的劳动效益。只有创造融洽和谐的校园交际环境才能促进学生全面发展，帮助学生更好地体会参与劳动带来的乐趣。同学关系、师生关系是学校最基础的人际关系，其中师生关系具有双向性，不仅需要学生尊师重道，还要求教师在与学生建立人际关系时秉持相互尊重的原则，亦师亦友。这种和谐的师生人际关系有助于形成强大的教育力量，使学生更容易接受劳动教育，更有利于劳动教育的开展。

二、创设劳动教育环境的策略及意义

（一）创设劳动教育环境的策略

1. 以课堂教学环境创设为重点

教学场所设施是课堂教学的基础，高校应加大教室及实训室环境创设的资金投入力度，完善各项教学设施，满足现代化高校劳动教育课程化的革新需求，适应不同类型的学生。教务部门应将劳动教育纳入人才培养计划，建立劳动教育机制，鼓励教师加强对劳动教育的研究，引起对学生劳动教育的重视；教育者应强化对多媒体教学的应用，利用 VR 技术刺激学生的视觉、听觉、嗅觉等感官，让学生体会不同劳动的特点，丰富学生的劳动体验，加强劳动技术对学生的吸引力。多媒体的合理运用会极大地推进劳动教育事业的发展，将 VR 技术引进高校劳动教育课堂，可以结合我国劳动人民的历史、劳动创造带来的影响让学生身临其境地体验，既能活跃课堂教学氛围，又能开阔学生的眼界。学生通过观察、参与劳动，敬畏劳动，体验劳动，完成劳动教育，使劳动精神、劳动情怀、劳动境界的培养在依托后勤服务领域开展的劳动实践、劳动锻炼中自然而然地完成。

2. 以校园劳动文化环境创设为基础

校园劳动文化是高校开展劳动教育的重点，是校园文化的重要组成部分，校园劳动文化环境是学生成长成才的沃土。在大学生的校园生活中，劳动教育无处不在，看得见，摸得着，可以真切感受得到，能对学生产生深刻持久的影响，具备陶冶功能、导向与激励功能、约束与规范功能。

影响学生劳动教育的环境分为两种：一种是物质文化环境；另一种是精神文化环境。在物质文化环境创设中，团委和学生工作处可通过广播、报纸、英语角、宣传栏等媒介加大对劳动教育的宣传力度，吸引学生与教师的注意力，通过宣传加深学生与教师对劳动的理解，并融入劳动思维；还可以发挥校徽、院徽及校内雕塑等的导向功能，影响学生对劳动的观点与态度。在精神文化环境创设中，高校应明确党和国家对劳动教育的指导方针，强化对教育者的理论素质培养，定期开展培训，满足新时代劳动教育的革新要求，与时俱进，将新时代劳动教育及思想内容融入教师管理中，建立高素质的教师队伍。

3. 以社会实践环境创设为关键

在高校育人体系中，社会实践属于多重教育，是大学生劳动教育的重要载体。因此，创造社会实践环境是创造劳动教育环境的形式之一，但劳动教育不等同于参加社会实践活动。根据社会发展的需要，将社会的外在要求与学生的内在需要相结合，搭建社会实践平台，改善实习实训制度，掌握岗位实践要求，不仅可以使学生树立正确的劳动观念，还可以使他们进一步熟练掌握专业技术。高校教育者应鼓励学生走出去，参加生产劳动、志愿服务、公益活动等，与企业和各机关事业单位联合举办劳动技能比赛，充分挖掘学生的劳动潜能，不断增强学生的竞争意识、团队意识。

4. 以线上网络环境创设为保障

网络是人们生活中不可或缺的一部分。高校学生大多数为"00后"，思想开放，创新性比较强，运用互联网技术的能力较强。当前，网络已经融入社会生活的方方面面，学生的学习、生活无不受网络的深刻影响。高校要充分利用网络拓展劳动教育，在课堂教学、社会实践中把学生劳动教育与专业技术融为一体，利用数字化技术建立劳动教育学习平台，创造校园劳动教育网络环境。高校可通过对受教育者的年龄、思想和生活的综合分析，整合劳动教育资源，通过数字校园、抖音、微信公众号等平台创造劳动氛围浓厚的网络环境，使受教育者将学到的劳动教育理论知识与技能灵活运用到学习及生活中，帮助学生由他律转变为自律，构建自我管理体系，最终实现自我教育、自主学习，养成爱创造、爱劳动的良好习惯。

总之，劳动教育是新时代教育发展的根基，是新时代教育的重要组成部分，是新时代劳动观在教育领域的主要体现。高校将劳动教育作为一项基础性的任务，势必要先优化与创造良好的以学生为中心的劳动教育环境。在现阶段的劳动教育革新中，高校应该通过对课堂教学环境、线上网络环境、社会实践环境、校园劳动文化环境等的完善创新，创设符合新时代要求的劳动教育环境，为进一步提高高校劳动教育水平打下良好基础，为国家培养更多德智体美劳全面发展的优秀人才。

（二）创设劳动教育环境的意义

劳动教育环境创设，是指以"生态位"理念为思考模式，通过系统且有针对性的实践运作，协调统合促进当代劳动教育有效实施的各类因素，创建起协调一致的具有中国特色社会主义新时代特征的劳动教育环境。这一过程与建立健全劳动教育体系紧密相连，具有重要的意义。

1．有利于形成积极正确的劳动态度与情感

完整的劳动教育，首先是对学生劳动观念、劳动态度、劳动品质以及劳动情感的培育。其中，离不开积极的劳动教育环境所充当的重要媒介作用。要形成积极正确的劳动态度与情感，仅停留于空洞的说教毫无意义，必须通过切实的手段创建劳动教育的客观环境。劳动教育以指导个体行为为目标，在于培养人的实践创造精神，使之形成正确的行为方式与价值理想。这一过程中，个体劳动观念、品质的形成，必须依赖客观环境的影响与规约，而这也充分凸显出高校劳动教育环境建构的深刻含义。

2．有利于为新时代社会主义建设事业贡献绵薄之力

劳动作为伴随人类始终的客观存在，是人类自身以及人类社会生存发展的基础。这一劳动的特殊性也决定了劳动教育的艰巨性、复杂性与永恒性。中国特色社会主义教育发展之路，必须有坚实的劳动教育作为支撑，而劳动教育环境的建设更是重中之重的任务。因此，必须在整体性视野观的指导下极力促成影响劳动教育有效实施的各类因素，使之构成一个大环境下的"合力"，从而为建设完备的劳动教育体系贡献有益力量。当前的高校，在劳育环境建设的背景下，更应一方面紧抓学生的技能训练与职业道德素养提升，同时加紧联系一切校外有益资源为学生技能的提升提供有效训练平台，并将相关资源汇总形成共享机制；另一方面，积极调动校内的各类资源，重塑在校学生的劳育观念，培养其艰苦创业、不畏艰难、勇于探索的意志力与顽强拼搏的心理素质，使其为新时代社会主义建设事业贡献绵薄之力。

3．有利于"德智体美劳"全面发展的教育体系的构建

"以劳树德、以劳增智、以劳强体、以劳育美、以劳创新"的教育思路，充分体现出劳动教育的相关功能与"德智体美"四育的融通关系。教育与生产劳动相结合，是培养全面发展的人的唯一方法。

完备的劳动教育社会大环境的构建，绝不是高校一己之力可以完成的，作为一项艰巨的系统工程，需要国家层面提供制度、财力、人力等相关保障，也需要各个家庭的共建合力，这样，构建"德智体美劳"全面发展的教育体系必将真正实现。

第四节 新时代高校劳动教育课程

一、高校劳动教育实现课程化的重要性

高校劳动教育应以课程为核心，以劳动科学作为具体的教学教材，其重要性主要体现在以下几个方面。

（一）能使大学生了解和掌握有关劳动科学最基本的知识

高校学生一般处于世界观、人生观和价值观逐步形成的阶段，劳动教育对于大学生"三观"的确立起到十分重要的作用。正确的劳动观是形成"三观"的重要基础，它是人们对人类劳动实践活动及其创造本质的基本看法。通过劳动教育，高校学生要从思想上认识、批判和摒弃以极度功利化、个人化为表现形式的极端个人主义，能够分辨是非，增强免疫力，坚定树立马克思主义的劳动观和劳动是幸福源泉的劳动幸福观。同时，正确劳动观的形成不是一蹴而就的，还需要具体的劳动科学教育，以及对劳动实践活动的亲自参与和亲身体认，促使高校学生从思想意识层面真正懂得劳动的全部意义，真正明确劳动创造价值、劳动关乎幸福人生的道理。

（二）能使学生"明劳动之理"

以教育的视角观之，所谓的"行"是指学校开展的具体劳动实践活动，目的是使学生亲临劳动实践场合，实际感受劳动。所谓"知"是指通过课堂教学环节，学生掌握关于劳动的知识。"格物致知"，贵在明理。在劳动实践活动中，直接体认固然重要，但是获得劳动体验绝非劳动教育的终极目的，最终目的在于对劳动道理的感悟、对劳动知识的科学把握。高校学生作为社会生产实践的"准劳动者"和后备力量，不仅要爱劳动、会劳动，更要懂劳动，"明劳动之理"。

（三）与思政课一样具有不可替代性

一是高校劳动教育课是一门相对独立的学科，它与思政课具有同样的不可替代性。前者着重以劳动科学知识对学生进行系统教育，后者则要求学生掌握政治理论、思想修养、伦理道德等多方面的知识，不断提高学生

的思想政治素质和道德水平。毋庸置疑，思政课也包含有关劳动方面的知识，但是，这些知识都分别蕴含于思政课的几门具体学科当中，无法形成劳动教育的系统知识。劳动教育课程同思政课程之间，在逻辑上是一种交叉关系。由此可见，高校思政课不能也无法取代劳动教育课。

二是高校的劳动教育课程的目的有别于思想政治教育课程的目的。前者要求学生不能仅仅驻足于良好习惯的养成，停留于道德品质的修养上，而且要通过劳动教育课程的学习，深化对劳动的认识，懂得劳动的道理。

三是高校劳动教育课也有别于其他与劳动相关的专业课。劳动教育课程属于普及劳动科学知识的必修课，注重普及性，是对所有高校学生进行劳动教育的必修课；而与劳动相关的专业课，如"劳动法学""劳动经济学"则更加注重专业性，是培养专门人才的专业性课程。

（四）符合目的性和规律性

马克思主义认为，劳动是人们认识和改造自然界的自觉的、有目的的能动活动。伴随着人类劳动实践活动的发展，形成了人与自然的关系、人与社会的关系，形成了基于劳动实践的诸多自然科学门类、社会科学门类以及思维科学门类。正是建立在共同的劳动语境下，以劳动实践为基础的诸多同劳动实践紧密联系的学科门类应运而生，并赋予劳动科学以科学性特征。对于高校学生而言，如果不对其进行系统的劳动科学教育，学生就不能透彻地了解劳动的本质规定、劳动的创造价值、劳动的普遍意义、劳动对于实现人的全面发展的重要作用，他们对劳动科学知识的掌握难免支离破碎，甚至停留在对劳动的感性认识阶段。这既不利于学生的全面发展，也不利于学生今后的职业规划和对自身享有合法权益的认知，这是目前高校教育的一个缺憾。基于此，将劳动科学作为劳动教育的基本课程，是一个科学的选择，具有合目的性，也具有合规律性。

二、高校劳动教育课程的教材框架

（一）建设"四位一体"的目标体系

对高校劳动教育课程构建而言，设置科学合理的教学目标是第一要素。高校劳动教育培养目标应包括清晰掌握劳动制度、树立正确的价值观念、深刻掌握劳动技能、实现个人综合发展。因此，高校应建设"四位一体"的目标体系。清晰掌握劳动制度是指帮助学生明确认知劳动相关法律法规，避免自身合法权益受到侵害，进而创建和谐的劳动关系。树立正确的价值观念是指培养学生珍惜劳动成果、崇尚劳动的精神品质，使学生树立正确的劳动价值观。深刻掌握劳动技能是指帮助学生掌握专业的劳动知识和技能以及普适的劳动知识和技能。实现个人综合发展是指高校劳动教育课程需要充分发挥劳动育人的价值，并合理利用劳动教育课程实现综合人才培养的目标。

（二）构建"协同推进"的实施体系

"协同推进"实施体系的构建是落实高校劳动教育课程构建的重要环节，也是必然举措。

1.高校应推动劳动教育融入专业课程

高校的劳动教育需要始终根植于专业课程，否则将会背离劳动教育的初心，导致教育目标难以实现。具体而言，高校要将劳动价值观念、劳动制度条例融入专业课程教学，避免专业教育与劳动教育主次难分。

2.高校应推动劳动教育融入课外活动

高校有多种多样的课余活动，包括社团活动、志愿活动、班团活动等，这些活动的开展均是进行劳动教育的良好契机。在此过程中，高校教师特别是思政教师，需要将劳动教育进行合理地融入设计，进而科学推动劳动教育落实到具体活动中。

3.高校应将德智体美教育元素协同融入劳动教育

作为教育实施主体，教师以及管理人员需要在教学过程中适宜、高效地融入德智体美教育元素，提升高校人才的培育质量。

（三）建构"全面综合"的保障体系

劳动教育保障体系需要多元主体协同构建，"全面综合"的保障体系也是保障劳动教育顺利开展的关键要素。

1.高校应构建科学的组织管理系统

劳动教育的根本目标是实现立德树人的根本教育方针，而劳动教育也是落实立德树人的有效方式。劳动教育涉及多元主体以及多个维度，高校需要厘清管理组织系统，进行系统管理。高校可以成立劳动教育管理小组，负责劳动教育的具体目标制定以及任务分工，并具体落实到相关的课程活动中。

2．高校需完善师资队伍保障

专业教师需要深刻明晰劳动教育的重要性，主动承担开展劳动教育的主要责任。在实施劳动教育时，专业教师应培养其他教师成为劳动教育的专业人员，以此确保教师能够在任一科目中充分融入劳动教育理念，实现学生劳动观念的综合培养。

通过构建科学的组织管理系统、完善师资队伍保障等举措，高校可以全面加强劳动教育课程构建的保障力度。

（四）设置"公平合理"的评价体系

高校劳动教育课程的构建需要"公平合理"的评价体系作为评估劳动教育实施效果的有效方式。但是，劳动教育不可以效仿其他专业课程的单一分数的测评方式，其需要科学合理的评价体系作为支撑。

1．学分考核

高校应在必修学分中设置劳动教育学分，并尽可能将劳动课程设为必修课程。高校可以进一步将课程学分划分为理论学分和实践学分，促使学生完成学分修习、提升劳动素质。

2．综合素质考评

学生在参与相关劳动活动时，可由班长或其他学生记录学生的行为表现，继而通过综合素质测评评价学生的劳动表现。

3．任课教师考评

任课教师对学生在不同专业学科学习中的劳动教育表现进行过程考核，并将其纳入该门课程的成绩评价。科学合理的评价体系可以为学生提供充足的学习劳动课程的动力。

三、高校劳动教育课程的构建

（一）构建高校劳动教育课程的路径

1．充实劳动教育内容

劳动教育内容作为高校学生劳动教育课程开展的重要基础，需要高校精心遴选与不断充实，这样才能实现劳动教育对学生的全方位价值引领。

（1）高校应在劳动教育内容中融入家国情怀。无论过去、现在还是未来，中国青年始终是实现中华民族伟大复兴的先锋力量！在此背景下，培养具有家国情怀的综合素质较高的人才，能推动我国在国际竞争中获取优势。数以万计的高校学生为实现这一目标提供重要人才支撑，高校在劳动教育中融入家国情怀，可为培养学生的劳动担当厚植土壤。

（2）高校应在劳动教育内容中融入美德教育。中华民族的传统优秀品质包括勤劳、节俭、善良等，这些优秀品质均是在长期的劳动过程中衍生出来的。高校学生需要通过吸收劳动教育中的优秀品质，培养自身的劳动精神，并在劳动创造中将劳动美德发扬光大。

2. 优化劳动教育方式

建构科学合理的高校劳动教育课程体系，需要进行教育方式的创新和优化，实现劳动课程育人。

第一，高校要打造系统的劳动教育课程。高校需要充分意识到劳动教育课程在学科建设、人才培育方面的重要作用，对课程系统、教材系统、师资系统及管理系统进行统一整合，继而结合高校学生就业岗位的素质要求，对学生进行劳动技能、劳动理论、劳动思维等多维度的系统教育。

第二，高校应全面开展劳动教育课程实践。掌握劳动技能和实现劳动育人均需在劳动实践中完成。高校需要创造合适的机会促使学生进行劳动实践。劳动实践并非简单地参加一些义务活动或勤工助学，而是深入企业的跟岗劳动，以此作为将来真正加入社会劳动的基础。

第三，高校应实施亲和式的劳动教育，使劳动教育更加贴近生活。

3. 完善劳动教育环境

构建劳动教育课程体系并非高校单个部门的责任，它需要全社会予以帮助，营造劳动教育的良好社会氛围。

第一，高校需强化网络媒体的引导作用。高校学生普遍使用网络媒体学习、交流。高校需要把握这一契机，利用网络媒体创作以劳动为主题的视频、图片作品，着力打造劳动教育媒体阵地，消除网络"泛娱乐化"对学生的负面影响。

第二，企业应提升劳动工人的经济待遇。高校的劳动教育与企业的发展休戚相关，企业解决劳动工人收入低廉、工作艰苦的现实困境问题，可促使高校的劳动教育更令人信服，继而推动学生在更加稳定、良好的教育环境中，专注于劳动技能的学习与自身素质的提升。

第三，高校需深化劳动教育的贯穿体系。高校需要深度对接中学劳动教育，打造坚固的劳动教育一体化体系。此外，高校学生的家庭也应做好劳动意识的培养工作，以此形成家校一体的劳动教育模式。

4. 建构劳动教育载体

高校构建劳动教育课程体系的关键要点，是打造适宜的劳动教育载体平台。第一，高校需强化"三全育人"载体建设。高校作为开展劳动教育的重要载体，需要始终秉持"三全育人"理念，推动全员、全过程、全方位育人，实现浸润式劳动育人模式的打造。教师在思政课程、专业课程中应积极宣扬劳模精神及工匠精神，落实以劳增智、以劳育德的政策指示。第二，高校需加强"工程实践"载体建设。"工程实践"对高校学生而言相当于实习实训。高校需在校内搭建实训基地，创造真实的劳动环境，使学生能够在校内锻炼自身的劳动技能，提升劳动素养。第三，高校需加强劳动教育宣传载体建设。高校需开展劳模评选、劳动奖励等活动，以激励的形式宣传劳动教育的重要性。在新媒体时代，合理利用新媒体打造宣传平台，可以有效增强劳动教育的现实性及感染力。

（二）重构课程目标、课程内容、课程实施、课程评价

劳动教育课程体系的建构是人才培养的核心，纵观当前高校劳动教育的发展现状，教材缺失、教师缺乏、劳动课缺位等问题使得劳动教育不断被窄化、虚化、弱化、淡化。由此可见，完善新时代劳动教育课程体系建设显得极为重要。劳动教育课程体系构建应以泰勒原理为基本，结合国家人才培养的发展需求，对课程目标、课程内容、课程实施、课程评价等方面进行重构。

1. 课程目标：正确认识劳动价值

课程目标是整个课程编制的起点，是另外三大环节的归宿，具有举足轻重的作用。目标的确定需要来自三方面的信息：对学生的研究、对当代生活的研究以及学科专家的建议。目标基本确立后还可通过办学宗旨和心理学进行二次筛选。

（1）从宏观层面看。从宏观层面看，当前的教育目标聚焦于实现人的全面发展，根本任务指向"立德树人"，从自我发展和社会发展两个维度出发，其课程目标的界定不能仅限于学科视角，还需从核心素养的视角出发考虑人的发展，课程重心从教学转向育人，从能力转向素养。劳动教育应

在立德树人根本任务的前提下，落实教育理念，兼具地域和校本特色进行目标建设。从微观层面看，劳动教育应强调人的自主性，从学生个体需要出发，将知识、能力、态度等作为考查的基本指标，实现从整齐划一到个性转变的课程目标，注重劳动体验，培养劳动兴趣，实现劳动技能创新。

（2）从知识指标看。从知识指标上看，当前的教育目标重视知识的培养，形成劳动知识学科体系。通过从易到难的课程结构，扎实累积知识，在重视劳动知识专业化、完整化的前提下，加强现实关联，形成以学生素养为导向、课程发展为逻辑起点的课程设计准则，实现知识理解—知识迁移—知识创新的递进与突破。具体表现为，在理解教学阶段，传授应知应会的基本知识技能，兼顾相关学科知识，融会贯通，实现学生智力的提升；在实践教学阶段，将抽象知识具体化，应用于生活并解决生活中的问题，对知识进行过程性学习、证实性学习；在思辨阶段，加强证伪性知识的学习，延伸类比应用，实现知识创新。

（3）从能力指标看。从能力指标上看，当前的教育目标侧重能力的积淀。知识与能力密切相关，知识的积累促进能力的产生，能力的应用加深知识的理解，二者相辅相成。劳动课程建构的目的之一是让学生具备技术技能，而技术能力的沉淀一方面来源于认知加工的学习能力，另一方面来源于动手操作的行动能力。其中学习能力包含输入样态的阅读能力、加工样态的思考能力以及输出样态的表达能力，这三大能力作为基本能力加深着学生对劳动知识的理解。行动能力，则以生活技能为基本，通过不同的专业门类、岗位门类，借助外在资源，进行针对性的技能训练。

（4）从态度指标看。从态度指标上看，当前的教育目标重视态度的形成，树立科学的劳动观念。劳动教育是落实立德树人根本任务的重要途径，因此增强学生的劳动认识，端正学生的劳动态度和劳动价值观是劳动教育的核心。态度目标主要是培养学生正确的劳动价值观，使其领会"劳动最光荣、劳动最崇高、劳动最伟大、劳动最美丽"的深刻道理，树立尊重劳动、热爱劳动、积极劳动的责任意识。

2. 课程内容：丰富劳动教育资源

课程内容是实现课程目标的基本手段，内容的设置、选择与组织是课程编制的重要组成，是对教什么、学什么的具体阐述。从整体上看，课程内容要丰富充实、选择趋向多元，能够接近生活、指导生活。劳动课程内容的设置要把握劳动教育的基础性、均衡性、科学性、关联性，以基本知识和技能为基础，以德智体美劳全面发展为目标，依托学生的身心发展规律，从生存场域出发，形成各学科、各阶段、各渠道相关联的劳动课程体系。

劳动课程内容的选择需要秉持三大准则：一是积极吸纳国际劳动教育教学经验，融合民族文化特色，构建民族的、现代的劳动教育读本；二是结合学校的发展状况、人文环境等特点与条件，完善校本课程内容；三是依托学生的能力水平、真实需求，将文化、个人与社会有机结合，实现对学生的生活教育，提升其综合素质。劳动课程内容的组织，要形成劳动素质与各学科素养共同发展的组织理念，注重学生发展阶段的纵向组织和校内校外整合的横向组织，加强劳动教育的理解性和过程性，将整体学习的逻辑教学、个别指导的心理教学贯穿始终。

劳动课程内容建构可具体划分为"1 本劳动教材＋3 类劳动课程"。劳动教材应着重从哲学、发展史、学科等层面进行建构。劳动哲学层面，以唯物史观为主线，比较各派的劳动哲学思想，解读中国劳动思想的认识论、方法论，揭示劳动的本质、价值、作用，以及劳动同人、自然、社会、科技的内在关系等内容，明确劳动与人自由全面发展的异化与正解。劳动发展史层面，以人类社会发展阶段为时间轴，分析劳动的实践形式、基本特征，产业革命的重大变化以及劳动发展的趋向。劳动学科层面，可分为两方面：一方面为劳动科学的内涵解读，从总体角度，明确劳动的学科性质、意义、研究方法以及学习劳动学科的目的、意义、方法和要求。另一方面，聚焦并列学科，涵盖劳动者在实践过程中所触及的各个方面，如劳动经济学、劳动法学、劳动社会学、劳动伦理学、劳动保障学、劳动管理学、劳动心理学等，通过学习关于劳动的学科知识，开阔学生的眼界，丰富学生的认知。

劳动课程以劳动目标为基准，形成三类课程。其一，以学科知识、劳动观念为主的认知类课程，如将认知类课程与思政教育相结合，对马克思主义的经典理论进行解读，厘清劳动教育的理论渊源、党在不同时期的劳动观点以及新时期的劳动理念，深刻体会劳动理论的一脉相承和与时俱进。其二，以劳动技能、实践体验为主的实践类课程，如将实践类课程与专业教育相结合，围绕专业教育的关键点，进行劳动指向、劳动属性的拓展，与实习实训、志愿服务相结合，巩固劳动教育的成果。其三，以实验研究、探索创新为主的创新类课程，如与创新创业相结合，实现劳动创新，增强创新创业的普适性、实效性。三类课程根据学生不同的发展阶段进行阶段性开设。

3．课程实施：优化劳动教育模式

课程实施是授课者通过一定的方法策略引导学生对知识理解、领会、探究的过程。对于一门新课程来说，其实施过程必定是动态、灵活的。在初始阶段，课程实施要最大限度地遵循课程计划。随着课程开展广度、深度的加强，要不断调整课程内容、优化资源配置以适应变化的教育情境。以劳动知识整体化、劳动教学情景化、劳动实践阶段化、劳动学习自主化、劳动意义价值化为教学策略，与时俱进更新课程内容、转变教学方式、加强师资建设、改善教育环境等，以此推进新课程的发展。

（1）在教学方式层面。在教学方式层面，高校应结合劳动本身实践、行动的特质，加强体验性、合作性、探究性的教学方式，通过体验性教学实现劳动自知，培养学生的生活技能、劳动习惯，使其树立尊重劳动、热爱劳动的意识，端正劳动态度，增强家庭责任感、社会责任感；通过小组合作的方式，提高学生的交往能力、协作能力；加强以学生为中心的课堂教学，促进学生的个性发展，培养学生的思辨能力，激发学生的主动性、创造性。

（2）在师资队伍建设层面。人才培养的关键在教师。高校加强劳动教育需要借助多渠道搭建一支专业化、复合型、双师型、社会型、高水平的劳动教育师资队伍。一要成立劳动教育教研室，探索劳动教育规律，总结劳动教学经验。二要拓展师资来源，设立专兼职结合的劳动教师体系，积极引进企业能工巧匠，邀请劳动模范、大国工匠等优秀社会人士，强化师资队伍的工匠情怀、劳模精神。三要加强教师素养的提升，定期开展专业培训，鼓励教师参加基层实践，将劳动元素融入人才培养方案，强化劳动教育的影响，充分发挥教师在劳动教育中咨询、指导、合作的角色作用，有效促进师生劳动素养的共同提高。

（3）在教学环境层面。在教学环境层面，构建多渠道、多领域的教育教学环境系统。从外部环境来看，加强与社区的合作，将劳动教育融入志愿服务，利用社区、街道、福利院等公共资源建立服务基地，开展劳动支教、劳动宣讲、慰问演出等活动；加强与企业的合作，推进产教融合，实现以劳动教育为链接的校企利益共同体，充分掌握行业发展需求，了解数字化对企业的改变，及时改革专业教学；加强与家庭的合作，进一步巩固劳动教育成果。从内部环境来看，做好校内劳动资源开发，建设数字化实验室，开设手工、技能社团，借助媒体矩阵，宣扬劳动精神，打造劳动品牌的校园文化。

劳动教育模式创新的关键在于构建情境，从真实情境中搭建认知路径，提高自我素养。劳动课程的知识内容要与学生的生活、情感、生命相连接。通过生活化、具体化、形象化、情趣化、问题化、思维化的内容讲解、演练，学生养成劳动习惯、体味劳动不易、融入意志情绪、感知劳动快乐、正视劳动价值、思考劳动创新、提高劳动效率，切实达到劳动教育的预期效果。

4. 课程评价：提升劳动教育效果

课程评价包括对学生、教师、课程、教学等的多维度评价，通过评价可以确定课程目标的实现程度，及时修订课程内容、转变教学方式，对预测教育方向也起到相关作用。劳动教育作为价值认同、价值涵养的重要组成部分，其评价不仅涵盖工具理性，更要体现人文关怀。

（1）要完善对学生素养的评价。结合劳动教育本质，劳动课程的评价方式不再局限于量化的试卷考查，而是将日常观察、发展评估、综合素质、质化考量纳入其中，切实让学生有所知、有所思、有所用、有所行。评价主体从一元变为多元，仍以学生为主，与此同时，教师评价、学校评价、家庭评价、专家评价贯穿其中，注重学生的主体性、参与性，实现对劳动课程教育效果的全方位评价。

（2）要注重对教师能力的评价。对教师能力进行评价有利于提高教学质量，完善课程建设。该评价内容具体包含：教师本身的劳动价值观念，如能否以身作则、躬行实践、为人师表；教师的专业技术功底，如能否不断充实自己、学习前沿、探索未知；教师的教学能力，如是否有较高的心理素质，能否因材施教，能否掌握学生的劳动技能需求，如能否将信息教育与劳动教育有效融合；教师的创新素养，如是否善于发现问题、喜于钻研问题，积极探究各学科之间的关系。

（3）要加强对教学过程的评价。劳动课程的评价范围涵盖课程目标、课程内容、课程实施过程与结果，以知能并存、实践应用、科学探究、思维创新为指向进行追踪分析，通过了解学生的劳动观念、实践反馈、毕业去向、就业质量等操作性、指导性的指标，形成教育过程与结果的良性互动，实现劳动教育课程体系的闭环。

建立课程评价体系，有利于研判劳动教育方向，细化劳动教育目标。例如，将培养目标与培养效果、劳动人才定位与经济社会发展需求、劳动教育教师与劳动教育资源、学生劳动表现与用人单位满意度等评价指标进行分析，及时调整劳动教育目标与规划，通过持续跟踪评价，及时发现教学过程中的偏差，分析出现的问题、问题产生的原因，针对有效反馈，确保劳动教育各项举措的落实。

（三）劳动教育融入"思想道德修养与法律基础"课程

1. 劳动教育融入"思想道德修养与法律基础"课程的意义

（1）促进"思想道德修养与法律基础"课程内容的整合。"思想道德修养与法律基础"课程是一门融思想性、政治性、科学性、理论性、实践性于一体的思想政治理论课，由中宣部、教育部规定的大学生必修思想政治理论课之一，是高校进行素质教育的核心课程，也是对大学生进行系统的思想政治教育的主渠道和主阵地，承担着引导学生树立马克思主义的世界观、人生观、价值观、道德观和法制观，培养具备优秀的思想道德素质与法治素质、能够自觉担当民族复兴大任的时代新人的任务。

（2）助力高校大学生人生价值的实现。出于人的社会属性，人们都期待在实践中实现自己的人生价值。然而，由于长期以来，社会转型期消费主义、享乐主义的滋生，不劳而获的思想不断蔓延；加上一直以来的应试教育和之前的独生子女政策的影响，家长往往只关心孩子的学业成绩，体力劳动和生产劳动在家庭教育中被忽视；此外，学校也普遍忽视学生劳动观念和劳动习惯的培养，甚至出现把劳动当惩罚手段的情况，在社会、家庭、学校的合力作用下，青少年往往劳动观念淡薄，劳动态度消极，甚至出现鄙视劳动的不良现象。

值得注意的是，这一问题并非无解。劳动作为实现人的全面发展的重要途径，劳动教育作为有组织、有计划地以培养学生劳动价值观和劳动品质为目的的教育活动，将劳动教育融入思想品德教育中，加强劳动教育，可以引导学生形成正确的劳动观，树立劳动最光荣、劳动最崇高、劳动最伟大、劳动最美丽的观念；体会劳动创造美好生活，体会劳动不分贵贱，热爱劳动，尊重普通劳动者，培养勤劳、奋斗、创新、奉献的劳动精神，从而达到劳动与思想的双丰收，助力高校大学生人生价值的实现。

2. 劳动教育融入"思想道德修养与法律基础"课程的途径

（1）以实践教学为平台实行劳动教育。"思想道德修养与法律基础"课程由理论教学和实践教学两部分组成。"思想道德修养与法律基础"课程设置 3 学分，从现有学分中划出 1 个学分开展思想政治理论课实践教学，学生既可通过参加教师统一组织的实践教学获得相应学分，也可通过提交与思想政治理论课学习相关的实践成果申请获得相应学分。

基于此，还可以开展"劳动教育"这一专题的实践教学，通过实践教学的方式来实行劳动教育。考虑到劳动教育可分为日常生活劳动、生产劳动和服务性劳动三部分内容，围绕"劳动教育"专题而开展的实践教学，也可以设置以"日常生活劳动"为主题的实践教学、以"生产劳动"为主题的实践教学和以"服务性劳动"为主题的实践教学三大板块。其中，以"日常生活劳动"为主题的实践教学可以是与学生日常生活密切相关的劳动教育，例如，开展"宿舍卫生大扫除""美丽校园·我在行动""21 天劳动习惯养成大比拼"等活动，以此来引导学生热爱劳动，尊重普通劳动者，养成良好的劳动习惯；而以"生产劳动"为主题的实践教学则可以与学生的专业相结合，利用学校已有的实践平台，开展下企业锻炼等相关活动，帮助学生积累职业经验，提升就业创业能力，树立正确的择业观和创业观；以"服务性劳动"为主题的实践教学则可以深入企业、社区、农村开展专业服务，在志愿服务的过程中培育学生的公共服务意识，使其具有面对重大疫情、灾害等危急时主动作为的奉献精神。

（2）以考核机制为保障实现劳动教育。在将劳动教育融入高校"思想道德修养与法律基础"课程的过程中，除了要以专题理论教学为渠道开展劳动教育、以实践教学为平台实行劳动教育之外，还要以考核机制为保障来实现劳动教育，切实将"劳动教育"专题理论教学和专题实践教学纳入整个"思想道德修养与法律基础"课程的考核当中，并且在考核过程中注重过程考核，增加平时成绩在总成绩中的比重。例如，在专题理论教学中，考虑将学生日常的提问、回答问题的次数和准确率作为平时成绩的一部分；而在实践教学过程中，考虑将学生参与活动的积极性和实际成果纳入平时成绩。同时保证所有的学生在开学第一课中，明晰"思想道德修养与法律基础"课程的考核方式和具体考核内容，让学生从一开始便提高对"劳动教育"的重视程度。以考核机制为保障实现劳动教育，是将劳动教育融入高校"思想道德修养与法律基础"课程的必要途径，也是高校思想政治理论课与劳动教育相结合的当务之急，需要充分重视。

第四章　新时代大学生劳动教育的路径

第一节　高校劳动教育机制的构建路径

一、构建高校劳动教育机制的现实意义

（一）有助于促进大学生自由全面发展

社会发展的核心是人的发展，人的自由全面发展是衡量社会发展的标准。新时代高校劳动教育不应仅仅是"必先苦其心志，劳其筋骨"的体格训练，而是要与德育、智育、体育、美育形成合力，培育知行合一的社会主义劳动者的系统工程。当代大学生思维活跃，富有个性，处在需要引导和规范其劳动意识和劳动观念，以形成相对恒定的劳动价值观的关键时期，如果高校劳动教育缺位，则不利于大学生培养良好的劳动意识、劳动习惯和劳动素养。通过对大学生进行系统科学的劳动教育，不仅可以帮助大学生增进劳动体认、深植劳动情怀、锤炼劳动品质、养成劳动习惯、形成正确的劳动价值观，还能为其成长成才、在社会实践和工作岗位中增强劳动本领、实现人生价值储备能量。

（二）有助于弘扬"工匠精神"和"劳模精神"

精雕细琢、精益求精的工匠精神和忘我劳动、无私奉献的劳模精神，折射出新时代的人文精神和一个民族的品格风貌，是新时代大学生人生价值和道德取向的标杆。在大学生劳动教育中涵养和推广"工匠精神"和"劳模精神"，不仅可以通过鲜活案例和先进榜样的感召，使劳动教育更加形式多样、题材生动，增强大学生对劳动教育的认同感，同时也是"工匠精神"和"劳模精神"走进大学校园，在大学生群体中入脑入心的有效途径。例如，可以聘请劳动模范和匠人开设讲座，引发大学生对工匠们追求卓越的创造精神、精益求精的钻研精神和劳模们无私忘我情怀的感佩与效仿；也可通过开设"工匠精神"和"劳模精神"特色课程，在充分把握大学生年龄特点、专业特色和接受程度的基础上，灵活运用集中讲授、分组讨论、

心得分享等授课方法，点燃大学生对"工匠精神"的向往之心和对"劳模精神"的追求热情；还可以"运用各种现代传播手段，如微视频、公开课，以及灵活多样的互动交流、活动和比赛，构建课内学习与课外延伸的学习共同体"。以"工匠精神"和"劳模精神"为载体开展大学生劳动教育，可以在高校这个微环境内形成尊重劳模工匠、敬爱劳模工匠、学习劳模工匠的良好风尚，从而将工匠精神和劳模精神渗透到大学生学习生活的内部，融入大学生衣食住行和日常生活的方方面面。

（三）有助于培养中华民族伟大复兴的重要参与者

实现中华民族伟大复兴是新时代中国共产党人的历史使命，也是中华民族近代以来最伟大的梦想。新时代大学生是筑梦一代，也是实现中华民族伟大复兴的圆梦一代。从年龄阶段来说，青年大学生处于学习能力和探索欲望的高峰阶段，在这一阶段接受全面良好的劳动教育，更有利于形成正确稳固的价值观，有利于青年大学生的未来发展。

在全面建成小康社会、实现第一个百年奋斗目标后，青年大学生将是未来发展的新征程和向第二个百年奋斗目标进军的伟大历程中的中坚力量。青年大学生在投身社会主义现代化建设的征程中，也将经历把人生价值融入社会发展的历程。劳动教育积淀而成的自觉劳动意识、正确的劳动观以及劳动意向、劳动方法等，都将在大学生实现职业理想、投身社会主义现代化建设、实现中华民族伟大复兴的过程中释放积极能量。

二、高校劳动教育机制路径构建

高校作为技术型人才培育的摇篮，必须在此基础上加以重视和开展劳动教育。

（一）明晰培养目标

高校是以就业为导向，面向社会产业第一线，培养具有丰富理论知识和较强实践能力的高级技术应用型人才的场所。因此，它必须在明确社会主义办学定位的基础上，明晰育人目标；建立科学的考核评价体系，强调综合素质评价在大学生考核评价中的比例；加强与普通高校以及研究机构的协同合作，发挥各自优势，形成整体育人效应链，共同推动劳动教育实现纵深发展；引导高校学生自觉提升专业技能，培养劳动情感，涵养劳动品德，树立正确的劳动观，更加明晰自身的使命与责任，在今后的学习、生活和工作中能够通过辛勤劳动、踏实劳动、创造性的劳动实现人生价值，成为新时代的奋斗者。

（二）重构课程体系

劳动教育既包括劳动知识，也包括以实践活动为载体的"行为劳动"，还包括通过知识学习、实践经验总结形成的劳动价值观。要让劳动教育落地生根，就必须将劳动教育纳入学校的课程体系之中。

第一，发挥专业课程教学和思想政治理论课程教学的作用。了解社会发展的现状与需求，对实践劳动有新的认识和理解。同时利用专业课程的实操训练，提升学生的专业技能，进而也提高学生实践劳动的能力和水平。

第二，充分利用第二课堂。鼓励学生在相对自由的环境下、多学科交融的活动中进行探索创新，提高学生的动手能力。

第三，拓展社会实践活动。学生的发展是"家庭—学校—社会"共同作用的结果。因此，高校要搭建起三者沟通的桥梁，引导家庭方面加强学生的生活劳动教育，社会通过提供实习工厂、实训车间、校外实践基地等实践场所，让学生在劳动中切实感受自身的价值，提升社会责任感。

（三）构建多元师资力量

加强学生劳动教育不仅仅是学校方面的责任，家庭和社会也在其中扮演着重要角色，教师要发挥疏通、纽带的作用，打通学校、家庭、社会的经络，构建"学校—家庭—社会"立体育人网络，形成全民爱劳动、敬劳动、惜劳动的社会风气，实现全方位、多角度、多维度育人，提高全民劳动素质，提升全民综合素养。第一，打造一支双师型的师资队伍。教师既是学生的学问之师，也是品行之师。高校教师除了传道授业解惑以外，还要具备对学生进行实践技能培养指导的能力。第二，打造一支复合型的劳动教育师资队伍，鼓励教师将劳动教育与德育、智育、美育、体育等课程进行有机结合。第三，凝聚一支社会型的劳动教育师资队伍，有针对性地培养社会人才。

（四）搭建劳动教育资源数据库

劳动教育的内容丰富，活动开展形式多样。在大数据时代，将各种教育资源进行归类整合，更有利于让各类资源"活起来"，顺应时代潮流，激发学生兴趣，提升劳动教育的吸引力。第一，依托高校图书资料室，重视与劳动教育相关的图书资料、教科书以及设备的购置与管理,重视相关文献数据的体系与质量保证。第二,加强劳动教育资源的数字化管理。一方面,利用图书馆的现有资源库,将劳动教育资源的相关理论资源囊括其中,能够及时满足研究人员的查阅和了解需求。另一方面,建立局域内劳动教育数据资料库,将构架出台的关于劳动教育的政策文件、关于劳动教育专题教育的网络在线课程、社会各界组织的劳动教育实践活动、社会劳模光荣事迹等纳入其中,以供研究者学习研究。

(五)结合大学生职业生涯规划渗透劳动教育

大学时期是人生由学校迈向社会的转折期。在这一时期做好人生规划,尤其是职业生涯规划,对大学生的人生走向具有决定性的意义,同时也对大学生在职业生涯中获得充分自由发展具有持久影响。在规划职业生涯时,要想将职业理想与自己的特长爱好相结合并非易事,需要对自己有全方位的透彻认识和客观中肯的评价,更需要对社会职业有深入的认识和理解。在新时代中国特色社会主义建设过程中,国家和社会对劳动者的劳动能力、劳动心理有相应的要求。

目前,大学生职业生涯规划受到广泛重视,高校专门开设了就业指导课程,对大学生进行专门的职业生涯规划辅导和训练。高校劳动教育可以将职业生涯规划作为优质平台,将两者有机结合,既增强职业生涯规划的实践性,又能为大学生劳动教育找到良好的输出端口。大学生劳动教育不仅要培养大学生的职业能力,更要培养他们的职业情感,包括劳动价值观、劳动态度、劳动伦理、劳动品格等,这些抽象的心理层面的教化能够使大学生建立起更加完善的职业认知和职业判断,有助于大学生做出更加理性成熟的职业生涯规划。高校作为为社会发展培养高素质劳动人才的主阵地,结合就业指导工作对大学生进行劳动教育,也是推行素质教育的必然要求。

(六)丰富和完善大学生劳动教育授课及考评机制

1. 在高校广泛开设劳动教育类课程

开设"劳动科学""马克思主义劳动观"等课程,从劳动起源、劳动本质、劳动社会保障、劳动安全、劳动法律等方面系统讲授与劳动有关的学理知识,既不失大学教育的高度和深度,又能将劳动理念以严谨的学理语言、深邃的学术思考呈现给大学生。

2. 将大学生劳动教育推向一个新的高度

随着新时代"五育方针"在高校的全面贯彻，大学生劳动教育应该被推向一个新的高度。强化劳动课程考评，增加劳动实践在大学生评价体系中的比重，将劳动教育成果与评优、评奖体系对接，构建系统合理的德智体美劳综合评价标准，才能让大学生劳动教育从理论到实践全方位落到实处。

（七）增加见习、实习、实训环节，增强劳动教育的实效性

见习、实习、实训是大学生接受知识、习得本领的重要的第二课堂，也是其接受劳动教育的现实场所。大学生将在校学习期间所习得的专业理论知识，在见习、实习、实训环节转化为具体的操作技能，是一个由知到行的升华过程，也是进一步加深对劳动教育的重要性认识的过程。经过实践的洗礼，将从生产实践中提炼的理论再运用到生产实践中，这一循环上升的认识逻辑，能够加强大学生对理论知识的理解，更能深化大学生对劳动价值的认知。大学生在见习、实习、实训中会接触并受教于除教育行业之外的其他行业的劳动者，通过见习、实习、实训过程中传帮带的劳动示范和亲身指导，将理论转化为实践，有益于在大学生心目中树立劳动教育的现实榜样。见习、实习、实训过程中贯彻渗透的劳动教育是大学生未来成就事业的宝贵财富，积淀的劳动理念和劳动能力是大学生投身社会、绽放光芒的重要能量。因此，高校的劳动教育设计与用人单位的劳动要求的匹配程度，直接关系到高校培养的大学生是否具备符合社会要求的劳动意识、劳动习惯、劳动技能，也直接影响着大学生劳动教育的实效性。

第二节　高校劳动教育评价指标体系的构建路径

劳动教育的地位进一步得到提升，获得了和德育、智育、体育、美育同等的地位，成为人才培养体系中的重要组成部分。高校一方面是落实劳动教育的重要场所，另一方面也是培养基础教育师资队伍的重要基地，其劳动教育工作落实情况关系到整个国家的人才培养质量。中国特色社会主义进入新时代，高校开展劳动教育面临着很多新任务、新挑战，既取得了一定成绩，也存在一些问题，主要表现在目标不明晰、内容不具体、方式不灵活、机制不顺畅等方面，其原因就在于缺乏一套科学的评价指标体系。

一、高校劳动教育评价指标体系构建的依据和原则

构建新时代高校劳动教育评价指标体系，不能缺乏理论与政策方面的依据，并应在此基础上明确构建的基本原则。

（一）高校劳动教育评价指标体系构建的理论依据

中国特色社会主义进入新时代，劳动教育的理论研究取得了重要的进展。具体来说，在有关劳动和劳动教育的内涵、劳动教育的内容与形式、劳动素养的要素等方面的研究都有了一系列成果。

1. 新时代劳动教育的形式发生了变化

劳动教育的形式变得更加多样、复杂和隐性。劳动由马克思所处工业化时代的"制造性劳动"渐渐向非生产性、服务性劳动和非物质性劳动转化。

2. 新时代劳动教育的内涵发生了变化

一方面，劳动教育作为一种教育内容，培养学生的劳动知识和技能，并服务社会生产和发展，具有一定的智育性质，这种外向性目标指向的是生产劳动本身；另一方面，劳动教育是以劳动形式为手段开展的，这种内向性目标指向人精神层面的提升和完善。新时代劳动教育的主要任务应当包括劳动知识技能的教育、劳动实践活动实施、劳动价值观的培育三个方面。

3. 新时代劳动素养的构成要素发生了变化

新时代，由于人们对劳动本身有了新的理解，进而引发劳动教育的目标、功能等都发生了变化，劳动素养的构成要素也必然发生了变化。劳动素养包括劳动价值观、劳动态度、劳动知识技能以及劳动实践与习惯等方面。

（二）高校劳动教育评价指标体系构建的政策依据

在高校，全面落实劳动教育对于贯彻党的教育方针要求、提升学生综合素质、培育学生的社会主义核心价值观都具有重要的现实意义。

（三）高校劳动教育评价指标体系构建的基本原则

1. 目标性原则

新时代高校劳动教育评价应以预定的培养目标为基准，服务于人才成

长的内在需要和外在社会发展需求，同时在实施过程中要通过细化、量化方式进一步分类设置具体详细的目标。评价指标的目标越明确对于引导学校开展劳动教育的指引性就越强，同时，在评价上操作性也会更强。

2．全面性原则

高校劳动教育是一项综合系统性工作，对其评价应力求做到全面。学生劳动素养提升状况、教师劳动教育教学条件与能力状况、学校其他劳动教育状况都应整体纳入评价内容。

3．多元化原则

在评价主体上，要主张有更多的人成为评价主体以实现评价全面客观的目标；在评价方法上，应采用定性与定量相结合的评价方法；在评价性质上，坚持科学评价与人文评价的统一，注重将事实判断和价值判断相结合。

4．科学性原则

劳动教育的评价是一个复杂立体的过程，其中许多评价内容的内隐性强，评价难度大，这就对评价指标体系的科学性提出了要求，应真正把握劳动教育的科学内涵，运用科学的思维和方法指导评价指标体系的构建。同时，高校劳动教育评价指标体系的构建需要遵循教育教学一般规律和学生成长的内在规律，需按照科学规划、实施、评价、修订、动态调整的思路扎实推进。

二、高校劳动教育评价体系的指标分析

根据新时代劳动教育的理论研究成果和政策依据，本研究有关的新时代高校劳动教育评价指标体系有学生劳动素养、教师劳动教育教学条件与能力、学校其他劳动教育状况3个一级指标，并设12个二级指标和30个观测点。

（一）学生劳动素养

学生劳动素养提升是劳动教育的根本目标，在评价指标体系中占核心位置。对于高校而言，师范生劳动素养关系到整个国家的劳动教育的延续性和持续性，因此，对学生劳动素养的评价包括劳动价值观、劳动情感品质、劳动知识技能、劳动实践和习惯4个二级指标。

1．劳动价值观

劳动价值观是劳动素养中的核心要素，并直接决定了劳动素养的其他方面。改革开放以来，受西方多元文化和消费主义思想的影响，一些淡化劳动，只看重物质享受，崇尚腐朽生活方式的现象时有发生。部分人瞧不起劳动，不愿意劳动，功利主义和投机取巧思想蔓延，究其原因就是其"劳动成就人的本质"的正确劳动价值观出现了扭曲，从而丧失自我价值。

2．劳动情感品质

劳动素养高的人不仅能劳动、会劳动，还能好劳动，对劳动有一种自发的喜爱。"好逸恶劳"是恶习，劳动教育就是要改变学生的恶习，达到使其热爱劳动、崇尚劳动的目的。同时，劳动是一个需要克服身体与心理困境的过程，需要较强的忍耐力。

3．劳动知识和技能

劳动知识和技能可分专业和日常两个方面。一方面，随着社会的发展，劳动中的体力支出占比越来越小，智力支出占比越来越大，知识与技能的储备作用越来越强，理论联系实际的动手能力需求越来越高。高校学生无论学习什么专业，最终都要服务社会发展和生产需要，在搞好理论学习的同时，应注重实用知识和技能的积累，认真参加专业实习实训、产教融合、志愿服务和创新创业等活动。另一方面，学生日常生活中的劳动知识与技能状况也是反映其劳动素养的重要部分。

4．劳动实践和习惯

劳动素养最直接的外在表现是劳动实践和习惯。在专业上，学生实际参加劳动实践的量和质是衡量其劳动素养的直接指标，参加的劳动不仅要量多，还要质优。在日常生活中，通过观察学生的劳动习惯能很好地发现其劳动素养状况。

（二）教师劳动教育教学条件和能力

教师在劳动教育过程中发挥着主体和主导作用，是劳动教育教学活动的直接组织者。教师自身的劳动素养、对待劳动教育的态度、实际开展劳动教育教学的能力都直接影响劳动教育工作的效果。

1．教师的劳动素养

教师劳动素养的高低直接影响学生劳动素养提升的效果。教师劳动素养评价的主要观测点也是劳动价值观、劳动情感品质、劳动知识技能、劳动实践和习惯四个方面。

2．教师的劳动教育意识

教师的劳动教育意识主要包括三个方面：首先是教师对于劳动素养在学生整个核心素养中的位置的认识；其次是教师对于通过劳动教育培养学生思想品德的认识；最后是教师对有关劳动教育的最新政策的掌握情况。

3．教师的劳动教育教学能力

教师的劳动教育教学能力可分为劳动教育教学设计能力、劳动教育教学组织能力和劳动教育教学评价能力等。劳动教育教学设计能力既体现在将劳动精神培育和劳动知识技能传授贯穿在日常课堂的教学中，也体现在专门的劳动教育教学中，包括理论方向的和实践方向的。劳动教育教学组织能力体现了劳动教育的艺术性，不仅能教会学生劳动，还能在教育教学中使学生热爱劳动。

劳动教育教学评价能力是指教师能洞察、鉴别学生在劳动价值观、劳动情感态度、劳动知识技能等方面的个性化差异，并能根据差异精准施策、因材施教。

第三节　劳动教育融入高校校园文化建设的路径

校园文化是高校文化软实力的展现形式，也是立德树人的重要载体和依托。劳动教育更好地融入高校校园文化建设，充分发挥劳动的育人功能，对实现高校人才培养目标具有十分重要的现实意义。

一、劳动教育融入高校校园文化建设的依据

（一）理论依据

劳动是促进学生发展的内在要求，是学生健康成长的必经之路。马克思和恩格斯从历史唯物主义哲学、政治经济学、教育学三个维度发展了自己的劳动观，形成了科学的马克思主义劳动观。马克思主义劳动观肯定了劳动教育对培养全面发展的人的重要地位和作用，为新时期劳动教育融入高校校园文化建设提供了坚实的理论依据。

1. 劳动创造了人本身

劳动是人类特有的基本社会实践活动。马克思主义认为，劳动把自然界提供的材料变为财富，它是整个人类生活的第一个基本条件，而且达到这样的程度，以至于我们在某种意义上不得不说：劳动创造了人本身。动物是单纯地利用外部自然界，而人则可以让自然界服务自己，这便是人同其他动物的最后的本质区别，而造成这个区别的还是劳动。劳动创造了人本身。这可以从以下两个层面理解。

（1）劳动创造了人的自然属性。因为劳动，类人猿在腿部力量和手部器官使用上逐渐发达。由于生长相关律，人体某一器官的发展进化会促进其他身体器官的发展进化。在类人猿进化为人的过程中，劳动促进腿部和手部器官的进化，进而促进了类人猿听觉、视觉、触觉特别是大脑的发展，最后进化为人的身体构造，创造了人的自然属性。

（2）劳动创造了人的社会属性。劳动的发展促使人与人之间的联系增多，特别是面对恶劣的生存环境，集体狩猎、集体劳作显得愈加重要和有效。为了更好地劳动和交流，出现了语言，语言是完全的人的主要标志。随着交往和联系的增多，家庭关系、宗族关系、社会关系逐渐构成庞大的人际网格，人不同于动物的特性显现出来。社会性是人的本质属性，是人和动物的本质区别。总之，劳动创造了人本身，劳动是人需求满足的前提，人的物质需求和社会需求在劳动过程中得到满足。

2. 劳动是实现人的价值的必由之路

马克思主义政治经济学将劳动视为商品价值的唯一源泉，社会必要劳动时间越多，商品价值量越高，社会必要劳动时间与商品价值量二者成正比关系。人作为一种人力资源，某种程度上也类似一种商品。这种特殊的"商品"，需要家庭、社会付出更多的时间成本和物质成本，投入更多的社会必要劳动时间方能造就。这种特殊的"商品"也需要拿到社会这个"大市场"进行交换，而交换的筹码则是"劳动"。人通过劳动获取生存、生活必需的物质资料，通过劳动提高自身能力以提高自己的交换价值，获取更丰厚的福利待遇，同时也通过劳动实现自身知识、技能、劳力等无形资源向精神资产的转换，在劳动中实现对社会的贡献。

总之，劳动是实现人的自我价值和社会价值的必要途径。作为高素质技能型人才，新时代的高校学生将会是实现"两个一百年"奋斗目标的中坚力量，应将个人的人生梦、职业梦和中国梦结合在一起，积极投身到社会的大熔炉中去，从而实现自身的社会价值。劳动是必经之路，劳动在个人和社会之间起着纽带作用。

（二）现实依据

1. 大学生劳动价值观出现偏差

当今世界是一个快速、多样、信息化的地球村。中国既处于战略机遇期，又处于矛盾凸显期。面对复杂的国际国内环境，这个时期的大学生比以往任何时期的大学生接触的内容都要多、要快、要复杂。

在访谈中，某学生认为毕业后如果靠自己勤奋劳动，生活实在是太苦、太累了，缺乏靠自己双手创造美好生活的意识；以大三某位参加实习的学生为例，该学生家庭条件较好，明确表示不愿意去实习，想在宿舍玩游戏，不想劳动，懒惰思想严重；某大二女生周末和假期在家很少做家务，认为做家务是父母的事情，父母若不在家，饮食则以外卖为主，生活自理能力较差。

2. 劳动教育融入高校校园文化建设不够

高校校园文化是劳动教育的重要载体，应将劳动教育融入校园文化中，与课程体系、制度体系形成育人合力，最终实现立德树人的育人目标。两者的融入还不够，主要表现在以下四点。

一是统一规划、顶层设计不够。宣传部门管宣传，教务部门管教务，学生部门管活动，党办院办管制度，不同部门之间各自为政，缺乏统一规划、顶层设计。

二是对劳动教育的思想导向性把握不够。为开展劳动教育，各高校往往会开展丰富多彩的文体活动，而大量的文体活动却有过度娱乐化的趋势，娱乐性偏多而启迪性不够，劳动教育的导向不突出，思想引领的作用发挥不充分。

三是劳动育人特色挖掘不够。每个高校在发展过程中都会形成自身独特的劳动理念、劳动精神。高校对这些独特的劳动育人资源挖掘不够充分，本校特色、职业特色不明显，劳动教育与校园文化、职业文化融合不够。

四是对校园文化育人载体的多样性运用不够。校园文化本身是个复合概念，它包含物质文化、精神文化、行为文化、制度文化四个维度。在劳动教育与校园文化融合时，高校往往重视显性的、易操作的，如环境布局、宣传标语等物质文化而轻视精神文化，重视学生文化活动和实践活动等行为文化而轻视制度文化，将劳动教育多维度、多载体地融入校园文化建设还不够。

二、劳动教育融入高校校园文化建设的原则

新时期劳动教育融入高校校园文化建设，必须结合新时代的历史背景、劳动教育的时代内容以及文化育人的规律，把握政治方向、尊重发展规律、坚持原则方法，在丰富多样的具体方法路径之下遵循共性共通之则。

（一）坚持马克思主义劳动观的原则

劳动者是国家的主人，劳动不分贵贱，劳动者不分等级。美好生活的创造必须依赖于辛勤劳动。马克思主义劳动观要始终贯穿于劳动教育的始终，反对不劳而获、贪图享乐的错误思想。马克思主义劳动观是新时期开展劳动教育的根本原则，必须始终将马克思主义劳动观作为劳动教育融入校园文化建设的主流价值观。

（二）坚持"以生为本"的原则

所谓"以生为本"就是以学生为根本，将学生的健康成长作为劳动教育融入高校校园文化建设的出发点和归宿。坚持"以生为本"原则就需要劳动教育融入校园文化建设时，必须尊重学生个体的成长发展规律，尊重教育教学规律，尊重校园文化建设规律，以立德树人为目标，尊重学生的个性，服务学生成长，发挥学生自身的主观能动性，使其从"要我劳动"转变为"我要劳动"，从而促进学生的全面发展。

（三）坚持"协同融合"的原则

所谓"协同融合"原则，就是将劳动教育中各要素、各系统有效配合，多种力量汇聚成一个总力量，形成互相配合、协调统一的局面，从而达到最佳育人效果。

劳动教育的"协同融合"：一是劳育与德育、智育、体育、美育之间协同融合，五育并举以促进学生德智体美劳全面发展；二是劳动教育与教学育人、管理育人、服务育人之间协同融合，将劳动教育融入各教育环节，全面渗透；三是校园文化与劳动课程教学、劳动评价体系协同融合，校园文化的四个维度之间协同融合，高校内部各个行政部门之间相互协同融合。

（四）坚持"差异化"的原则

"差异化"原则是指劳动教育在融入校园文化建设时要选择符合自身实际的融入路径。新时期，劳动教育融入校园文化建设，高校要利用当地特有资源，注重结合学科、专业以及学院发展历史，充分挖掘凝练劳动精神，积极开展特色校园文化建设，开发劳动教育融入校园文化建设的新内容和新路径。

三、校园文化建设对加强高校劳动教育的意义

高校校园文化是指师生员工共同认可、坚守、传承的价值观念，是时代精神在高校的客观反映，是社会主义办学原则和指导方针在高校的集中呈现。充分发挥高校校园文化的引导、规范、激励、教育、凝聚功能，对加强劳动教育、培养德智体美劳全面发展的社会主义建设者和接班人具有重要意义。

（一）校园文化建设有利于高校整合劳动教育资源

文化具有复合性，文化是一个复杂的总体，包括知识、信仰、艺术、道德、法律、习俗，以及人类在社会里所能得到的一切能力与习惯。正如校园存在于社会中一样，校园文化同样是社会文化的有机组成部分，是镶嵌于社会文化大环境中的一种与众不同的、独具特色的亚文化形态。校园文化作为一种社会现象，同样具有复合性的特点，蕴含着学校的历史传统、领导风格、教师教风、学生学风、校园环境、制度规范等丰富内容。校园文化建设的多元化载体和多样化形式，为劳动教育的有效开展提供了广阔的平台，拓宽了劳动教育的实践形式，形成了多部门、多载体、多形式共同培育大学生劳动价值观的合力；而劳动教育的深入开展，又会为校园文化建设注入劳模精神、劳动精神、工匠精神等鲜活元素，进一步丰富校园文化建设的内涵和层次，为校园文化建设提供有力抓手，二者相辅相成，共同服务于人才培养目标的实现。

（二）校园文化建设有利于高校营造崇尚劳动的浓厚氛围

在漫长的历史文化长河中，世世代代的中华儿女通过辛勤劳动创造了辉煌灿烂的中华文明，孕育了具有丰富内涵和深远影响的劳动思想。中华民族自古以来就拥有尊重劳动、崇尚劳动、礼赞劳动的悠久传统，辛勤劳

动、诚实劳动、创造性劳动，不仅是中华民族数千年来繁衍生息的基本保障，而且是我们继续屹立于世界民族之林的宝贵精神财富和强大精神动力。

在多元文化和不良消费主义的冲击下，中华民族的这一优良传统并没有得到很好的传承和发扬。譬如，有人把权力与财富作为人生成功的唯一标志，崇尚投机主义、享乐主义、拜金主义；有人一切向钱看，看不起一线工人，看不起农民工。部分大学生没有充分领悟劳动创造历史、劳动开创未来的深刻内涵，而认为"劳动不是自愿的，而是一种被迫的强制劳动。从而，劳动不是需要的满足，只是满足劳动以外的其他各种需要的手段"。在校园文化建设中，一方面要深入挖掘蕴藏在传统文化中的劳动教育资源，使学生从传统文化中汲取营养，树立正确的劳动价值观；另一方面要开展丰富多样的劳动实践活动，使学生亲临劳动教育现场，通过身体"在场"的劳动体验，实现由"身"到"心"再到"身心合一"的目标，进而在大学生中营造崇尚劳动的浓厚氛围。

（三）校园文化建设有利于高校劳动精神的凝练传承

文化具有传承性的特点。文化一经形成就会被他人模仿、借鉴，产生一定的扩散效应，包括在代与代之间进行纵向传递和在地域、民族之间进行横向传递。

从纵向来看，借助校园文化建设这一载体而实现的劳动教育，能够在高校内形成经久不息、代代相传的崇尚劳动的浓厚氛围。这样的校园氛围一旦形成，身处其中的学生即使不去参加专门的劳动实践，也会在无形中受到熏陶和感染，从而实现劳动教育的"润物细无声"。

从横向来看，随着高等教育进入大众化时代，高校逐步从社会的边缘迈向社会的中心，已经不再是独立于社会之外的"象牙塔"。而大学生普遍具备较高的文化素质和科学素养，是当代青年群体中的佼佼者，对他们进行系统的劳动教育，引导其树立正确的劳动价值观，就相当于在全社会播下一粒希望的"种子"，进而孕育出全民热爱劳动、崇尚劳动、尊重劳动者的"硕果"。

四、劳动教育融入高校校园文化建设

（一）劳动教育全面深入地融入校园文化的四个维度

物质文化和行为文化是有形文化，是外壳；制度文化和精神文化是无形文化，是内核。劳动教育需要全面深入地融入校园文化的四个维度，从而达到最佳育人效果。

1. 推动劳动教育融入校园物质文化建设

物质文化是存在于校园环境当中，能够为全体师生直接感知和触及的客观实物。人和环境是相互影响的，人可以影响和创造环境，同样，环境也以一种渗透的方式无形地影响着人。要推动劳动教育融入高校校园物质文化建设，无疑离不开物质环境的熏陶。自然环境、建筑风格、教学设施、实验设备，这些都是校园物质文化的呈现形态，高校应将劳动教育的内容融入学校景观设计、环境布局等，体现劳动精神、劳模精神和职业精神。例如，高校可以在宿舍生活区张贴热爱劳动、尊重劳动成果的宣传标语，提高学生的自立自强能力，使其自觉做好宿舍卫生保洁和尊重别人的劳动成果；在教学区域注重体现劳模精神、职业精神的环境布局，引导学生形成良好的职业素养；在校园场所，利用校园的宣传栏、展板、显示屏对劳动精神进行宣传，创造浓厚的育人环境，引导学生形成正确的劳动观。

2. 推动劳动教育融入校园精神文化建设

精神文化是全体师生共同认可的，通过他们的行为体现出来的特有文化品质，是校园文化的核心，包含校风、学风、教风等。要推动劳动教育融入校园精神文化建设，一方面，高校可充分挖掘办学历史中涌现出的优秀毕业校友和劳动精神，形成具有自身特色的劳动教育内容和理念，并通过校歌、校训加以体现；另一方面，高校要注意形成良好的校风、教风和学风，在教师中树立起教书育人、作风严谨、淡泊名利的教风，在职工中树立起艰苦奋斗、埋头苦干、相互协作的作风，在学生中树立起勤学苦练、扎实求学、感恩报国的学风，通过全体教职工的工作态度和敬业奉献，发挥示范引领作用，引导和促进学生形成诚实守信、踏实肯干、艰苦奋斗的精神。

3. 推动劳动教育融入校园行为文化建设

行为文化主要包括校园成员的生活、学习和思维方式，以及各种学术、文化、娱乐活动，是学校日常教学和生活中体现出的、最直接的文化形态。高校校园行为文化建设要以劳动教育为理念，将劳动教育融入学生日常生活劳动、校内外公益服务性劳动和实习实训中去，精心设计主题明确、内容丰富、形式多样的学生课外活动方案，使劳动教育具体化、形象化。

高校可借助重要的劳动节日契机，开展主题鲜明的劳动教育活动；举办"劳动人民的双手""劳动人民的笑容"等大型活动，让学生感受劳动成果的来之不易，懂得尊重劳动成果和劳动人民；开展"今天我成了您"岗位体验活动，鼓励学生做一天的宿舍管理员、教室清洁工、餐厅帮厨、志愿服务者、农民伯伯等，通过岗位体验劳动精神；开展"走近劳模"活动，通过加强宣传、邀请讲座、视频学习、外出参观、交流心得等形式，营造一个走近劳模、学习劳模的氛围，让学生更好地理解劳模精神、工匠精神；开展"技能大比武"，结合专业，开展丰富多彩的技能比武活动，与专业技能相结合，使学生在劳动中提高专业技能，在比武中追求卓越。

4．推动劳动教育融入校园制度文化建设

校园制度文化是学校在法令、行政、道德层面上建立起来的，与学校的价值观念、管理理念相适应的各种规章制度、道德规范、行为规范、工作守则等，是维持学校正常教学、生活、工作秩序的保证。推动劳动教育融入校园制度文化建设，是开展劳动教育的有效保障。校园制度文化以其强有力的制度性保障劳动教育的顺利开展。高校校园制度文化包含高校的教学制度、学生管理评价制度等。

推动劳动教育融入校园制度文化建设可从以下两个方面展开。

在教学层面，将劳动教育纳入人才培养方案。课程设置和实习实训均需要反映出劳动教育的内容，并将劳动育人的开展与实施成效纳入学院绩效考核制度，形成人才培养方案、教学实施与督导、教学质量评价与绩效考核之间的闭环式良性互动。

在学生管理评价层面，需要把学生的劳动素养纳入综合素质考评中，制订完善的评价标准，建立健全激励机制，全面客观记录学生的生产性劳动、服务性劳动、实习实训劳动等。将过程评价和结果评价相结合，既考查学生的基本劳动素养，又考查学生的创新创业能力；基本劳动和创造性劳动相结合，开展劳动教育的纪实评价，形成制度规范。值得一提的是，劳动教育融入校园制度文化建设，无论是融入教学制度，还是学生管理制度，都不是简单出台一项规定，而是要将纸上的规章制度切实落实到全体师生的行为取向上，进而融入全体师生的价值理念中，形成全体师生共同的价值理念。

（二）劳动教育与校园文化有机融合

校园文化像和煦春风一样，飘散在校园的各个角落，渗透在师生员工的价值理念和言谈举止之中，体现在他们的教学、研究、学习、做人、做事的态度和情感之中。将劳动教育与校园文化相结合，将劳动观、劳动精神融入师生员工的学习、工作和生活中，是高校加强劳动教育、构筑德智体美劳全方位育人格局的可行路径。

1. 让高校精神载体成为劳动教育的思想引领

高校精神载体主要包括校史、校训、校歌等。在开展劳动教育的过程中，高校可着重挖掘校史中关于开拓创新、奋力拼搏、迎难而上、自强不息的典型人物和故事，并用图片、话剧、视频等手段还原历史，让师生员工深刻领会劳动创造历史、劳动开创未来的道理。

2. 让高校教职员工成为劳动教育的先锋示范

育人者必先育己，立己者方能育人。高校教职员工不仅要"传道、授业、解惑"，还要切实做到行为规范，通过言传身教，激励引导学生树立正确的价值理念。高校要在加强师德师风建设上下功夫，将劳模精神、劳动精神、工匠精神纳入师德师风的内涵体系，将师德师风建设与思想政治工作、教学科研工作同研究、同部署、同落实；在深化新时代教育体制改革、建立科学的教育评价体系上下功夫，用劳动教育的内涵丰富高等教育理念，着力建设一支为人师表、治学严谨、认真负责、耐心细致、开拓进取的高水平教师队伍；在宣传引导上下功夫，重视模范教师的选树工作，广泛宣传优秀教师崇尚劳动、勤于劳动、以身作则、率先垂范的先进事迹，以教师高尚的人格魅力和模范的言行举止为学生树立标杆。

3. 让高校身边榜样成为劳动教育的时尚表率

任何时候，高校内都不缺乏向上向善的感人故事，总有自力更生的励志传奇，还有艰苦奋斗的勤奋典范。这些榜样就在大学生身边。为此，高校应成立身边榜样事迹采编队伍，开展身边榜样选树活动，挖掘普通学生中勤奋刻苦、诚实守信、乐于助人、勇于创新的点滴，选树学生党员中信念坚定、攻坚克难、默默奉献、奋力拼搏的典型，整理各届校友中自强不息、勤于钻研、苦干实干、创新创业的感人故事，并以他们的成长经历引导在校大学生正确认识劳动，积极参与劳动。大国工匠和劳动模范来自国家各行各业，分布在祖国各个角落，他们其实就在我们身边。充分发挥大国工匠和劳动模范的引领示范效应，将大国工匠和劳动模范请进校园，让他们从电视屏幕上、图书画册上、橱窗展板上走下来，走进教室、走上讲台、走到大学生中间，让大学生切身感受劳模精神、劳动精神和工匠精神，引导其立足刻苦学习、立志劳动创造，切实全面提升自身综合素质，培育深厚的劳动情怀。

4．让高校文化活动成为劳动教育的有力抓手

高校可以在新生入学教育中融入劳动教育内容，让大学生在知校爱校的同时，深刻领会劳动和劳动精神的内涵；在毕业生离校时，选拔学校形象代言人，鼓励毕业生用"干劲、闯劲、钻劲"在各自的工作岗位上为实现个人梦想、为国家创新发展不懈努力；开展创新创业系列讲座、创新创业作品设计大赛，开辟大学生创新创业园区，鼓励大学生积极参与创新创业，在劳动中成就未来；举办"劳模大讲堂""大国工匠面对面""大国工匠进校园"等活动，在校园中传播劳模故事、展示精湛技艺、弘扬劳动精神；开展以弘扬劳动精神为主题的摄影大赛、微视频大赛、征文大赛等，发挥大学生的主观能动性和创造力，引导他们深入理解劳动的内涵，主动宣传劳动精神，自觉践行劳模精神；以"探寻劳模成长历程""弘扬劳模精神"为主题组织社会实践活动，带领大学生深入劳模工作单位，感受一线劳动的魅力。同时，高校可充分发挥其科研优势，引导师生举办劳动精神专题论坛、申请劳动教育研究课题、组织劳动教育专题讲座，邀请专家学者、劳模代表、优秀校友开展主题讲座、学术论坛，为学生深入解读劳动精神，为开展劳动教育、传播劳动精神提供智力支持和理论支撑。

5．让高校新媒体平台成为劳动教育的重要阵地

高校要在灵活运用橱窗、海报、报纸等媒介的基础上，主动抢占新媒体阵地，推出更多轻量化、可视性高、互动性强的新媒体宣传作品；掌握网络传播的规律，依据网络媒体接触特点，用平视的角度、平和的心态、平等的互动实现劳动教育的"线上传播"；打造"身边劳模""我身边的最美劳动者""青年劳动之声"等形象生动的多媒体产品，提升劳动教育的吸引力。

6．让高校物质制度环境成为劳动教育的肥沃土壤

完善的校园设施，为开展丰富多彩的寓教于文、寓教于乐的劳动教育活动提供了重要阵地；健全的制度体系，为开展劳动教育提供了坚强的制度保障。

高校应重视校园楼宇文化建设，在教学楼、公楼、图书馆、宿舍、食堂等主要场所，以图片、实物、文字、视频等多样化形式，充分展示各领域劳动模范和大国工匠的成长历程、卓越业绩，使劳模精神有机融入师生员工的日常学习、生活中，鲜活自然地传播弘扬劳模精神、劳动精神和工匠精神，引导青年学生自觉摒弃精致利己主义思想，着力塑造"崇尚一技之长，不唯学历凭能力"的新时代劳动价值观；打造劳动教育文化墙，在文化广场、运动场等人员较为集中的地区，集中展示劳动理念、劳动标语、劳动模范、劳模事迹等内容，增强师生员工的思想认同感；建立劳动教育课程标准和教学评价制度，健全师资队伍考核激励机制，制定劳动教育相关奖学金和荣誉评选实施细则，努力让这些不会"说话"的物质制度环境发挥正向的激励作用，引导师生员工崇尚劳动、开拓进取，通过制度建设营造浓厚的劳动教育氛围，涵养深厚的劳动情怀。

第五章　新时代高校劳动教育的分层实施

第一节　学校层面的组织职责

高校是劳动教育的主阵地，在劳动教育开展中处于主导地位，承担着重要的组织职责。劳动教育在学校中的实施和开展，首先需要从学校党委、行政和主管部门层面进行顶层设计和系统规划，以保障劳动教育的顺利实施。学校层面的组织职责需要强化党委、行政和主管部门两方面的主体责任，在党委的统一领导下，由教务处、学生处、团委或其他主管机构统筹组织全校劳动教育的实施。在劳动教育开展前，学校层面应制订一套整体规划，为劳动教育的实施指引方向；在劳动教育实施过程中，学校层面应完善组织、课程、安全、评价等运行机制，促进劳动教育的顺利开展；此外，为保证劳动教育的可持续发展，学校层面还应加强劳动教育的人、财、物等条件保障，并且调动各方资源和力量为劳动教育的长效运行提供支持。

一、制订整体规划

学校是劳动教育的实施主体，各大高校应认真贯彻落实中央出台的有关劳动教育的政策文件，以促进学生全面发展为目标，对劳动教育进行整体设计、系统规划。

（一）制订总体实施方案

学校要根据国家相关规定，结合当地和高校的实际情况，形成高校劳动教育总体实施方案。在维度划分上，方案要明确高校劳动教育的理念、目标、内容、课程安排、劳动实践活动安排、劳动教育过程的组织与管理以及考核评价方式等内容。在阶段划分上，高校劳动教育的整体规划要基于学生的年段特征和阶段性教育要求，研究制订学校各年级学年（或学期）劳动教育计划，并且对学年、学期劳动教育实践活动做出具体安排，特别是要围绕创新创业，结合学科专业来规划好劳动月、劳动周等集体活动，进一步细化国家的有关要求，使总体方案的维度和阶段两方面内容相互衔接、相互配合，形成全面实施劳动教育的可持续方案。

（二）构建长效运行机制

在实施方案的基础上，学校从运行机制的完善、条件保障的加强、共育体系的构建等方面，积极构建能够保障劳动教育开展的长效机制，改变临时性、随意性等非连续性的劳动教育模式，科学制订实施劳动教育的指导意见，让劳动教育真正融入高校教育教学的全过程，为具体实施劳动教育提供科学的方向引领，全力推进新时代高校劳动教育的实施和开展。

（三）明确劳动教育重点

值得注意的是，高校在制订劳动教育规划时要着重处理好理论学习与实践锻炼的关系。劳动教育是高校人才培养体系中的一部分，理论学习与实践锻炼都是高校劳动教育必不可缺的内容。理论学习重在让学生掌握劳动科学知识，深刻理解马克思主义劳动观和社会主义劳动的关系，树立正确的择业就业创业观，为行动提供正确的指引。实践锻炼重在培养将所学的知识、方法运用于实际的能力，从个人的生活劳动习惯，到集体居住的环境保持，再到与学科知识相关的生产劳动，或者是投身公益性的义工志愿者服务等方面，都需要实践操作。因此，高校在规划劳动教育时，要做到二者兼顾，不仅要注重劳动教育的价值引领，帮助学生掌握相应的劳动知识、树立正确的劳动观念、全面提升劳动素养，还要保证每个学生都有必要的劳动实践经历。高校劳动教育不能只是口头上喊劳动、课堂上讲劳动，更要在实践中去践行劳动。

二、完善运行机制

完善劳动教育的各项运行机制是劳动教育工作顺利开展的重要保障，是学校层面最核心的职责。学校要从组织管理、课程建设、安全保障、监测评价等层面建立完善的运行机制，以此推进本校劳动教育高质量发展。

（一）建立组织管理机制

首先，高校在建立由党委统一领导，负责人主管、各部门齐抓共管、协同联动和密切配合的领导体制，明确各部门、人员的工作职责的前提下，确保劳动教育得以高效开展。

其次，建立系统科学、分工明确的新时代高校劳动教育组织实施的工作制度，学校组织各院系、教师切实将劳动教育融入高校教育教学的环节中，推动劳动教育进课堂、进教材、进头脑。

再次，完善劳动教育的督导机制，改进督导方法。学校设置专门的督导机构对各院系劳动教育课程开展的有效性、实践活动组织的有序性、教学指导的针对性等进行监督与指导，并且公开督导结果，作为衡量各院系劳动教育质量的重要指标，以确保劳动教育高效保质地开展。

最后，健全劳动教育的保障机制。高校应从师资队伍、资金投入、物质支持三个方面为劳动教育提供条件保障。此外，高校还可以通过调动学生、家庭、社会的力量形成各方协同育人的机制，为高校劳动教育的高效、长久开展提供形式不一、内容丰富的资源保障。

（二）完善课程育人机制

课程是专业建设的核心内容，是人才培养的基本要素。完善的学校课程体系有利于指导各院系开设针对性的劳动教育课程，引导教师进行科学合理的劳动教育课程教学，帮助学生系统专业地学习劳动知识。因此，高校应按照中共中央、国务院关于在大中小学设置劳动教育课程的具体要求，完善高校劳动教育的课程育人机制，以保证高校劳动教育课程的顺利开展。

首先，保证劳动教育课程的开设。课程应包括必修课程和选修课程，并规定相应的学时、学分。

其次，规范课程的内容。高校可以通过编制高校劳动教育大纲、教材等方式规范劳动教育课程的内容。例如，高校劳动教育大纲的制定必须贯彻党和国家的相关规定，坚持正确的政治方向，课程内容应以马克思主义劳动教育观为引导，围绕新时代大学生劳动价值观、劳动态度、劳动习惯、劳动技能等内容展开。

再次，创新课程教学方式。高校可根据所处地区、学校的具体情况，围绕创新创业，结合学科专业特点，广泛开展实习实训、社会实践、志愿服务等各种形式的劳动教育课程，做到课堂讲授与课外实践相统一，校内与校外相配合，动脑与动手相结合。

最后，完善课程教学质量考核体系。教学质量的考核是检验教学效果的标尺，它的好坏对教学效果有着重大的影响。因此，高校要完善课程教学质量考核体系，建立学生劳动素养评价制度，将学生劳动教育课堂表现与劳动教育实践活动表现等要素都纳入综合素质评价体系，并把劳动素养评价考核结果作为学生评优评先的重要参考和毕业依据。

（三）构建安全保障机制

劳动教育是以实践育人的教育，高校劳动教育的重要形式就是组织学生参与实践活动，包括实习实训、社会实践、公益活动等，学生在参与这些实践活动过程中，安全问题尤为重要。高校应强化劳动安全意识，建立劳动教育安全保障机制。

一是加强学生日常安全教育。学校可通过开设安全教育课程、组织安全演练等方式来提高学生安全意识，让学生掌握基本的安全防护知识。

二是做好劳动实践的安全防护。学校在安排学生参与劳动实践活动时应根据学生的身心发展特征，切实关注劳动任务及场所设施的适宜性，合理安排劳动的时长与强度；科学评估劳动实践活动的安全风险，做好安全管理，认真排查、清除学生在劳动实践中的各种隐患；准备充足的劳动防护工具和一些简单的医疗用品，在条件允许的情况下，可以在大型实践活动现场配备一定的医护工作人员，切实保护学生身心健康。

三是完善学校保险体系，在学生外出参与生产劳动或服务性劳动实践活动中，为学生购买必要的意外伤害保险，并鼓励学生购买必要的健康医疗保险，为学生安全提供一定保障。

（四）健全监测评价机制

教育承载着培养社会主义建设者和接班人的重要使命，如何对高校开展劳动教育的情况进行考核和评价，提出反馈意见，采取有效措施，正确有效地指导劳动教育的实施开展，提升劳动教育质量，建立健全高校劳动教育监测评价机制是关键。

首先，细化劳动教育评价目标。高校应综合研判其劳动教育内外部形势，围绕劳动教育整体规划，多维度分阶段构建不同专业领域的劳动教育分项目标。从劳动教育培养目标与培养效果的达成度、人才培养目标与国家和地方经济社会发展需求的适应度、劳动教育教师与教学资源条件的保障度、劳动教育教学和质量保障体系运行的有效度、学生在劳动方面的表现与社会用人单位满意度等五个方面分别设置劳动教育评价目标。在阶段划分上，可以5年或3年为一个总体目标，再分别设定年度目标、学期目标、月目标；还可以根据已有各维度目标，设定阶段目标的考核指标。

其次，跟踪劳动教育评价过程。良好的评价机制不是一成不变的，评价过程需要有专门的机构、专业的教育管理人员对劳动教育评价的具体实施情况进行跟踪监测，及时发现实施过程中偏离具体目标的情况，综合分析问题产生的原因，收集各院系、老师、同学有关劳动教育评价实施过程中的问题与建议，全方位跟踪评价过程，全面了解实施情况。

最后，完善劳动教育评价举措。劳动教育的全过程评估不仅要突出现有问题，更要探究导致问题产生的原因，从根本上提出解决问题的办法，真正落实保障劳动教育评价的相关举措。高校要建立健全劳动教育监测过程中问题解决的保障机制，多渠道集思广益，逐一解决问题，在解决问题中完善高校劳动教育评价体系，实现劳动教育规划的既定目标。

三、加强支持保障

任何教育都需要条件支撑，劳动教育的开展也需要多种条件的有力配合。为保证劳动教育的有效开展，学校层面需要在人、财、物三个方面给予保障。

（一）加强师资建设

百年大计，教育为本；教育大计，教师为本。教师是学生的引路人，一支有深厚劳动情怀、道德情操、扎实知识和仁爱之心的教师队伍，是高校劳动育人有效开展的重要保障。

首先，成立跨学院、跨学科的公共性劳动教育教研团队，研究不同学科专业背景下劳动教育实施的目标和任务，以此指导院系劳动教育工作的开展。

其次，建立专兼职相结合的劳动教育师资队伍，配备必要的劳动教育专任指导教师，聘请有实践经验的社会专业技术人员、劳动模范等担任兼职教师，有计划培养和补充劳动教育的师资队伍。

再次，开展劳动教育教师培训，强化高校教师的劳动意识、劳动观念，提升实施劳动教育的自觉性；对承担劳动教育课程教师定期进行培训，提高教师专业化水平。

最后，建立健全劳动教育教师工作考核体系，完善评价标准，打通职称评聘通道，确保考核评价科学、公正，保障劳动教育的任课教师与其他专任教师在绩效考核、职称评聘、评先评优等方面享受同等待遇。

（二）加大经费投入

资金投入是劳动教育顺利开展的物质保证，经费不足会严重阻碍劳动教育的可持续发展。因此，要保障劳动育人的实效性，高校要加大资金投入，确保每学年有专项经费投入到劳动教育的工作开展中，助力劳动教育的课程建设、教师培训、基地建设、评优表彰等方面常态化发展。同时，高校还可以采取多种形式筹措资金，比如联合政府、企事业单位、知名校友等组织，吸引社会各方力量的捐赠，为劳动教学设施设备的日常更新保养和维护提供资金保障，保证教育教学设施设备满足师生需要。

（三）提供物质支持

物质支持也是劳动教育顺利开展的重要保障。包括为各学院学科发展提供相应的教学设施、设备、器材、场地；为学校师生的劳动教育课堂提供充足的书籍和音像资料、教学器材，为劳动教育实践活动提供校内、校外的实践场所；为教师的专业发展提供物质支持，如为教师的劳动教育培训和劳动教育科学研究等提供场所、工具等支持。

四、构建共育体系

学校不是开展劳动教育的孤岛，劳动教育从来不只是高校一方的职责，因此需要打破以往高校教育相对自我封闭的状态，积极构建学生、家庭、学校、社会四方联动、协同育人的整合机制。提升高校劳动教育的效果，要充分调动高校学生参与劳动教育的积极性，并且以高校作为主阵地，发挥其在劳动教育中的关键性和主导性作用，同时也要发挥家庭劳动教育和社会劳动教育的协同推进作用，互相取长补短，推动劳动教育效益最优化。

（一）调动学生参与劳动教育的主动性

高校学生参与劳动教育的主动性是影响劳动教育实施效果的重要内在因素，因此，学校劳动教育应从提升学生参与劳动教育的主动性出发，激发学生从内至外的劳动主动性。

首先，引导学生树立正确的劳动观念。正确的劳动价值观引导着学生的正确的劳动实践行为，高校应通过开设劳动教育理论课堂、举办劳动实践活动，让学生理解劳动的重要性，向学生传递劳动最光荣、劳动最崇高、劳动最伟大、劳动最美丽的劳动价值观，唤醒高校学生对劳动的热情和兴趣，愿意主动了解劳动教育知识、参与劳动实践。

其次，帮助学生掌握熟练的劳动技能。掌握熟练的劳动技能能够帮助学生理解劳动教育理论知识、提高适应社会的能力。因此，高校应为学生创建良好的教育平台，通过开设不同专业的各类实践课程、创办各类实践基地、举办各类比赛等方式，使学生能够根据专业的特点完善劳动技能培育，逐步熟练自身的劳动技能，并且加深对劳动教育知识的掌握和劳动教育理论的理解。

最后，鼓励学生参与劳动实践锻炼。劳动实践锻炼能够将学生的劳动认知转化为实际的劳动行为和习惯，并且能够使学生在具体的劳动中形成积极的劳动精神和品质。因此，高校应加大投入力度，丰富拓展劳动教育实践场所，为学生提供丰富的学习资源、良好的实践情境。同时，在实践过程中要采取各种激励机制引导学生在实践锻炼中增强感知体悟，激发劳动实践锻炼的欲望，进而使学生在实践中养成自觉自愿、坚持不懈、吃苦耐劳等劳动品质。

（二）发挥家庭在劳动教育中的基础作用

家庭是人生的第一所学校，家长是孩子的第一任老师，家庭教育是人才培养的奠基工程，家庭在劳动教育中也发挥着奠基作用，对子女的教育有着巨大影响。然而，就当前状况来说，高校学生大多为独生子女，在他们进入大学之前，家长承担了子女生活中很多方面的劳动，造成子女劳动能力的弱化，将子女培养成了"衣来伸手，饭来张口"的单向度发展的人。因此，在高校劳动教育开展过程中，要将家庭纳入其中，充分挖掘并发挥家庭所承担的育人功能，帮助学生树立正确的劳动观念，促使他们养成良好的劳动习惯。高校应该和家庭建立共育共治机制，可以通过 QQ、微信群、公众号等方式向家长推送高校有关劳动教育的理念和方式，或者对家长开展定期培训，增加劳动教育知识，掌握多样劳动教育方法，承担教育子女的职责，以更适合子女成长的方法教育孩子尊重和热爱劳动，从而营造一种和谐向上的家校教育氛围。此外，高校还可以通过新型社交媒体平台与各个家庭建立线上联系，积极沟通，动态掌握学生在生活中的实际劳动表现，并予以考核评价，与学生的综合素质评价以及评优、评先相结合。

（三）重视社会在劳动教育中的支撑作用

社会是一个复杂的有机体，是不同团体、个人获取经验、交往交流的重要场所，同时也汇集了各种丰富的资源。要保证高校劳动教育的持久开展，高校就必须充分调动社会各方的力量与资源，发挥社会对教育的支撑作用。

首先，争取企事业单位的广泛参与。高校应积极调动社会企事业单位力量，加强学校与社会企事业单位之间的合作，充分利用其独特的优势。一方面，可以与企事业单位协商合作，共享开放实践场所，为学校提供劳动实践平台和实习场地；另一方面，高校可以通过融洽企事业单位与学校的人才培养模式，为高校学生提供就业创业平台。比如，学校可以通过产教融合的方式加强和企事业单位联合，把产业与教学密切结合，相互支持，相互促进，为大学生提供多样化的实习实践环境条件和一线生产管理实践岗位，帮助大学生深入一线了解社会，加强劳动技能，提升劳动素养。总之，争取企事业单位广泛参与学校的劳动教育能够为青年大学生提供丰富生动的现场劳动教育，使他们通过劳动现场的切身感受理解劳动和劳动者的意义和伟大，在敬佩中树立起正确的劳动价值观，为以后走向社会、成为合格乃至优秀的劳动者奠定坚实基础。

其次，充分利用工会、共青团、妇联等群团组织在劳动教育中的独特力量。工会是职工群众组织，它和劳动和劳动者有着天然的联系，高校可以主动联系工会使其充分发挥它独特的人才优势，积极推进劳模、大国工匠和先进人物进校园，用现身说法的榜样教育法，弘扬积极的劳动精神；共青团作为青年群体组织，和青年学生联系密切，具有教育青年的独特优势。高校应充分利用本校、本地区共青团的优势，积极配合其开展适合青年特点的、多种形式的劳动教育，如鼓励积极劳动的公益活动；妇联是联系广大妇女群众的组织，妇女在家庭和社会中都起着重要的作用，尤其是在家庭教育方面起着关键的作用。高校可以将自身的育人优势与妇联动员、组织妇女的优势相结合，定期组织家庭妇女培训，提升他们的劳动教育意识，增长劳动教育知识，掌握劳动教育方法，搞好对孩子的劳动教育。

最后，整合媒体资源，加大宣传力度。在信息化时代快速发展的今天，新时代互联网的高速发展，主流媒体的快速运行，是加强劳动教育宣传力度的最好机遇。因此，高校应该善于整合社会媒体资源，利用线上和线下两种形式加大对劳动教育的宣传力度，营造良好的舆论环境。新媒体具有传播速度快、门槛低、方式新颖等优势，如果将其作为高校劳动教育的宣传途径，对劳动教育的政策、目标、内容、方法等进行宣传，对具有劳动教育意义的故事进行报道，社会、高校、家庭、学生对于劳动教育的理解与重视度必定会大大提高，使劳动教育深入人心。此外，在做好线上宣传工作的同时，也要将线下的推广行动落到实处。高校可以采取定期组织学生参观劳动模范的展览馆或纪念馆的方式使学生了解人物的先进事迹，理解其优秀品质，在达到宣传效果的同时也能让学生感同身受，从而将榜样人物的高尚品质内化于心，外化于行。此外，高校也可以发动文艺界的力量，发挥其爆发式的宣传功能，组织文艺演出进校园等活动，让高校学生亲身接触一些反映劳动精神与风貌的优秀作品，引导青年学子树立正确的劳动观念，养成勤俭节约、敬业奉献、开拓创新、砥砺奋进的新时代劳动精神。

第二节　院系层面的实施职责

学校在对劳动教育的开展进行顶层设计、组织规划之后，高校劳动教育能否有效实施，效果如何，关键还在于院系层面。院系作为大学生劳动教育的直接领导者和推进者，承载着劳动课程建设和劳动实践组织等任务，是劳动教育开展与实施的前沿阵地。在劳动教育开展过程中，院系层面的实施职责主要表现为从培养方案、课程建设和条件建设三个方面入手，依靠学校已有资源与平台，形成科学合理的育人机制，从而引导学生树立正确的劳动观念、掌握必备的劳动技能、养成良好的劳动习惯和品质，全面提高学生劳动素养，实现知行合一，促进学生形成正确的世界观、人生观、价值观。

一、修订培养方案

劳动教育的实践性使其区别于传统的知识教育和实践教学，其改革和推进绝不是院系在专业人才培养方案中简单开设两门课，更不是老师在某门课程中单纯讲两节课，告诉学生什么是劳动教育就可以实现的。相反，院系层面要结合人才培养定位，推进劳动教育进入人才培养方案，将劳动教育贯穿于人才培养和学生发展的全链条和全环节，构建完整的劳动教育育人体系。

院系层面要将劳动教育主动融入培养方案的培养目标和毕业要求中，建构德智体美劳全面发展的人才培养目标体系。高校劳动教育的最终目的是让大学生有创造未来美好生活的能力，这种能力需要知识、能力和情感的共同加持。因此，新时代高校劳动教育的目标应从认知、情感、动作技能三个维度进行强化。具体而言，就是要培育劳动观念、端正劳动态度、养成劳动习惯、增强劳动情感、增长劳动知识、提升劳动技能，培养具有劳动知识、劳动技术素养、劳动精神、劳模精神、工匠精神，能够辛勤劳动、诚实劳动、创造性劳动的社会主义建设者和接班人。为此，院系层面在修订培养方案时，要摒弃对劳动教育目标的狭隘化、功利化认识。要结合新时代社会发展需要和教育规律，循序渐进地设定融劳动价值观塑造和劳动知识与技能、劳动精神、劳动习惯与品质培养于一体的劳动教育目标观。以劳动价值观的塑造作为劳动教育的长远性目标，夯实新时代大学生的敬业精神、合作精神、奋斗意识、责任意识等优良劳动素质的培养，在此前提下依次进阶，设计劳动意识培养目标、劳动精神培养目标、劳动能力培养目标，切实提高新时代大学生劳动意识与能力。

将劳动教育融入人才培养目标体系后，院系层面要按照劳动教育所要实现的知识、能力和素质要求，架构劳动教育的课程体系，设置适当的课时学分。普通高等学校要将劳动教育纳入专业人才培养方案，明确主要依托的课程，可在已有课程中专设劳动教育模块，也可专门开设劳动专题教育必修课，本科阶段不少于 32 学时；课程内容应加强马克思主义劳动观教育，普及与学生职业发展密切相关的通用劳动科学知识，并经历必要的实践体验。为此，院系层面需要结合自身人才培养目标和专业培养特色，明确本专业开展劳动教育的主要依托课程，构建包含理论知识学习和实践技能训练的劳动教育课程体系，设置相应的学时和学分。课程设置后，院系层面要组织教师修订劳动教育依托课程的课程大纲，结合专业教育在具体的课程实施中设定劳动教育内容和任务。

二、加强课程建设

在高校劳动教育中，不同院系课程建设的侧重点不同。如承担公共课教学任务的马克思主义学院，要加强思想政治理论课和大学生就业指导课等公共课建设，注重马克思主义劳动观的学习和劳动精神的培育；承担专业课教学任务的学院要注重结合专业人才培养目标，明确劳动教育依托课程和实践渠道，加强课程建设，注重学生劳动知识学习、劳动技能训练和劳动价值观塑造。

（一）加强思想政治理论课建设

思想政治理论课要用马克思主义劳动观解读劳动精神，从理论上阐释和阐发劳动创造世界、创造历史和人本身的理论根源，让学生理解劳动创造价值，劳动是财富和幸福的源泉，是实现人的全面发展的重要途径。思想政治理论课在高校劳动教育课程体系中居于重要地位，发挥着铸魂领航的重要作用。高校劳动教育与思想政治教育的目标具有同向性，内容具有关联性，将劳动教育与思想政治教育相融合，深入挖掘课程内容和教学方式中蕴含的劳动教育资源，有利于加强"活性劳动知识"的学习，强化劳动教育的道德引领和精神塑造，帮助学生塑造和培养正确的劳动价值观、劳动态度、劳动品德，努力成为德智体美劳全面发展的社会主义建设者和接班人。

思想政治理论课要充分发挥自身育人的主渠道和主阵地作用，充分挖掘课程中蕴含的劳动精神实质和元素，从哲学、历史、伦理道德、中外比较等多方面促进劳动教育与思想政治教育的融合创新，形成德育与劳动教育的协同效应。学院要深入研究劳动和劳动教育在马克思主义理论体系和建设中国特色社会主义法治体系中的地位，通过课程教学，让学生深刻认识劳动的重要价值，理解劳动与人类社会发展、与中华民族伟大复兴、与劳动者个人幸福之间相互统一的辩证关系，让劳动最光荣、劳动最崇高、劳动最伟大、劳动最美丽的价值引领内化于心、外化于行。

（二）加强劳动教育依托课程建设

承担专业教学任务的院系要促进劳动教育和专业教育相结合，加强专业教育中劳动教育主要依托课程的建设。劳动教育和专业教育具有内在的一致性和统一性。一方面，专业课程学习本身就是一种精神劳动，学习过程本质上就是劳动教育。另一方面，专业教育的最终目标也符合劳动的根本需求。为此，院系层面首先是要拓宽专业视野，切实推进劳动教育与不同学科的融合。在专业课程教育中，到处都是劳动教育资源。例如，在人文社会科学领域，古代文学教材中有很多关于劳动的记述，诸子百家中也有很多关于劳动的观点。教师在课堂中一边分析这些作品一边穿插古代劳动观，不仅有助于学生对作品本身的理解，也有助于学生把握古代社会的劳动观。

在自然科学领域，真实的科学研究，如理科的物理学实验、化学实验、数量统计成为毫无疑问的劳动，天文观测、地质勘探等也具有明显的劳动特点，在工科中机械、电气、建筑、数理等应用研究技术和工艺都是劳动教育和自身专业相结合的生动实践。院系层面要通过基层教学组织中的课程教学研讨，将劳动教育融入专业课程教学，通过发掘教材本身所具有劳动教育的元素，在实施专业教学的同时，潜移默化地培育学生的劳动观念、劳动意识和劳动习惯。同时，劳动意识、劳动人权、劳动伦理、劳动关系、劳动条件、就业平等、社会保障、员工福利、工作安全卫生、劳动法和劳动职业生涯发展教育等相关内容也要融入专业教育中，为学生提供完整、系统的劳动教育。

（三）拓宽劳动教育实践渠道

一是要加强专业实践类课程建设，在专业实践活动中强化劳动实践。专业性的实践活动本身就是一种劳动实践活动，是开展新时代大学劳动教育的主要阵地。在专业性实践课程中发挥"以劳树德、以劳益智、以劳健体、以劳育美"的教育功能，是培养德智体美劳全面发展的社会主义建设者和接班人的主要途径。

首先，优化专业实践教学体系，加强劳动教育与实验、实习和实训等教学环节的融合，建立科学的实践教学课程体系。根据相关专业教育质量国家标准和培养要求，整合相关行业企业专业人才的岗位标准，开设与行业特点、创新创业和就业密切相关的实践教学课程。通过课程实践重点提升学生的专业性劳动知识和劳动技能。

其次，规范实践教学管理，完善各项实践教学规章制度。一是建立实验教学规范、实习实训教学标准，促使学生结合专业知识的学习提升创新精神、创业意识和创新创业能力。二是要加强社会实践类课程建设，在社会实践活动中强化劳动实践。社会实践更加注重知识在社会生活中的应用和发展，把教育与生产劳动和社会实践结合起来是马克思主义劳动观的进一步丰富和拓展。在社会实践过程中，学生的劳动观念和理论知识得到进一步验证、运用和发展，所以，加强社会实践课程建设更具有时代性和现实性。

具体而言，一方面要把劳动教育融入社会实践。大学要积极组织以弘扬劳模精神和工匠精神为主题的讲座、论坛、沙龙，开展以"劳动"为主题的演讲大会、摄影比赛等活动，传播劳动精神、劳模精神和工匠精神。定期举办劳动技能比赛，让学生积极参与其中，感受劳动的乐趣。另一方面，将劳动教育与志愿者服务相结合。通过开展"暑期三下乡""社会志愿者服务""青年志愿者智力指向小分队""青年乡村创客"等志愿者活动，培育学生的公共服务意识和主动作为的奉献精神。同时，积极创作以模范工人故事会、模范工人事迹巡演、青年劳动之声等劳动教育为主题的优秀网络文化作品，不断扩大网络的积极能量，弘扬劳动的主旋律。

三、强化条件建设

高校劳动教育的实施离不开院系层面切实的资源支持和条件保障，院系层面同样需要加强劳动教育的条件建设，强化支持保障。院系层面尤其是要结合本单位人才培养实际，强化劳动教育所需要的师资、场地、设施等资源支持，进行合理规划和统筹安排，为劳动教育的实施创造必要条件。

（一）强化劳动教育师资队伍建设

劳动教育师资队伍在整个劳动教育的体系构建、工作组织和具体实施过程中居于主导地位，其水平和修养对于高校劳动教育的组织实施具有十分重要的意义，甚至在一定程度上决定着劳动教育的成效。因此，院系层面要结合自身专业特色和师资情况，强化劳动教育师资队伍建设，结合专业的劳动教育课程，遴选一支劳动教育师资队伍，明确授课教师应具备的知识与能力。具体而言，这支队伍首先应树立马克思主义劳动观，具备一定的劳动理论水平和实践指导能力。教师应全面掌握马克思主义劳动观的精髓和实质，同时，指导大学生理解马克思主义劳动观、明确劳动的价值和意义，明白为什么要劳动，在专业成长中如何进行有效劳动。其次，这支队伍要具备分析解决劳动教育中相关问题的能力，对于大学生在劳动过程中出现的问题和难点能够给予正确分析、讲解和指导。再次，这支队伍还应熟悉劳动教育相关政策，指导学生树立创新性劳动、创造性劳动的理念，并在劳动实践中实施。

此外，这支队伍还要具备劳动教育课程教学能力。按照课程要求，上好各类劳动教育课，指导学生增强劳动意识，端正劳动态度，增强劳动能力，重视发现劳动实践过程中的好榜样，做好学生在劳动过程中的宣传思想教育工作。

（二）强化劳动教育实践基地建设

院系层面要积极推进产教融合和校企合作，充分利用现有实践教学基地开展专业性生产劳动，逐步建好配齐劳动技术实践教室、实训基地，丰富劳动教育资源。新时代背景下，劳动教育的内涵呈现出新的特点，教劳结合既强调劳动富有教育意义，又强调提升教育的活力。当务之急，院系层面应努力拓展和创新劳动教育的实践平台，让学生正确运用马克思主义劳动观点，实现劳动理念认知和劳动行为实践的集中统一。一方面，学校作为马克思主义劳动观教育的主阵地，应将劳动教育与学生的日常生活和专业学习相结合，建好配齐专业实训场所，在校内打造院系层面的劳动育人实践平台，营造劳动育人的浓厚氛围。另一方面，社会为劳动教育提供最大的实践资源。院系层面要结合自身专业特色和当地实际与社会需求，引导学生广泛开展社区服务与公益劳动、兴趣活动与创新创业、工农业生产劳动。只有通过校内外协调联动的实践平台，构建科学合理的劳动实践平台，才能启发学生准确地将马克思主义劳动观运用于现实生活，在劳动实践中不断领略劳动的幸福和美丽，从根本上实现马克思主义劳动观教育的价值旨归。

此外，还应充分利用好学生课外实践活动。在各个高校中，学生往往根据兴趣和意愿选择适合自己的课外实践活动，如社团活动、报告论坛、科技活动等。这些活动以学生的兴趣为起点，与学生生活紧密相连，并且蕴含着丰富的劳动教育因素。各院系要结合专业特色和自身实际，积极筹办各种学科竞赛和论坛活动，在各种劳动教育主题活动的筹备、组织、开展中融入劳动教育内容，让学生既受到劳动价值观的熏陶，又能提高劳动水平。

院系是高校开展学术活动的重要阵地，劳动教育实施过程中的诸多矛盾与问题，都会在院系实施过程中显现并最终在院系层面得以解决。院系最了解劳动教育发展的现状及实施过程中的优势与劣势，洞悉劳动教育的发展方向和实现途径。因而劳动教育的推动与实施需要院系层面每一位教育工作者的努力。

第三节　教师层面的指导职责

高校劳动教育开展依托学校建设和院系保障，要在学校、院系提供的优良平台和学生积极参与之间搭建桥梁。高校教师作为教书育人的一线人员，是连接校园工作和学生工作的纽带；作为学生成长的引路人，承担着指导学生思想观念、专业学习、社会实践和未来发展等多方面的职责。在劳动教育开展过程中，高校教师指导职责主要表现为引导学生树立劳动价值观、教导学生掌握劳动技能、促进学生涵养劳动情怀，从知识、技能、情感等多个角度全面指导学生形成良好的劳动品质。

一、引导学生树立劳动价值观

高校教师肩负教书育人的崇高使命，需要准确把握社会主义建设者和接班人的劳动精神面貌、劳动价值取向和劳动技能水平的培养要求。教育要引导学生崇尚劳动、尊重劳动，懂得劳动最光荣、劳动最崇高、劳动最伟大、劳动最美丽的道理，高校教师首先要提升自我劳动教育认知，为教育学生做好知识准备。一方面，高校教师要提高劳动教育意识，在思想上充分认识劳动教育的重要作用，认识劳动教育的不可替代性，同时自身不断增强服务意识和社会责任感，提高探索创新精神和解决问题的实践能力，夯实在劳动教育开展过程中做好学生思想教育和实践指导工作的基础，最大限度发挥劳动教育的综合育人作用。另一方面，高校教师要探索开展劳动教育并指导学生参与和实践劳动的方式和途径，根据社会需求、培养条件和指导能力，合理安排自身的工作时间，投入足够的时间和精力进行劳动教育指导，要以思想教育为引领，以专业课程学习为基础，分阶段、分类型精准落实劳动教育，按照学生成长规律和社会发展需要向学生传授劳动知识、劳动技能，让学生充分认识和理解劳动的内涵，并引导学生树立正确的劳动价值观，培养学生劳动观念、劳动习惯，提高学生劳动品质、劳动素养，最终实现学生全面发展。

（一）在学生日常管理中渗透劳动教育，深化学生劳动认识

教师要通过言传身教、劳动主题教育、劳动教育经典书籍导读以及开展学生活动等，潜移默化地引导学生摒弃"仅把劳动视为获取物质福利手段"的错误观点。引导学生继承中华民族勤俭节约、敬业奉献的优良传统，形成热爱劳动、尊重劳动、诚实守信、吃苦耐劳的劳动习惯和品质。强调在劳动创造中感受幸福，激发新时代大学生从被动接受到主动参与劳动创造的兴趣热情，引导他们主动将劳动教育外在工具价值与内在终极价值、个人发展成长与国家富强进步有机结合统一，最终实现劳动观念内化于心，劳动行动外化于行的劳动教育的个体自觉。

（二）将劳动教育与思想政治理论课程相结合，增强学生思想底蕴

思想政治理论课程作为高校进行思想政治教育的主要渠道，是引导学生树立正确劳动价值观的关键载体，课程内容凸显了劳动教育的基础性、贯通性、时代性和价值性。教师在教学中既要着重强调马克思主义劳动价

值观，帮助学生从思想源头认识劳动创造世界、创造历史和创造人本身的历史唯物主义观，理解劳动是人的本质、是人全面发展的重要途径的唯物史观；结合中国历史发展和当今时代变革阐明劳动在中国发展中的推动作用，帮助学生深刻理解马克思主义劳动观和社会主义劳动关系，树立劳动最光荣、劳动最崇高、劳动最伟大、劳动最美丽的观念。

（三）将劳动教育融入专业课程教学，增长学生劳动知识

专业课程是高校学生在校学习的核心内容，通过专业课程能够培养具备专业知识和技能的人才，并将他们输送到社会发展所需的各个岗位。虽然课程种类多样，但课程内容都具有劳动属性。一方面，课程内容本就涉及劳动技术的科学原理、劳动技能的具体流程、从事某种劳动所需的基本要求等。另一方面，各个专业也具有实践操作的相关内容，例如自然科学学科的实验研究能够让学生掌握某一事物的内在机理和运作方式，增强学生的创新创造能力；人文社会学科的社会调查能够让学生了解社会发展现实，加强学生的社会认同感和责任感等。

（四）在考核评价中纳入劳动教育内容，筑牢学生劳动意识

高校教师在工作过程应明确学生劳动教育的目标，并注重收集和汇总学生劳动教育过程的材料，强化学生劳动教育的日常评价，在时间纵向上形成长期的动态评价，在评价范围上形成劳动知识、技能和情感的综合评价，以评价引导和激励学生不断提高个人劳动素养。

二、引导学生掌握劳动技能

掌握劳动技能是学生自我发展与社会发展接轨的重要环节，学生只有熟练掌握劳动技能，才能将个人理想与现实社会发展有机结合。高等学校要注重围绕创新创业，结合学科和专业积极开展实习实训、专业服务、社会实践、勤工助学等，重视新知识、新技术、新工艺、新方法应用，创造性地解决实际问题，使学生增强诚实劳动意识，积累职业经验，提升就业创业能力。高校劳动教育的开展现已呈现课上课下、校内校外贯通的趋势，教导学生掌握劳动技能不局限于课程的理论学习，教师应创造机会和条件将理论转化为实践，并带领学生走进田间地头、车间工厂、基层社区并将劳动技能予以运用。具体而言，教师可以从以下四个方面教导学生掌握劳动技能。

（一）加强课程内容的实践性

首先，将课程内容与社会生活紧密联系，注重基本原理与当代实践的互通互融，实现在理论中融汇生活、在生活中提炼理论。其次，运用探究式教学、项目式学习、研究性学习等方式方法开展课堂教学，以问题为线索，通过发现问题、分析问题，并引导学生提出新认识、新思路、新观点，创造性地解决问题，综合培养学生思维能力、实践能力、创新能力。再次，设计与课程内容相关的主题活动，运用演讲、辩论、模拟法庭、研讨会等多种形式与学生共同探讨真实问题。

（二）指导专业实习实训

实习实训是将专业理论知识和技能从"知道"转化为"运用"的过程，是培养学生专业能力与就业竞争力的教学环节，是高校学生直接参与劳动并熟悉未来就业岗位的主要方式。高校教师在实习实训中要从定目标、督过程、悟收获等多方面发挥指导作用。"定目标"即确定实习实训的目标和任务，让学生懂得参与实习实训的意义，让参加者有目的、有问题、有思考地学习；"督过程"是指教师要全程组织和监督，全面掌握实习实训情况，指导学生处理实习实训中遇到的疑难问题，推动实习实训工作顺利开展；"悟收获"即教师要指导学生总结问题、积累经验，让学生不仅通过专业教师指导和示范，熟练劳动技能，也能够通过劳动实践体会劳动的价值与意义。

（三）开展社会实践和志愿服务活动

教育要同生产劳动和社会实践相结合，高校结合学校办学实际为学生提供多样的社会实践和志愿服务活动，教师在其中扮演着倡导者、组织者、指导者和参与者等多重身份。教师作为倡导者，要积极号召学生参与社会实践和志愿服务活动，让学生了解活动内容，对社会实践和志愿服务产生兴趣并主动参与；作为组织者，教师在继承以往经验的基础上，要注重切合当代社会发展需要，深入基层社区、乡村地区以及其他需要关注的地区开展社会实践和志愿活动；作为指导者，教师需要明确活动的方向目标和实施流程，必要时为学生提供技能指导和其他支持；作为参与者，教师要全心投入社会实践和志愿服务活动，尤其要做好指导工作、管理工作和监督工作，让活动效果达到预期的意义与价值。

（四）鼓励学生参与创新创业

创新创业教育的重点内容是鼓励学生开展具有挑战性的劳动，传统劳动方式只能延续社会生产，只有具有挑战性的劳动才能改变社会生产，创新创业教育就是鼓励学生不断尝试创新劳动方式。教师可以通过指导学生学习创新创业课程内容、申报创新创业类科研项目、参加创新创业训练计划、参与实际创业项目等多种方式，以劳动教育为基础，结合专业特点和社会需求，培育学生创新创业精神、训练创新创业思维，让学生认识到劳动的传统形态与新形态的关系，切实提升学生改造和创新传统劳动的意识，提高学生劳动创造力和劳动实践能力。

三、促进学生涵养劳动情怀

劳动教育的目的，在谋手脑相长，以增进自立之能力，获得事物之真知及了解劳动者之甘苦。劳动教育在树立劳动观、掌握劳动技能的基础上，也要让学生关注劳动者群体，了解真实劳动者的故事，体会、学习并发扬劳动精神，涵养劳动情怀。这要求教师不仅要在专业知识和技能上给予学生支持，也要在培育学生劳动情怀上下功夫。通过舆论引导、氛围营造和榜样示范等途径让学生在耳濡目染中，深刻感受劳动者的真挚情怀；通过讲好劳模故事、讲好劳动故事、讲好工匠故事、向劳动者致敬与学习，让劳模精神、劳动精神、工匠精神深入人心。

（一）向学生讲好劳动模范事迹

劳模事迹具有较强感染力和说服力，通过劳模生动的形象，让其身上所体现出的劳动情怀入脑入心。

教师要善于运用劳模事迹丰富教学内容，使知识技能学习和情感体验相融合；策划劳动精神教育主题活动，例如设立劳动模范墙、开展主题展览、创立劳模文化活动室等，营造崇尚劳模精神的文化氛围；依托"网络育人"，做好劳模精神网络宣传工作，借助网络丰富的资源使劳模精神的宣传及培育更为多样化、立体化、具象化。

（二）注重发掘身边劳动故事

培育劳动情怀除了学习具有典型性和代表性的劳动模范事迹外，要引导学生发现身边的优秀劳动者，包括学校的管理人员、教师、学生、后勤人员等；引导学生在实习、实训、考察、调研中走进生产劳动一线，走进企业、社区、乡村，同广大普通劳动者交往、交流、交心，增进与普通劳动者的感情。通过组织学生通过观察、采访、亲身实践等多种方式，了解劳动者的日常劳动、提炼优良的劳动品质、发掘身边的劳动故事，促进学生关注劳动群体，推动劳动教育落地生根。

（三）组织学生向劳动者致敬与学习

教师要善于运用先进集体、优秀群体和劳动者的精神和力量开展劳动教育。一方面，通过宣讲、展览和演出等形式，宣扬劳动者的优良作风和优秀事迹，引导学生进行观看和汇报，领会劳动精神；另一方面，结合实习实训、社会实践和志愿服务，组织学生参与其中，体会劳动情怀。教师既要切身指导和参与宣传活动，把握活动始终围绕"劳动""劳动精神""劳动情怀"等关键词展开，也要引导学生深刻体会劳动者辛勤劳动、诚实劳动、创造劳动的优良品质，促进劳动情怀深入人心。

综上，劳动教育有效、优质开展的关键是高校教师要成为一支劳动素养过硬的队伍，推动劳动教育在课程中的全面融入，以及开发和建设专业的劳动教育课程。

高校教师要坚持以马克思主义劳动观和新时代党对劳动教育的新要求为指导，强化对学生劳动观念的引导、劳动知识的传授、劳动技能的训练、劳动实践的指导和劳动情怀的培养，促使学生形成正确的劳动观念、具备必备的劳动技能、培育积极的劳动精神，让学生尊重劳动、热爱劳动、崇尚劳动。

第四节　学生层面的学习职责

劳动教育是为学生全面发展服务的。劳动教育既能让学生不断认识和检验自己的能力和才干，逐渐理解劳动在自己未来生活中的地位和作用，又恰当地估价自己的力量和发展的可能性，又能让学生通过树立劳动最光荣、劳动最崇高、劳动最伟大、劳动最美丽的观念，弘扬民族精神，发挥中华民族优良传统，成为担当民族复兴大任的时代新人。开展劳动教育不仅需要靠学校、学院和教师的支撑和指导，更需要学生自己履行学习职责，激发劳动主体意识，发挥劳动主动性、自觉性和积极性，汲取劳动知识，养成劳动习惯，锻炼劳动能力，领悟劳动精神，全面提升个人劳动素养。

一、主动汲取劳动知识

劳动知识是劳动教育的基础，通过掌握具体劳动知识，能解决实践问题，夯实劳动素养，提升知识基底。学生在校生活和学习中要主动获取劳动教育的相关信息，阅读劳动教育经典书籍和报刊，积极参与劳动教育活动，并及时做好总结汇报。劳动知识获取可以通过以下渠道。

（一）积极获取信息

学生可通过劳动教育专题讲座、课程研习、主题演讲等活动主动获取相关劳动知识信息。例如，通过学校官网、公众号、宣传展板、询问相关负责人等多种方式，获取活动开展时间、地点、主题等信息，并向其他人进行宣传和告知，号召更多同学一起学习。

（二）系统阅读经典

系统学习关于劳动教育的重要论述、经典书目和篇目。在阅读中应做好读书笔记，写好读书感悟，以深化个人思想认识。

（三）主动参加活动

主动参加专题讲座、课程研习、主题演讲等劳动教育相关活动。参加活动时积极做记录、谈感悟。做记录主要记录劳动教育活动的主题以及核心内容；谈感悟应围绕活动主题，并结合自身劳动实践，将感悟谈实、谈深。

（四）乐于汇报分享

在阅读书籍和参加活动后，学生个人可以主动与教师或同学分享所学所思，也可以由教师或相关负责人组织分享会、座谈会，为学生提供面对面交流的平台，实现师生、生生之间互学互促。

二、自觉践行劳动实践

劳动教育不是刻意、强制的观念和行为，而是依存于自觉意识、自觉追求和自觉行为过程中的，应该把劳动的理念和行为渗透到生活、学习、工作的各个环节中，使之成为一种生存方式。

（一）积极开展日常生活劳动实践

学生应常态化地开展劳动实践，通过生活劳动，保持良好的个人卫生习惯，完成个人物品整理、清洗，自觉做好宿舍清扫和垃圾分类，增强义务劳动意识。通过责任劳动，保持公共环境，不损坏各种设施和劳动工具、不随意丢弃固体垃圾，不在公共场所喧哗吵闹、不围观起哄等，养成尊重劳动和热爱劳动的意识。通过巩固良好劳动习惯，提高劳动自立自强能力，共创一个安静、整洁、卫生、舒适的学习生活环境。

（二）认真完成生产劳动实践

学生应在真实的生产环境和社会工作中开展劳动实践活动，体验生产劳动过程，保质保量完成教师或相关负责人分配的生产劳动任务，运用所学知识解决实际问题，以提升专业劳动能力。人文社会科学类专业学生要将生产劳动实践与专业实习、社会实践、田野调查、毕业实习、毕业论文等进行有机结合；自然科学类专业学生的生产劳动要结合生产实习、专业实习、工程实训、毕业设计等进行开展。

（三）踊跃参加服务性质劳动

学生应主动报名和申请加入带有公益性质和志愿性质的劳动，通过参加服务性劳动，强化个人公共服务意识和主动奉献精神，提高综合劳动能力。公益性劳动实践多集中在校内，例如教室、食堂、校园场所的卫生保洁、绿化美化和管理服务等；志愿服务型社会实践需要学生深入基层、深入乡村，包括"三支一扶""大学生志愿服务西部计划""青春红色逐梦之旅""三下乡"等活动和项目。

三、积极锻炼劳动技能

劳动技能的学习是劳动教育的重要内容。实际运用劳动技能可以帮助学生巩固理论知识，将课本理论转化为劳动实践，同时运用劳动技能的综合过程能让学生自己发现真实问题并思考解决方法，激发学生的劳动潜力，进而熟练掌握、综合迁移、创新创造劳动方式和技能，成为勤于劳动、善于创新的劳动者。根据高校学生学习需求和社会发展对人才的要求，学生应积极锻炼并不断提高以下三方面劳动技能。

（一）夯实专业性劳动技能

专业性劳动技能是学生在专业教育中必备的核心技能，学生通过将理论知识技能化以及劳动技能理论化不断夯实专业基础。理论知识技能化即用生产原理和操作流程说明等理论知识指导学生使用劳动技能；劳动技能理论化即在使用劳动技能过程中提炼和优化原始的专业知识，二者相辅相成。

（二）扩充综合性劳动技能

综合性劳动技能包括单项综合性劳动技能和职业综合性劳动技能两类，单向综合性劳动技能包括考取普通话等级证书、外语等级证书、计算机等级证书、汽车驾驶证、游泳等级标准等。职业综合性劳动技能包括考取各类职业资格证书，如导游资格证书、律师资格证书、教师资格证书、心理咨询师证书、茶艺师资格证书、景观设计师资格证书等。通过锻炼多样化的综合性劳动技能，成为掌握多种技能的复合型人才。

（三）提升创造性劳动能力

学生在专业实践中应勇敢尝试新方法、探索新技术、解决新问题，同时学生也可以多次参加诸如"互联网＋"大学生创新创业大赛、"挑战杯"中国大学生创业计划竞赛、国家级大学生创新创业训练计划项目等，着重培养个人创新精神和实践能力。同时依托学校的创新创业教育，学生要善于在新时代、新形势、新背景下开展创造性劳动，充分发挥新观念、新思想、新途径，革新劳动理念和劳动方式，发展新业务，打开新局面。

四、深刻领悟劳动精神

学生在学习和掌握基本劳动知识技能的过程中，应深刻领悟劳动的意义价值，形成勤俭、奋斗、创新、奉献的劳动精神。前文已详细阐述了学生通过学习专业知识、参与劳动实践、锻炼劳动技能等"置身其中"的方式，经历劳动过程并体悟劳动精神。除此之外，学生也可以通过观察、记录和分享等"置身其外"的方式总结并感悟劳动精神。

（一）作为劳动观察者，要善于观察生活中的劳动群体

在学习和生活中关注各行业劳动者，留意不同劳动群体的劳动特点、劳作方式、劳动品质，参观基层社区、实训基地以及其他生产劳动场所。

体会劳动者坚守岗位、吃苦耐劳、迎难而上、挑战创新等品质，增进与普通劳动者的感情，拓展劳动知识，提升劳动技能，养成劳动自觉。通过观察职业世界，学生能够树立正确的劳动观，理解劳动成就梦想、劳动开创未来。在平凡的劳动岗位上做出不平凡的业绩，从而为走入社会做好职业和思想准备。

（二）作为劳动记录者，要勤于记录实践中的所见所闻

在实际劳动实践中，可能会面临复杂的情况，例如个人在专业实习中出现紧急突发情况、科研项目开展遇到瓶颈，或者在参观过程中发现问题等，学生需将其记录下来，向他人学习或自己探寻解决方法，并进行总结与反思，以寻求突破和创新。

（三）作为劳动分享者，要乐于分享劳动中的收获感悟

积极开展分享会、座谈会、论坛等，或通过作品展示和演出汇报的形式进行相互学习，通过分享学生能够丰富劳动体验，深化劳动收获感悟，从不同的视角出发领悟劳动精神，在个人与他人的交流中进一步理解劳动现象、学习劳动思想、认识劳动本质。

第六章 新时代高校劳动教育的创新路径

第一节 高校劳动教育的目标

对于高校加强高校劳动教育提出了新任务、新要求、新课题，也预示着新时代加强高校劳动教育需要新观念、新体系、新设计。新时代加强高校劳动教育，需要在明确目标定位和把握基本原则的前提下，探索创新实践路径，即更新思想观念，全面提高对劳动教育重要性认识；完善机制建设，构建系统化的劳动教育保障体系；扩展实践平台，不断丰富劳动教育的形式和载体；加强宣传引导，努力营造校园劳动育人良好氛围。

高校作为大学生思想政治教育的组织者和实施者，理应全面贯彻落实党的教育方针，推进加强高校劳动教育，帮助大学生成长为德智体美劳全面发展的新时代劳动者，为推进党和国家各项事业发展进而全面建成社会主义现代化强国提供坚强的人才保障和智力支持。

一、新时代加强高校劳动教育的目标定位

劳动教育一直被看作是促进人的全面发展的重要方式，新时代加强高校劳动教育更应实现德育、智育、体育、美育、劳育的内在统一，引导大学生树立正确的劳动价值观、培养积极的劳动态度、培育优良的劳动品德、养成良好的劳动习惯、掌握扎实的劳动知识技能，促进大学生的全面发展。

（一）树立大学生正确的劳动价值观

劳动教育旨在树立大学生正确的劳动价值观，并从内在热情、创造积极性等不同方面培育大学生的劳动素养，这也是劳动教育最首要、最根本的目标追求。思想决定行动，劳动价值观作为衡量劳动者思想道德品质的重要标准之一，充分反映了劳动者的劳动素养和劳动情怀，在一定程度上决定着劳动者对于劳动的认知和在今后劳动实践中的现实表现。对于大学生而言，树立什么样的劳动价值观非常重要，直接影响着他们对劳动的态度和行为，更关系到他们择业观、就业观、创业观的形成。要促进"劳动

最光荣、劳动最崇高、劳动最伟大、劳动最美丽"的价值观念在大学生心目中生根发芽，自觉将思想观念内化为实际行动。

（二）培养大学生积极的劳动态度

劳动态度是在一定劳动价值观指引下、在长期劳动情感体验基础上形成的一种相对稳定地对待劳动的心理倾向。长期以来，在我国劳动教育进程中，"热爱劳动"一直被视为劳动者培养的基本劳动态度，并被誉为一种美德。辛勤劳动态度的培养对于新时代加强高校劳动教育来讲，具有重要现实意义，需要不断强化。

（三）培育大学生优良的劳动品德

劳动品德是指劳动者在劳动过程中所表现出来的道德素养和行为规范，是一种对他人、对社会较为稳定的心理表现和态度表达。诚实劳动是成就梦想的基石，只有以诚实劳动引领社会风尚，人们才能把为社会发展而劳动作为应尽的职责和神圣的义务。培育大学生优良的劳动品德，首先要引导大学生做诚实的劳动者，以创新、创业、创造激情，积极践行新时代劳动精神、劳模精神、工匠精神，在诚实劳动中实现自己的人生价值和理想抱负。随着我国经济社会发展不断的深入，传统劳动伦理受到消解，劳动异化现象开始显现，部分大学生在价值取向和利益抉择上带有明显的自我倾向，过多地强调依靠劳动实现个人的目标追求和利益诉求，却有意弱化对社会责任和义务的承担。因此，培育大学生优良的劳动品德，还要重视家国情怀的培育。我们要把爱国主义教育作为重中之重，积极引导大学生主动将个人成长、职业规划与国家发展、民族进步联系起来，把个人理想追求与国家兴旺发达融为一体。

（四）引导大学生养成良好的劳动习惯

劳动习惯是指在劳动过程中经过反复练习形成，并将劳动发展成为个体需要的一种自主化行为方式。劳动教育不仅要教会大学生如何生活和生存，更重要的是培养学生的创新精神和实践能力，促进人的体力和智力的均衡发展。比如将劳动和体育结合起来，实现体脑结合，帮助大学生养成良好的劳动习惯，进一步提高学习的积极性、主动性和有效性。但也应客观认识到，良好劳动习惯的养成从来不是一蹴而就的，不是一朝一夕间形成的，而是一个循序渐进、持之以恒的劳动实践过程，需要保持好平稳心态，从日常生活中的点滴小事做起，如帮助父母做家务、做好宿舍内务整理、勤工助学等。在大学生劳动过程中还要抓好劳动的开端，尊重学生的自主选择，先从他们感兴趣的劳动做起，让学生充分体悟到劳动的乐趣和意义，以此激发大学生自觉养成热爱劳动的良好习惯。

（五）帮助大学生掌握扎实的劳动知识技能

随着知识经济时代的到来，技术进步在经济社会发展中的地位不断提升，尤其是"创新型国家"战略的实施，更加重视人工智能、机器人等技术研发应用，"中国制造"向"中国智造"迈进，知识型、技能型、创新型劳动大军将会发挥更大作用。

在掌握扎实的劳动知识技能过程中，一方面要强化大学生对学科专业知识的学习。知识无边界，学问无止境。加强对学校开设的学科专业知识学习也是获取劳动知识的过程，通过学习实现学科专业知识与劳动知识技能的相辅相成。另一方面，还应加强大学生对劳动学科的了解认知。掌握劳动及与劳动相关的一系列学科，如劳动关系、劳动与社会保障、劳动经济学等。可以通过双学位、设立在线开放课程等方式进行扩展学习。这些学科是人类对劳动规律的总结和劳动知识的创新，强化了对劳动问题的专业化、规范化、体系化研究，不仅使劳动理论研究和人才培养质量迈向更高水平，而且也深化了学生对劳动的认识，有助于进一步教育引导大学生懂劳动、爱劳动、会劳动，全面提升劳动素养。

二、新时代加强高校劳动教育的基本原则

新时代加强高校劳动教育，需要在明确目标定位基础上，结合新时代新要求和大学生群体思想行为特点，重点把握好以下四个基本原则。

（一）坚持思想教育与劳动教育相结合，注重劳动教育的价值塑造

新时代加强高校劳动教育是系统提升受教育者的劳动素养，促进其德智体美劳全面发展的实践活动过程。劳动是人的社会属性，从利于学生职业发展的视角来看，掌握一定的劳动知识技能以及具备正确的劳动观念、劳动态度、劳动品德是最首要、最迫切的发展需要。

因此，高校开展劳动教育要在重视劳动技能和劳动锻炼的同时，还应坚持劳动教育与思想政治教育相结合，既要激励大学生努力学习劳动理论知识、提高劳动技能水平，还要加强大学生价值观念塑造、劳动情感培育，

强化劳动责任感、使命感、荣誉感。关键的是，要把社会主义核心价值观教育融入劳动教育的全过程，推出一批富有思想性、知识性、教育性的劳动实践项目，通过多种形式，培养学生的创新精神和实践能力，实现以劳育德、以劳增智、以劳强体、以劳育美，为成就大学生的幸福人生奠定坚实基础。

（二）坚持内在价值与外在价值相结合，体现劳动教育的人文关怀

中华人民共和国成立以来，我国劳动教育的政策发展经历了不同历史阶段，通过梳理发现，虽然不同历史时期我国劳动教育的价值诉求侧重点各有不同，但也有一些共同之处，就是我国劳动教育表现出明显的服务社会发展的外在目的取向，每一次都是来自教育系统之外的需要左右着劳动教育的走向。这反映出我们对劳动教育的价值内涵把握不到位，忽视了劳动教育在人才培养过程中的重要作用，割裂了劳动与人的身心健康及全面发展之间的逻辑关系。

新时代加强高校劳动教育，要坚持"以生为本"的教育原则，尊重大学生在劳动教育中的主体地位和作用，切实增强大学生在劳动活动中的幸福感、获得感、安全感。在此基础上，引导大学生自觉把个人的理想追求融入国家和民族的事业中去，建构个人与集体、个人梦与中国梦融合统一的命运共同体，实现新时代大学生的全面发展。

（三）坚持正向激励与负向激励相结合，突出劳动教育的示范引领

劳动教育是促进人的全面发展的重要内容，也是高校落实"立德树人"根本任务的重要途径。新时代加强高校劳动教育需要构建"以生为本"的多元化考核评价体系，坚持正向激励与负向激励相结合的基本原则，创新激励约束机制。可以采取将考核评价成绩作为评奖评优、入党入团重要依据及设立专项奖学金等方式，有效调动大学生参与劳动教育的积极性和主动性，充分发挥榜样的示范引领作用。

劳动教育成效的评价，要满足多角度、多形式的多维要求，对于学生的劳动理论知识认知情况可以使用卷面测试、论文撰写等形式进行量化考查，而对于学生的劳动实践效果可以采取社会实践、志愿服务等形式进行质量评价。在评价过程中，要科学对待大学生和教育者之间主客体关系，既要评价大学生在劳动实践中的劳动纪律、劳动态度、劳动技能等，也要对教育者的授课能力、专业劳动技能水平等进行评价。

（四）坚持校内教育与校外教育相结合，拓宽劳动教育的路径选择

高校作为大学生日常学习生活的第一场所，其优越的人文环境和良好的硬件设施对于大学生的观念塑造、素质提升、习惯养成具有积极作用，尤其是在发挥劳动综合育人方面作用突出，是开展高校劳动教育的主要阵地。社会和家庭作为大学生学习生活的第二场所，在大学生的成长成才过程中发挥着重要作用，对加强高校劳动教育的效果影响值得重视，是高校开展劳动教育工作的延伸和有益补充。

因此，需要把握高校、社会、家庭各方面的教育优势，建立校内与校外的协同育人机制，高校运用教学场景优势，突出观念塑造作用；社会依托实践场景优势，强调素质提升作用；家庭发挥劳动场景优势，强化习惯养成作用。劳动教育是实现大学生社会性发展的教育活动，必须打破高校的劳动教育话语权垄断地位，促进高校、社会、家庭三方优势资源的整合提升，共同推进高校劳动教育取得实效，达到"1＋1＋1＞3"的教育效果。

三、新时代加强高校劳动教育的实践路径

新时代加强高校劳动教育要深刻认识和把握教育发展规律，着力在思想观念、机制建设、实践平台、宣传引导四个方面创新实践路径，构建多元化、系统化的劳动教育体系，赋予大学生全面发展以新动能。

（一）更新思想观念，全面提高对劳动教育重要性的认识

我国高校开展劳动教育的良好氛围正逐渐形成。但也应清醒地看到，高校在推进劳动教育落地生根方面成效不明显，劳动教育在整个高校教育教学体系中仍属于薄弱环节。造成这种现状的根本原因，在于对劳动教育所蕴含的价值认识不足。因此，高校必须更新思想观念，全面提高对劳动教育重要性的认识。

（二）完善机制建设，构建系统化的劳动教育保障体系

完善机制建设，构建系统化的劳动教育保障体系，是新时代加强高校劳动教育落到实处的关键。高校劳动教育在机制建设包含三个层面。

（1）机构设置层面，根据学校自身实际，设立劳动教育委员会负责统筹推进劳动教育相关事务，或者赋予业务职责相近部门劳动教育职能，构

建形成课程教育、理论研究、实践开展"三位一体"的劳动教育体系。

（2）经费保障层面，高校在进行经费预算及分配时，要加大劳动教育经费投入力度，为劳动教育有序开展提供强大动力。

（3）制度规范层面，一是高校制定颁布科学规范的规章制度。出台的规章制度应对高校开展劳动教育的主要目标、基本要求、实施方案、奖惩措施等进行明确说明，为高校劳动教育工作的开展提供法律依据和支持。二是完善劳动教育课程体系，拓展课程内劳动教育内容。应坚持显性教育和隐性教育相统一，既要突出显性劳动教育功能，开设专门劳动教育课程，向大学生传授就业、择业及创业等与职业发展相关的劳动科学知识；又须强化隐性劳动教育作用，发挥"课程思政"育人作用，深入挖掘利用专业教育、思想政治教育和各类第二课堂活动中所蕴藏的宝贵劳动教育资源，如在专业课程学习中加入相应学科劳模人物事迹宣讲、思想政治理论课教学融入劳动教育史讲授等。三是制定分层次的教育内容体系。不同年级学生在专业认知、身心发展规律等方面有所不同，劳动教育内容要根据学生年级不同分层次设定，以此激发学生辛勤劳动、诚实劳动、创造性劳动的内生动力。

（三）扩展实践平台，不断丰富劳动教育的形式和载体

新时代加强高校劳动教育要充分利用校内校外的各种实践载体，创新劳动实践方式和途径，让劳动教育走出课堂，走进校园、社区、农村、工厂、军营等。通过大力拓展各具特色的劳动实践平台，开展形式多样的教育活动，帮助大学生在劳动认知、劳动品德和劳动能力等方面产生"质"的飞跃，努力成为可堪大用、勤于奋斗的栋梁之材。

一是发挥社会实践主渠道作用。高校应以尊重学生个人兴趣为基础，以开展社会实践为主线，以提升学生劳动实践能力为目标，组织学生到机关事业单位、工业企业尤其是到艰苦边远地区和基层一线开展劳动实践，多渠道、多形式推进校外劳动教育实践基地建设，让学生在参与劳动实践过程中"受教育、增才干、做贡献"。高校还应组织学生到敬老院、爱心福利院等慈善公益单位开展志愿服务，引导大学生在公益劳动中自觉树立正确的劳动价值观。

二是充分发挥校园公共活动场所的作用。高校要注意挖掘各类校园公共活动场所中的劳动育人元素，重视发挥其对于学生劳动精神的培养作用。例如，在餐厅、学生宿舍、图书馆、体育活动中心等高校较有代表性的校

园公共活动场所设置志愿服务岗位，学生在这些场所中学习生活，为了保持公共空间的整洁、美观，自然也会产生一些劳动力。

三是将劳动教育元素融入各类思想政治教育活动中。劳动教育的过程就是个体能够将劳动变为自觉意识、自觉追求和自觉行为的过程，它必须渗透到教育的各个环节。新时期加强大学生思想政治教育，高校须结合学生实际开展形式多样的主题活动，并在活动开展过程中融入劳动理念、劳动行为等元素。

（四）加强宣传引导，努力营造校园劳动育人良好氛围

新时代加强高校劳动教育，要充分利用新媒体、传统媒体等各类媒体平台将劳动价值观的宣扬与高校宣传工作紧密结合，通过宣传劳动模范先进事迹，教育引导大学生不断深化对劳动的认知并自觉践行劳动精神，着力营造"劳动气息满校园、劳动场景时时有、劳动活动人人上"的校园劳动育人氛围。

校园文化作为高校育人的重要实现途径，能为促进学生成长成才营造良好文化氛围。高校可将"生态理念"与劳动教育相结合，将劳动元素融入校园内的花园、长廊、景观湖等自然场景中，如利用现有的花园打造劳动主题文化园地，形成"廊、场、塑、亭、馆、苑"等校园劳动文化格局，因地制宜营造劳动育人良好氛围，让校园的每一处景观都能"说话"，每一个角落都能润德，每一分气息都能熏陶。形成邀请相关行业领域科学家、院士、大国工匠、劳动模范等先进人物进校园的常态化机制，充分发挥各行各业新时代劳动精英对大学生成长的引领示范作用，充分展现新时代高校对劳动精神的尊重与崇尚。除此之外，在营造劳动舆论氛围上，要紧跟时代潮流，创新宣传方式，综合利用网站、宣传栏、校园广播、微信、微博、抖音短视频等各类媒体平台，充分发挥融媒体在营造校园劳动育人良好氛围中的舆论宣传优势，有效提升校园媒体的感召力，让学生对校园媒体所传播的语言文字"看得见、听得着"，真正使学生从内心认同践行劳模精神、劳动精神、工匠精神。

第二节　高校劳动教育培养体系

在我国国民教育体系中，劳动教育拥有与德智体美教育一样重要的地

位。伴随中国特色社会主义进入新时代，国家、社会、学校、家庭虽然对高校劳动教育的认识水平和重视程度都明显提高，教育效果也有了显著改善，但是仍然存在教育理念急功近利、缺乏务实性，培养目标含混不清、缺乏纲举目张的确定性，培养体系虚无缥缈、缺乏落地生根的可行性，教育方式枯燥单一、缺乏生动活泼的生活性，教育效果参差不齐、缺乏行之有效的评判性等问题。

在新时代，高校劳动教育应当以培养光荣劳动、辛勤劳动、诚实劳动和科学劳动等观念为核心目标，积极探索以体验式、雇主式、参与式和生存式为主要维度的实践育人路径，最终形成"三全"劳动育人的高校劳动教育体系。

一、构建新时代高校劳动教育培养体系的路径

（一）确立四大核心价值目标

劳动是光荣的，劳动是美丽的，劳动也是辛苦的，需要埋头苦干、辛勤耕耘，更需要脚踏实地，诚实守信。劳动又是人类社会发展的源头活水，社会的一切进步都离不开劳动。要实现中华民族伟大复兴的奋斗目标，归根到底要靠辛勤劳动、诚实劳动、科学劳动，有鉴于此，我们一定要在全社会大力弘扬劳模精神、劳动精神，引导广大人民群众树立辛勤劳动、诚实劳动、创造性劳动的理念，让劳动光荣、创造伟大成为铿锵的时代强音，让劳动最光荣、劳动最崇高、劳动最伟大、劳动最美丽蔚然成风。

具体而言，新时代的高校劳动教育应当以厚植崇高伟大的光荣劳动观、培养埋头苦干的辛勤劳动观、弘扬脚踏实地的诚实劳动观、塑造开拓创新的科学劳动观这四大核心价值为主要目标。

1. 厚植崇高伟大的光荣劳动观

在我们社会主义国家，一切劳动，无论是体力劳动还是脑力劳动，都值得尊重和鼓励；一切创造，无论是个人创造还是集体创造，也都值得尊重和鼓励。

在中国传统的知识分子心目中，劳动是低贱的，他们鄙视劳动者和劳动行业，把劳动者看作下等人。当前，在升学压力巨大的教育体制下，学校和家长多存在重分数、轻素质，重智力、轻体力的思想，学校用知识教育替代了劳动教育。而从高中校门迈入高校校门的大学生，也大多存在劳动能力低下、好逸恶劳的倾向。但是，我们必须明白热爱劳动、参加劳动

才能实现个人的健康成长，不愿劳动、不爱劳动则会阻碍个人的全面发展，所以厚植劳动光荣伟大的观念刻不容缓。

2. 培养埋头苦干的辛勤劳动观

劳动很伟大，劳动也很辛苦，绝大多数劳动能坚持下来都需要内在精神和信念的支撑。全社会都要以辛勤劳动为荣、以好逸恶劳为耻，任何时候任何人都不能看不起普通劳动者，都不能贪图不劳而获的生活。需要通过劳动教育来减少或者消除青少年不正当的或者低级的劳动观念，而增加正当的、高贵的、高雅的、高尚的劳动观念。当然，培养劳动光荣伟大的思想观念不能仅仅诉诸说教，还要从更深层次的精神层面激发青年大学生对劳动的兴趣。

劳动模范和先进工作者、先进人物不仅自己要做好工作，而且要身体力行地向全社会传播劳动精神和劳动观念，让勤奋做事、勤勉为人、勤劳致富在全社会蔚然成风。

3. 弘扬脚踏实地的诚实劳动观

诚实劳动不仅包含诚信劳动，更重要的是安于劳动，乐于劳动，凭着自己的良知，忠实完成自己的劳动工作，这就需要更高层次的精神世界和道德感的教育。青少年劳动教育就应当像颜回那样，守得住清贫，耐得住寂寞，忍得住辛苦，一切都要通过自己的双手，辛勤劳动、合法手段来收获。然而，现实的情况是面对高额利润，有的人会铤而走险，走私贩毒，罔顾国法和道德；有的人会绞尽脑汁，逃税避税，钻法律的空子。劳动是财富的源泉，也是幸福的源泉。人世间的美好梦想，只有通过诚实劳动才能实现；发展中的各种难题，只有通过诚实劳动才能破解；生命里的一切辉煌，只有通过诚实劳动才能铸就。

我们应当把敬业诚信的社会主义核心价值观融入社会生活的各个角落，让诚信做人和诚信做事成为每个人的为人之道，让诚实劳动、合法劳动成为每个公民立身谋事的必由之路，这样才能对青少年的成人成才起到春风化雨的教化作用。

4. 塑造开拓创新的科学劳动观

创新是一个民族进步的灵魂，是一个国家兴旺发达的不竭动力，也是中华民族最深沉的民族禀赋。在激烈的国际竞争中，唯创新者进，唯创新者强，唯创新者胜。所有的劳动都孕育着创新的元素，所有的创新都从劳动之中脱胎而来，离开劳动，所有的创新都是无根之木，无源之水；没有创新，所有的劳动就没有灵魂，没有前进的助推力。中国梦的实现离不开创新，人民生活水平的提高根源于创新，中国人自己掌握核心科技更是不能没有创新，而创新型人才的培养在大学阶段尤为重要。

在当前背景下，培养创新劳动观念势在必行。时代呼唤创新，国家渴望创新，社会急缺创新型的人才，而创新型人才又必须通过青少年的创新劳动教育来实现，所以，在青少年中塑造和培养创新型劳动观既是新时代的选择，也是一流本科教育的应有之义。

（二）探索"四位一体"的实践育人路径

1. 体验式劳动育人

劳动本身就是一个身心共同体验的过程，青少年在体验式劳动教育过程中，会产生和形成包括身体、情绪和情感等方面丰富的劳动体验。这些体验有的是积极的，比如兴奋、快乐、怜惜、敬佩、快乐和幸福；有的是消极的，比如麻木、疼痛、烦躁、痛苦、厌恶等。这些体验直接影响着青少年劳动价值观念的形成。体验式劳动教育从地域上可以分为课内课外、校内校外、国内国外的体验；从空间上可以分为生活现实体验和网络虚拟体验；按照参与主体不同，可以分为亲身体验和参观体验；根据内容不同可以划分为行业体验、文化体验、生态体验等。

不管是何种方式的体验式劳动，都需要教育者通过一定的方式，对积极的体验加以及时的固化，对消极的体验进行合理的缓释，从而使青少年在劳动过程中逐步形成积极向上的劳动价值观念。相比传统的灌输说教式的教育方式，体验式劳动教育有其天然的优势，可以让青少年在形式多样、变化万千的体验劳动中逐步养成正确的世界观、人生观、价值观，成为国家的栋梁之材。

2. 受雇式劳动育人

在大多数雇主所认可的雇员的能力中，最主要的是不同环境中的问题解决能力，除此之外还有口头沟通和团队合作能力。而这些能力的锻炼，单纯靠课堂的德智体美教育是根本不可能完成的，必须到实践中去学习。而在校青少年的主要活动是课堂学习，不可能经常性地到工作单位去实习，这就要求教育者在平时的劳动教育过程中按照雇主所期待的雇员所需要具备的能力要求进行适当的教育培训，使之在走出校门时就能够符合雇主的期待。

国内的研究结果同美国雇主的要求不谋而合。根据麦克斯研究院的调查，大多数大学毕业生认为协作解决问题能力、压力承受能力、环境适应能力、责任感在职业素养的培养中有着举足轻重的地位。由此可以看出，根据雇主的能力要求开展适当的劳动教育，从而提升青少年的受雇技能和就业能力，对青少年将来的就业大有裨益。

3. 参与式劳动育人

参与式劳动源于管理学上的参与式管理，其精髓是赋予部属决策参与权，并让部属在自己的职责上拥有较多的选择权和较大控制参与式管理，而不是采用监督命令的控制方式。这种管理模式使下属以一个主人翁的身份参与到公司的运行和管理中，能够最大限度地调动各方面的工作积极性、主动性和创造性。在青少年的劳动教育中引入参与式理念，能让学生产生一种"天下兴亡，匹夫有责"的意识，实现受教育者从旁观者到参与者、从见证者到亲历者、从被动接受到主动作为的转化，让学生像关心自己一样关心学校的发展、关心社会的进步、关心国家的振兴。教育者可根据青少年的个性特点，在信任和鼓励的基础上，给予学生更多的劳动自主权。参与到管理服务中的大学生，在受到尊重、信任和比较自主的环境中，他们对于感兴趣的和与自己有关的事情，往往乐意倾注更多的时间和精力，能够潜心学习，深入研究，他们的劳动价值观和对待劳动、对待劳动者的情感认同也会在潜移默化中进一步加深。

4. 生存式劳动育人

所谓生存式劳动教育指的是以培养青少年敬畏生命、顽强生存和幸福生活为终极目标，以内化生存知识、装备生存技能、适应生存环境为教育手段，锤炼青少年的意志品质、陶冶道德情操、锻造社会适应能力，培养知、情、意、行健康和谐全面发展的人的劳动教育。劳动教育的初级阶段是教育青少年掌握生存知识，装备生存技能。在这一阶段所表现出来的综合生存能力，是人作为一个生命体生存繁衍的首要条件，也是教育工作存在的前提。人类经历坎坷、辛勤劳动的潜在的、最为朴素的动因，那就是为了人类能够世代繁衍生息下去，而且是更好地共同生活在这个地球上，生存成为人类永恒的目标。锤炼意志品质、陶冶道德情操、锻造社会适应能力是生存式劳动教育的中级阶段。青少年如果想要在不同的自然环境下顽强地生存下来，不仅需要强健的体魄，更需要强大的意志力、敏锐的观察力和高尚的道德感作支撑，而这些能力的获得，课堂的知识教化只是一个方面，更重要的是在生存式的劳动实践中获取。培养青少年敬畏生命、顽强生存和追求幸福生活，做中国特色社会主义的合格建设者和可靠接班人则是生存式劳动教育的终极目标。

体验式、受雇式、参与式与生存式劳动教育形成一个有机的整体，它们相互作用、相互影响、相互制约、相互促进，其中雇主式劳动教育是导向，生存式劳动教育是基础，体验式和雇主式劳动教育是现实路径。缺少任何一个环节，都无法实现劳动教育实践育人的功能，只有四个维度同时作用、同时影响，才能真正达到劳动教育实践育人的目的。

（三）实现"三全劳动育人"的工作机制

对于高校劳动教育而言，所谓全员包括高校全体教职员工，其中既有高校思政干部队伍，也有专任教师、教学辅助人员、行政管理人员、后勤服务人员以及物业勤杂人员，也包括各级政府高等教育行政管理机构人员，还包括大学生的家庭成员。全过程，是指将劳动育人贯穿高等院校教书育人、管理育人、服务育人的全过程，融入课堂教学、课外活动、宿舍生活、志愿服务、社会实践等环节，渗透到家庭教育的微小细节之中。全方位，是指校内与校外、课内与课外、国内与国外、线上与线下多个维度融入劳动教育，形成全领域、全时空、全维度的劳动育人机制。

1. 恪尽职守，全员劳动育人成合力

要实现全员劳动育人，教育系统必须以劳动育人的目标为共同的价值追求，在此基础上制定各自的责任清单，并且根据清单要求各司其职、各尽所能，又协同配合、万剑归宗，最终形成劳动育人的合力。实现全员育人是要强化高校全体教职工的育人意识，彰显高校每项工作、每个领域的育人功能。为此就需要建立共享价值和责任清单。这里的共同价值追求，就是以崇高伟大的光荣劳动观、埋头苦干的辛勤劳动观、脚踏实地的诚实劳动观和开拓创新的科学劳动观为核心的劳动教育价值目标体系。而责任清单则是根据劳动育人的目标要求，针对不同的岗位特点、工作性质和服务对象，设置针对性强、体现不同年级、不同专业特点的劳动育人责任清单。

2. 丝丝入扣，全过程劳动育人见真章

全过程劳动育人的难点和重点在于每一个育人环节的有效衔接，包括教与学的衔接、理论与实践的衔接，教育、管理、服务的衔接，参与和体

验的衔接，社会需求与培养计划的衔接，还包括与德智体美教育的有机衔接等多个方面。要实现各个环节的完美契合，首先要有完善的制度设计作为保障。要在广泛调研的基础上，充分听取学校、家庭、社会和青年大学生的建议和心声，制定符合高校劳动教育现状的制度，从制度上规定每一个环节的具体要求和应当达到的效果，用制度评价每一环节的完成程度。其次要与时俱进，随着时间与政策的变化随时调整顶层制度设计，坚持与时俱进，充分做到"世异则事异，事异则备变"。最后，在制度的设计和执行上，充分尊重人的作用，坚持用对的人做对的事。

3. 优势互补，全方位劳动育人显成效

全方位劳动育人涉及的领域非常广阔，而且每一个领域都有其自身优势，也不可避免地存在固有的缺陷：课堂教学理论性有余而实践性不强，课外活动易于操作而较难掌控；家庭教育可塑性强而难以有效推广，学校教育可以批量培养却又难以兼顾个性发展；国外优秀的教育方法可以借鉴但又涉及如何与中国实际相结合，网络劳动育人易操作、好掌控但又缺乏面对面、心与心的交流互通。

因此，要真正实现全方位劳动育人，每一个领域都要以劳动育人共同价值追求为初心，充分发挥各领域的优势与特长，在资源、人才、制度、评估等方面实现互融互通，优势互补，逐步形成全领域、全时空、全维度的劳动育人机制。

综上所述，新时代高校劳动教育培养体系的构建需要重树四大核心价值目标，探索体验式、参与式、受雇式和生存式四位一体的实践育人路径，最终实现"三全劳动育人"的工作机制。

第三节　高校劳动教育的育人价值

新时代的大学生是国家发展和民族复兴的生力军，是建设创新型国家的主动力，因此，必须强化其对劳动本身的认识，锻造过硬的劳动技能。在新时代，明确高校劳动教育的价值取向，把握高校劳动教育的内在特征，找准高校劳动教育的育人导向，是实现创造性劳动、加快建设创新型国家、实现人才强国的重要保证。

一、新时代高校劳动教育的价值取向

劳动教育是指通过培养学生的劳动价值观、劳动精神、劳动态度，提升学生劳动素养，帮助学生明确劳动的目的、劳动的意义以及劳动的价值，以促进学生形成良好的劳动习惯等为目的的教育活动。

为新时代高校劳动教育做出顶层设计，明确新时代高校劳动教育的主要使命是引导大学生牢固树立"四个最"（劳动最光荣、劳动最崇高、劳动最伟大、劳动最美丽）的劳动价值观，建立个人劳动价值认知体系；重要任务是强化大学生劳动价值认同，培养劳动自立意识、诚实劳动意识和公共服务意识；现实目标是提升劳动知识水平、夯实劳动基础，从而为大学生的个人全面发展做出积极引导，为培养创新型人才打下坚实基础。

（一）主要任务：牢固树立"四个最"的劳动价值观

思想是行动的先导，是行动的依靠，没有正确的思想就难以有正确的方向；认识是前行的动力，是前行的导向，没有正确的认识就难以继续前行。解决好方向和动力问题的根本就在于解决好思想和认识问题。大学生劳动价值观的形成是基于对于劳动本身的理解和认知，引导大学生理解并认同"四个最"的劳动价值观、培养大学生"四个最"的劳动价值观是劳动教育的重中之重。

大学生处于价值观塑造的关键期，在这一时期，认知体系的搭建和价值观的塑造不仅关乎大学生的未来，而且事关国家兴衰和社会发展，树立正确的价值观是大学生实现个人发展的重要基础。

劳动是人的本质活动，劳动最光荣展现了人类的智慧，诠释了人类的文明与进步。一切劳动都值得尊重，所有劳动者都值得鼓励，无论是体力劳动还是脑力劳动，无论是简单劳动还是复杂劳动，都值得大学生以之为荣。劳动最崇高，社会生活的本质是实践，没有劳动，社会就会失去生机和活力、失去创新和发展机遇，崇尚劳动是大学生劳动价值观的应有之义。劳动最伟大，伟大出自平凡，英雄出自人民。

在中华民族伟大复兴的征程中，需有一大批勤劳勇敢、平凡而伟大的大学生为之奋斗。劳动最美丽，空谈误国，实干兴邦。唯有劳动才能创造幸福生活，唯有劳动才能实现梦想，唯有劳动才能创造未来。要深刻理解劳动创造人的道理，大学生就必须建立正确的劳动价值认知体系和劳动价值观。

（二）重要任务：强化大学生的劳动价值认同，增强劳动意识

人民创造历史，劳动开创未来，劳动的价值与地位在任何时代都是毋庸置疑的。近年来一些大学生出现了轻视劳动价值、不愿劳动、不会劳动等现象，错误地认为"劳心者治人，劳力者治于人"，蔑视体力劳动者的劳动成果，忽视"一切劳动都值得被尊重"的事实，归根结底是部分大学生缺乏正确有效的教育引导，对劳动及劳动的价值缺乏系统性的认知。劳动作为大自然赐予人类的"生命活动"，蕴含着丰富的育人价值。劳动实践不仅可以锻炼大学生的毅力、耐力、自信心，而且可以增强大学生的团队政治意识、大局意识、核心意识、看齐意识，强健体魄、强化劳动意识。劳动实践的过程实际上就是大学生体验劳动价值的过程，大学生正值劳动价值体系搭建的重要时期，强化大学生劳动价值认同，懂得没有劳动就没有未来的道理，是劳动教育必不可少的环节。此外，增强大学生的劳动意识也是新时代高校劳动教育的重要任务之一。

学生要有劳动自立意识、诚实劳动意识和公共服务意识。劳动意识作为一种活动反映，指的是劳动主体通过改变劳动对象使社会和自身的需求得以满足，其中包含了劳动主体的价值选择和价值判断，其本质是一种价值意识。大学生劳动意识的强弱，直接影响着其价值判断和价值选择。

因此，增强大学生的劳动意识是新时代高校劳动教育的必要之举。自强先自立，培养大学生有担当、服务自我的劳动自立意识是增强劳动意识的基础。培养大学生的诚实劳动意识是增强劳动意识的重点，生命里的辉煌只能由诚实劳动铸就，"两个一百年"奋斗目标归根结底也要靠诚实劳动、辛勤劳动、创造性劳动实现。培养大学生的公共服务意识是增强劳动意识的最终目标，让大学生在面对突如其来的灾害和疫情等危机时能做出正确的价值判断和价值选择，尽己所能，有奉献、有作为。

（三）现实目标：提升大学生的劳动知识水平，夯实劳动基础

千秋基业，人才为本。劳动教育作为树德、增智、健体、育美德的社会活动，内在目的是培养品格健全、身心全面发展的人，外在目的是培养能服务自我、服务他人、服务社会的人。劳动教育的内在生命力在劳动中体现为劳动者向往的自由与发展，劳动绝不仅是谋生的手段，而是能促进人自由全面发展的活动。我国比历史上任何时期都更加渴求人才，强调人才是国家的核心竞争力。

提升大学生的劳动知识水平归根结底就是要提高大学生的科学知识水

平和学术视野，要成就中华民族的宏图伟业，就必须拥有知识水平过硬、创新能力十足的新时代大学生。

在劳动教育的过程中，一方面要改进劳动教育方式，遵循大学生成长成才的教育规律，强化实践教育，争取让大学生在实践的过程中开阔新视野、增添新体验、迸发新想法、创造新事物；另一方面，培养术业有专攻的大学生是建设创新型国家的重要基础，在具备开阔的学术视野和足够的科学知识水平的基础上，大学生应当在特定领域增加专业知识储备和技能，拥有基础的创造能力和潜在的创新能力，夯实劳动基础，提升劳动技能，成为有想法、敢实践、有本领的新时代大学生。

二、新时代高校劳动教育的内在特征

从大学生的生活实际出发，坚持问题导向，突出价值引领，从学生生活实际出发，准确分析和把握高校劳动教育的重点和难点，积极探索具有中国特色的劳动教育模式，力求创新劳动教育体制机制，注重理论与实践相结合，主张"知行合一"，做到了"因事而化、因时而进、因势而新"，体现了新时代高校劳动教育的创新性、时代性、实践性等内在特征。在新的时代背景下，社会的劳动形态发生了深刻变化，劳动教育呈现出新的特点，准确把握新时代高校劳动教育的内在特征，有利于提高劳动教育的实效。

（一）实践性：因事而化，增强劳动教育的现实性

实践是人类分析内部世界和把握外部世界的总线索，也是劳动教育的基本逻辑和最终归宿，实践是新时代高校劳动教育的基本特征。新时代高校劳动教育的本质是在劳动中树德育人，通过劳动教育提升大学生的劳动素养和实践能力，培养大学生树立正确的劳动价值观，赋予劳动教育内在的生命力，为培养有本领的时代新人打下坚实基础。

劳动教育必须遵循教育规律，以体力劳动为主，强化实践体验，实现知行合一，提升育人实效。因事而化，是指将目标融入具体事物或具体实践，凭借相应的事情、事务使人或者事的性质或者形态发生改变。新时代高校劳动教育的"因事而化"是指将劳动教育的育人目标融入具体实践中，针对特定的教育对象实施教学活动，使教育对象的思想和行为发生符合社会需要的改变。以事为据实施教育活动，必须强调"事"的目的性。只有"事"与劳动教育目标相关联，才能发挥"事"本身的作用。新时代高校

劳动教育的总体目标是让大学生具备满足生存发展的基本劳动能力，形成良好的劳动习惯，让大学生从劳动教育的"事"中增强诚实劳动意识，在亲历劳动过程中培养科学精神，提高劳动创造能力。

（二）时代性：因时而进，紧跟时代步伐

时代变化推动理论创新，高校劳动教育的重点、难点、特点紧随时代的变化而变化，时代性是新时代高校劳动教育的首要特征。

第一，新时代大学生所处的时代是崭新的时代，他们所处的时代是充满人生机遇和施展个人才华的重要时期，他们是社会力量中最具有生机和活力的。当前，劳动教育的重点是在系统学习科学文化知识以外的时间，组织学生参加日常生活劳动、社会生产劳动以及社会服务性劳动，养成学生良好的劳动品质。

第二，满足时代需求。随着社会主义经济建设的发展以及各族人民生活水平的提高，高校劳动教育的难点日渐突出，在大学生群体中出现不懂劳动、不想劳动、不会劳动的现象，究其根本是个别学生劳动意识薄弱、劳动能力不足、劳动水平低下。针对这一教育难点，通过有目的、有计划地组织学生参加劳动实践，扭转大学生对劳动的错误看法，以培养能满足新时代发展需求的大学生。

第三，突出时代特色。将"劳育"纳入培养人才的全过程，通过劳动教育培养创新型、知识型、复合型人才，突出新时代以创新求发展、以劳动求进步、以创新求引领的时代特色。

（三）创新性：因势而新，体现新立场、新内容、新功能

新时代高校劳动教育之"新"体现在新立场、新内容、新功能三个方面，创新性是新时代高校劳动教育的重要特征。

首先，新时代高校劳动教育的立场新。立场是人们思考问题和处理问题时所处的地位和所持有的态度，立场的变化在很大程度上会影响人们对同一事物的判断。中国特色社会主义进入新时代，以创新劳动为核心的劳动形态对于社会的发展和进步意义重大，基于这一新立场，劳动教育所处的地位亦有明显变化。

其次，新时代高校劳动教育的内容新。党和国家高度重视劳动与教育的关系，在中华人民共和国成立初期，为满足生产需要，劳动教育的重点内容是让教育与生产劳动相结合。但是随着新时代的发展与社会主义建设的新要求，劳动教育的内容必然紧跟时代步伐，适应时代发展所需，教育重点已转向改善大学生的劳动精神面貌、明确大学生的劳动价值取向、提升大学生的劳动技能水平。

最后，新时代高校劳动教育的新功能。新时代高校劳动教育的内在功能体现为以劳树德、以劳育人、以劳增"值"，劳动之于大学生而言，是实现自我价值和获得幸福感、价值感、存在感的根本途径。新时代高校劳动教育的外在功能体现在创新劳动教育体制机制，积极探索具有本国特色的劳动教育模式，创新性发挥劳动育人的独特价值。

三、新时代高校劳动教育的育人导向

劳动是培养身心健康、发展全面的大学生的最佳途径。改革开放 40 多年来，高速发展的经济为国民带来了充裕的物质财富，智能化信息时代为大学生的生活提供了极大的便利，但这一切也潜移默化地改变着部分大学生的劳动意识和劳动观念，给劳动教育带来了新的挑战。

面对新时代、新形势、新情况，高校应当明确新时代高校劳动教育的育人导向是培养懂劳动、想劳动、爱劳动、会劳动的大学生，让他们具备担当民族复兴大任的能力、有建设国家和民族未来的实力、有为国家不懈奋斗的耐力。

（一）思想劳动：落实劳动教育课程安排，涵养大学生劳动自信

勤奋成就梦想，劳动铸就自信。中华民族自古以来就是善于劳动、勤于劳动的民族，历代中华儿女通过辛勤劳动拥有了今日的成就，通过劳动创造了民族辉煌，这与他们自身的劳动自信、劳动态度和劳动品质有着紧密联系。态度是个体对特定对象所持有的稳定的心理倾向。劳动态度是指大学生对劳动所持有的心理倾向，拥有良好的劳动态度是激发大学生劳动需求的内在动力。劳动的过程是学生不断增强主体意识的过程，也是培养主体态度的过程。在实践中，高校要不断鼓励学生用新角度思考问题，用新方法分析问题，用新技能解决问题，并在此过程中持续培养学生坚定的劳动自信、"想劳动"的积极态度和勤奋担当的劳动品质。

新时代大学生肩负着祖国的现在和未来。涵养大学生的劳动自信，帮助大学生理解劳动的本质、劳动的作用、劳动的价值，理解劳动观的核心内涵和价值意蕴是劳动教育的意义所在。劳动教育是一门科学，讲劳动必须先懂劳动。劳动教育并不是单纯让学生进行体力劳动或是社会生产活动，

而是在教育中有劳动，在劳动中有教育。高校应加强劳动教育师资培养，提高教师劳动教育的专业化水平，按学生比例配备专任教师，积极落实推进劳动教育目标。学校承担着劳动教育的主体责任，开足开齐劳动教育课程，打造生动化、多样性的劳动教育课程是形成针对性劳动教育课程体系的前提。

（二）爱劳动：弘扬新时代劳动精神，注重劳动实践教育

作为劳动的精神产物，新时代劳动精神蕴含着丰富的价值内涵，在理论方面继承和发展了劳动价值观，在实践方面诠释了社会主义核心价值观，在内容方面传承了中华民族传统的优秀劳动观念。离开劳动，不可能有真正的教育，培养大学生的劳动精神是实现大学生全面发展的基础。培养大学生的劳动精神，首先，要加强宣传引导，推广先进典型。充分利用宣传栏以及张贴海报等形式宣传推广先进事迹，重点挖掘抗疫救灾中涌现的典型人物及先进事迹，弘扬劳动最伟大的主旋律，使大学生的劳动观念在日常学习中受到感染和影响。其次，要通过评争优等方式增加大学生的劳动激情，例如通过评选劳动模范宿舍、劳动模范班级、劳动模范个人等方式认可大学生的劳动成果及劳动成绩，让其了解在劳动过程中创造的自我价值和社会价值，让大学生树立劳动最光荣的观念。

劳动精神是在劳动实践中培养出来的，落实劳动教育实践周也是培养大学生劳动精神的重要环节。例如组织大学生到当地的敬老院、福利院等机构做志愿者；到乡村支教；开展"美丽校园"活动，分区域并适当安排学生进行打扫清洁，维护校园整洁。由外向内推动学生积极参加社会实践活动，使大学生自觉树立劳动意识。

（三）会劳动：掌握扎实的劳动知识基础，练就过硬的劳动技能

在劳动教育的新要求中以"注重教育实效，实现知行合一"为落脚点，明确了新时代高校劳动教育的现实目标是培养"会劳动"的大学生。

首先，大学生必须掌握广泛的新知识。学校要培养学生的全球化理念、命运共同体思维、互联网思维，适应科技发展和产业变革，开设人工智能与数字化数据处理等课程，拓宽学生的知识面，提升大学生获取知识、辨别知识的能力，培养知识面广、专业强、技术精的知识型、技术型复合型人才。

其次，增强大学生创新创造的劳动意识。创新创造是引领发展的第一

动力，高校应该通过劳动实践激发学生的创新思维，引导大学生结合实践思考问题，直面问题与挑战，要学会在劳动、交流、思考中锻炼创新思维，涵养创新意识，运用新知识、新方法、新技术解决问题。

再次，学校要根据各二级学院的特点举办劳动技能大赛，如教师技能大赛、英语口语大赛、物理实验竞赛等，把学生从学习客体变为学习主体，在各类竞赛中累积经验、提升能力、开阔眼界。

最后，有条件的高校可以开设劳模工作室，聘请有知识、有经验、有实力的专业人士指导学生实践。发展校企合作，充分运用已有资源，大力拓展教育教学实践场所，逐步配齐实训基地，为学生提供可信、可靠、安全的实践平台，结合学科和专业开展实习实训，满足学生多样化的劳动实践需求，为大学生练就过硬本领打好基础。

第七章 新时代劳动教育价值与体系建构

第一节 新时代劳动教育的时代价值与德育价值

在当今愈发重视学生德智体美劳全面发展的时代，培养学生身心健康和健全人格已成为素质教育的重要内容。而新时代劳动教育在学生全面发展的培养过程中更有着特殊的重要性。因此，将劳动作为教育资源进行审视与利用，认清新时代劳动教育的基本特征，挖掘新时代劳动教育的时代价值及其对学生思想品德教育方面的重要作用，具有重要的现实意义。

一、新时代劳动教育的基本特征

新时代劳动教育是一种通过自我劳动教育、家庭劳动教育、学校劳动教育、社会劳动教育等方式，对学生进行劳动观方面的影响，并辅助开展劳动实践的活动，旨在通过培养学生的基本劳动技能和习惯，让学生树立正确的劳动观念和劳动态度，尊重劳动、珍惜劳动成果，自觉劳动和热爱劳动人民，使其能够具有创新的劳动意识，具备"吃苦耐劳、艰苦奋斗、勤俭节约、自立自强"的劳动精神和品质，最终促进受教育者的全面发展，为社会主义建设培养具有良好品行、综合素质过硬、全面发展的新型劳动者。新时代劳动教育在劳动教育原有内涵的基础上已经不拘泥于一些具体或简单的劳动形式，更加强调学生劳动的技术性，更加关注对创新意识的培育、对劳动价值的追求，倡导通过劳动教育让学生获得幸福。进入现代社会以来，经济全球化的步伐不断加快，科学技术迅猛发展，信息化软硬件快速迭代更新，社会信息的裂变以及网络时代下的创客激情和互联网思维也给新时代劳动教育带来了新的变化。其特征主要表现在以下几点。

（一）价值导向性

人的不断社会化过程实际上就是人格塑造的过程。在这一过程中，人的个性以及人格得以形成和完善，而价值导向在这一过程中起着决定性作用。如果拥有了正确的价值导向，人格塑造的过程就顺利，如果价值观念冲突，人格塑造的过程就充满了迷茫与彷徨，在无所适从中饱尝左右为难的内心矛盾和选择的痛苦。因此，明确的价值导向，对个体的社会化有着重要影响。以往的劳动教育更注重基本劳动观的培养与动手能力的锻炼，引导学生养成良好的劳动习惯，提高生活自理能力和社会生存能力。与之不同的是，新时代劳动教育除了要承担这些任务之外，更重要的是要实现对学生更高层面上的价值导向。

在开展新时代劳动教育过程中形成正确价值导向，不仅要让学生获取必要的劳动知识、习得劳动技能，更重要的是帮助学生塑造健全的人格和良好的思想道德品质，从而形成积极向上的劳动精神面貌、正确的劳动价值取向，以及获得与社会发展相匹配的劳动技能。尤其是当今国家间的竞争实质上是人才的竞争，学校教育培养什么样的人才关系到国家的未来。因此，新时代劳动教育不仅要培养学生的劳动素质和劳动情感，更要重视劳动价值观的引导，重点是引导广大学生为民族振兴、国家繁荣发展而进行辛勤劳动、创造性劳动，培养年轻一代"不怕吃苦、勇于担当、勇于创造"的劳动精神，以及通过劳动创造社会财富、实现民族复兴大业、推动人类发展的责任感。

首先，劳动教育对学生实现自我价值有着非常重要的作用。在新时代劳动教育中，劳动是主观世界与客观世界间沟通的媒介，人通过劳动实践，在改造自然界和社会关系的过程中，真正地验证自己是有意识的存在。在有意识地改造自然界和社会关系的过程中，体现人的主观能动性以及主动追求梦想的创造精神。劳动促进了学生主观精神的全面成长，有助于学生实现自我探索和价值的逐步养成。

其次，劳动教育对学生养成良好的生活态度有着非常重要的影响。读书求学阶段是人的世界观、价值观和人生观形成的重要阶段，通过劳动教育，可以使学生认识到劳动成果的来之不易，在对待财富时变得更为理性，对在具体的生活实践中出现的投机取巧、好逸恶劳等陋习乃至恶习会形成正确的判断，从而树立正确的劳动观，形成崇尚劳动、尊重劳动的良好社会氛围。

最后，劳动教育可以促进学生伦理思维与道德价值选择能力的提升。道德的基础是特定的利益关系，对待财富、劳动成果以及个人奉献的态度会直接影响社会道德状况的变化，也是社会道德共识的达成与实现的重要组成部分。劳动教育使学生明白，没有通过诚实劳动、勤奋努力而取得成就，应该受到道义谴责的道理。引导学生理解社会不能仅仅以最终财富占有量来衡量成功，也不能以最后的成就掩盖过程是否符合伦理性。通过劳动教育引导学生掌握扎实的专业知识和过硬的劳动素质，培养他们与时俱进的创新精神和强烈的社会责任感。

（二）实践体验性

实践体验是劳动教育的重要途径，是劳动教育目标实现的重要环节和过程。学生理想信念的确立、思想品德的形成、行为习惯的养成不仅离不开理论学习，更离不开实践感悟和自觉行动。新时代劳动教育与以往劳动教育最大的不同就在于，更强调参与体验性和动手实践性。劳动教育不再是单纯的生产劳动或手工制作，而是更加强调实践的融入性。新时代劳动教育根据不同学段学生的年龄特点、学校的实际情况采用多元形式，将劳动课程、社会实践、社区劳动、家务劳动、志愿服务等相关活动有效凝聚整合，有效发挥学校、家庭和社会的共同作用，让学生在日常生活和学习中形成正确的劳动观念，提升劳动素养，提高劳动能力。

劳动教育除了课堂理论教学的形式外，还可以通过教学实验、生产实习、社区服务、勤工助学、公益劳动、生产劳动等多样的社会实践活动形式展开。这些形式打破了之前劳动教育单一枯燥的瓶颈，更加注重学生在劳动中的体验感和收获感。新时代劳动教育具有操作实践性强的特点，教师在教授学生掌握一定的基本操作要领后，让学生充分发挥想象，开展创造性劳动，让学生在动手实践过程中培养创造精神和克服困难的坚强意志，在解决劳动问题过程中培养一丝不苟、精益求精的工匠精神，在与其他伙伴合作的过程中培养团队精神和集体荣誉感，在收拾整理劳动工具的过程中养成爱护工具、珍惜劳动果实的良好习惯。例如，利用教材，通过科学分工、做好协调组织学生参加一些群体劳动，使学生相互配合。在自己当家作主的实践活动中，形成集体观念，增强主人翁责任感，学习处理个人与他人的关系，同时也尝到劳动后获得成功的喜悦，体会到劳动成果来之不易。这种以实践为主的劳动教育对学生的动手实践、沟通合作、思考探究能力的培养有重要的作用，也能为他们将来踏入社会、服务社会打下坚实的基础。

（三）素质提升性

对学生进行劳动教育不仅是国家培养人才的需要，同时也是学生自身成长和全面发展的内在需求，符合学生身心发展的规律。不同年级的学生身心发展的特点有所不同，对知识的接收能力具有阶段差异性。部分学校劳动教育传授的大多是理论知识，学生接受实践锻炼的机会少之又少，导致他们思想上忽视体力劳动、内心里抵触体力劳动、能力上不胜任体力劳动，无法建立起脑力和体力劳动之间的关系。新时代劳动教育正是顺应了学生自我发展、弥补体力劳动的短板这一需求，为学生的全面发展提供了途径。新时代劳动教育针对不同年级学生提供不同的学习内容与实践方式，为促进学生的劳动能力、动手操作能力以及解决实际问题的能力提供了锻炼机会，提高了学生的实践能力、创新意识和劳动素质，满足了学生自身自我发展的需要，也符合教育发展的规律。

新时代劳动教育对学生个性的健康发展具有重要作用。通过劳动教育，学生逐步养成尊重劳动和爱惜劳动成果的道德品质，亲身体悟到"一粥一饭之不易，一丝一缕之艰辛"的现实意义和教育内涵。学生在具体的劳动实践过程中能够养成吃苦耐劳的品格，在团结协作中习得相应的劳动技能，在得到较为直接的情感体验的同时提升个人日常生活技能。作为人类自主性、有意识的实践活动，劳动不仅是收获物质财富的主要方法，更蕴涵着"美的规律"，劳动在为我们创造美好生活的同时，也为我们提供了感受美的机会。因此，学生在参与劳动的过程中，不仅能够获得物质成果带来的喜悦，而且能够通过实践获得审美上的愉悦体验。劳动教育的目的不单纯是劳动技能的习得和提升，更重要的是学生通过劳动教育实践，能够健康和谐全面地发展。

新时代劳动教育非常关注学生的全面发展，是素质教育的重要组成。劳动教育更加注重大脑使用和具体操作、个人实践和情感体验的紧密融合，与"德智体美"相辅相成。劳动知识、技能、态度、方法的获取与习惯的养成是以每个学生的个体经验和亲身实践为基础的，任何劳动者都不可能通过间接经验获得熟练的劳动操作技能和情感体验。因此，新时代劳动教育能够满足学生个体成长的内在需要，注重知识与技能、过程与方法、情感与价值、行为与习惯的统一，达到"以劳树德、以劳增智、以劳强体、以劳育美"的育人效果，从而为学生的全面发展提供更多的可能。

（四）精神幸福性

在过去很长一段时间里，我国的劳动教育有非常浓厚的政治色彩，与思想改造或者道德养成关联。劳动教育容易被狭隘地理解成体力劳动式的道德养成教育，或者成为教育惩罚的工具。而在追求大力发展经济的社会背景下，劳动教育承载着为社会经济发展培养现代化劳动者的重任，劳动教育渐渐地被窄化为劳动技术的教育，劳动技术的经济性价值越来越受到重视。

实际上，教育的全部意义在于塑造人，在于促进人精神世界的发展和生活品质的提升，而劳动是人类最基本的实践活动，对人的成长以及人的本质的确证都具有至关重要的作用。但是，当今社会的某些领域，仍然存在一部分人过于强调教育的功利主义维度，劳动教育逐渐成为若有若无的活动。从教育价值的角度来看，这种过于强调劳动教育为社会政治、经济服务的取向，最终将导致人们对劳动教育价值的忽视。从根本上来说，培养人的全面发展永远都是教育的价值追求，劳动教育既是一种教育内容，又是一种教育形式。因此，需要打破劳动教育"功利化"的局限，打造内容丰富、形式多样的课程和活动，使劳动教育蕴含的独特教育价值得以发挥。

劳动永远是人类生活的基础，是创造人类幸福的基础。经济的高质量发展需要高素质劳动者，新时代劳动教育强调"劳动创造价值"，教育学生通过劳动创造价值，通过自己的双手改变生活，改变世界，在劳动中发挥聪明才智，创造出不朽的价值，生活因此充实满足，这也是成为高素质劳动者的基础。劳动不仅能够创造物质财富，也能够使人获得精神愉悦。新时代劳动教育不仅体现了党的教育方针的核心思想，也强调在实施的过程中注重对学生进行社会主义核心价值观引领，融入爱国主义、集体主义、社会主义教育的内容。新时代劳动教育强调"幸福生活都是奋斗出来的，共同富裕要靠勤劳智慧来创造"，其价值引领力量防止思想腐化的出现，防止"懒、贪、占、变"等不良思想的滋生。劳动创造幸福，实干成就伟业。通过劳动教育，学生在收获辛勤付出取得的劳动成果的同时，不断创造生活的美感、获得精神的愉悦，发挥聪明才智，展现出劳动创造欲、征服感与成就感。只有每一个个体获得精神世界的幸福，才能形成"人人爱劳动、尊重劳动"的良好社会氛围，人人都能成为促进社会进步的动力源，共同以劳动托起中国梦。

（五）技术创新性

现代社会充满了先进技术、人工智能，新时代劳动教育也处在一个充满技术的"互联网＋"社会生态环境之中。随着科技在劳动过程中的作用日益明显，现代科技渗透于社会生产生活的方方面面，脑力劳动在劳动教育中占比日益加大，新时代劳动教育的内容和劳动形式已不是简单的体力劳动所能涵盖的，更兼具有技术性与创新性的特点。技术的突飞猛进，人们的生活方式和生产水平都受到了技术的深刻影响，公民个体不仅要做技术的消费者来使用技术或技术制品，还要成为技术的生产者来研发新技术、创造新产品。但是这一切都需要技术素养来作为支撑，都需要强化创造性劳动教育促进技术素养的形成和积累。

首先，技术以一定的形式存在于劳动形态之中，两者密不可分，智能时代的劳动就是一种以技术创新与运用为核心的实践。在现实社会中，劳动教育离不开技术，技术教育也离不开劳动。新时代劳动教育在实施的过程中要充分考虑技术的发展趋势，将技术的构成要素融入劳动教育的课程和活动中，同时根据学生的不同年龄阶段，提升教育内容的技术含量，在培养学生劳动技术素养目标上形成内在序列和梯度结构，以帮助学生建构符合社会发展需要的技术素养和劳动技能训练体系。

其次，新技术的发明创造需要创新精神。不同性质的劳动会有不同的表现形式，其形成的劳动成果也呈现出截然不同的形式。现代劳动既有生产劳动也有消费劳动，既有手工劳动也有机械劳动，既有脑力劳动也有体力劳动，既有认识性劳动也有生产性劳动，足见其呈现种类的纷繁多样。创新始于劳动，劳动的多样性、开放性和关联性决定了劳动教育具有一定的创造性，这种创造性也成为推动技术更新、发展、迭代的动力。个体在脑力劳动的支配下，积极进行思维再建构和塑造，调动个体积累的基础知识、已有技术基础创造性地开展劳动实践，是个体能力螺旋式提升和劳动创造的重要过程。

最后，劳动教育与技术教育相辅相成。如果只有技术教育，培养出来的学生只能算是一个技术操作者，而要将技术用于推动社会发展和造福人民，则需要与劳动教育中的职业理想教育相结合，引导学生在劳动实践体验中逐步感悟。

因此，以技术创新运用为核心的技术教育最终的目的是服务于社会发展。随着技术的突飞猛进，每个公民在社会中都承载着技术消费、生产、革新等多重任务，在技术产品的使用过程中可能受益也可能受害；在技术制造的过程中有可能造福社会，也可能祸害社会；在发明新技术的过程中有可能成为新的工艺流程、加工方法、管理形式变革者，也可能成为阻碍者。这与学生在技术教育中所树立的劳动价值观密切相关，而价值观的形成需要教育者在劳动教育中不断进行引导，需要在不同的劳动教育实践活动中不断修正、强化及至定型。

二、新时代劳动教育的时代价值

劳动教育在当前教育中依然不能缺位，它在贯彻党的教育方针、推动素质教育实施、培育践行社会主义核心价值观、传承中华传统美德、培养现代工匠精神、弥补青少年特征性缺陷等方面都发挥着重要作用。

（一）劳动教育是优化素质教育的必然要求

针对应试教育在实践过程中出现的一些问题，人们强烈呼吁需要对学生的素质进行全面的提升。国家对素质教育的重视程度与日俱增，素质教育正在全力、全面、纵深地持续推进，素质教育的探索方兴未艾，素质教育的经验层出不穷，素质教育的模式不断被建构出来。劳动教育的主要功能就是将生产与劳动结合起来，促进人的全面发展。因此，从教育的功能上来说，劳动绝非小事，劳动教育也不是素质教育中可有可无的部分。人们通过劳动实现与他人的交往，实现个体的社会化，而劳动教育在这个过程中发挥着重要的作用。当今社会，应试教育的惯性导致了劳动教育的地位缺失，学生埋头苦读，轻视劳动，参加社会劳动和家务劳动的时间和机会越来越少，部分地区劳动教育存在被弱化、软化、淡化的情况，社会上部分人和部分学校也存在对劳动教育的不重视。这在一定的程度上导致了劳动教育的缺位，劳动的教育功能得不到应有的发挥和实现，学生在社会实践能力、创新精神等方面的培养存在不足甚至缺失。

劳动教育是连通教育与生活、职业的重要环节，体现的是人文精神与技术理性的融合，具有语文、数学、外语等其他学科不具有的育教育是不够全面的，也是不利于学生发展的。通过劳动课，体力劳动与脑力劳动两者实现了一定程度上的平衡，在实施的过程中注重劳动意识、技术悟性以及创新精神的培养，为学生的未来人生路线选择奠定更加坚实的基础。

劳动教育是促进学生成长成才的重要途径。倡导劳动教育德育价值地位的回归，挖掘劳动的德育价值，正是当前教育工作者的当务之急。这既是贯彻劳动与教育相结合的教育方针的重要措施，又对德育工作的开展有着非常重要的作用。因此，引导学生参与劳动实践，接受劳动教育，把提升学生的社会实践能力和创新能力作为工作的重点，养成崇尚、尊重、热爱劳动的良好品质，是全面推进素质教育的根本要求和重要路径。

（二）劳动教育是弥补当代中小学生特征性缺陷的紧迫需要

从我国教育的现实情况来看，学生群体中独生子女仍然占据大部分，这样的人口学特征对教育带来的冲击是很明显的。部分独生子女在娇生惯养的环境下长大，他们缺乏独立生活的能力，这可能会导致四体不勤、五谷不分、眼高手低、好逸恶劳的生活习惯，同时，较为优渥的生活环境也带来了物欲和自我的双重膨胀，伴随而来的有时就会是对劳动、劳动者的轻视甚至是鄙视。

培养学生积极的劳动态度和良好的劳动习惯，提高劳动素养，促进其全面发展；培养勤俭节约的习惯、踏实肯干的态度、意志坚定的品质、团结协作的能力和爱劳动、爱创造、爱劳动人民的思想情感，营造浪费可耻、节约为荣的氛围；培养基本的生活和生产劳动技能、初步的职业意识和创新创业意识，以及动手实践、解决实际问题的能力；培养强健体魄和健全人格；培养"劳动最光荣、劳动最崇高、劳动最伟大、劳动最美丽"的劳动审美观。

劳动教育还具有强脑益智功能。劳动需要手脑并用，因此有助于大脑功能的发展和增强，劳动能使人的大脑变得更灵活好用，更能发挥创造性。研究表明，手及其活动在人的大脑皮层定位面积大，作用强。强有力的动手劳动，使大脑皮层得到最大限度的运动、贯通和开发，从而使大脑得到强化发展。因此，既要让学生读书、学习、思考，也要让其参加劳动锻炼。这既能克服教育脱离生活实践的弊端，又能增强学生的生活自理能力，使学生在劳动体验中学会面对困难并战胜挫折，培养耐挫折能力和适应能力。

（三）劳动教育是托起中国梦的一种必然选择

伟大的目标源于伟大的梦想，伟大的事业成于不懈的奋斗。新中国成立后，中国共产党团结带领全国人民，自力更生、发愤图强，成就了社会主义革命和建设、改革开放和社会主义现代化建设、新时代坚持和发展中国特色社会主义的伟业。

全面建成小康社会，进而在新中国成立一百年时建成富强民主文明和谐的社会主义现代化国家，根本上靠劳动、靠劳动者创造。这为中国梦实现途径指明了方向，更是充分肯定了中国梦实现过程中劳动与劳动者的根本地位。

回望过往历程，眺望前方征途，我们必须始终赓续红色血脉，用党的奋斗历程和伟大成就鼓舞斗志、指引方向，用党的光荣传统和优良作风坚定信念、凝聚力量，用党的历史经验和实践创造启迪智慧、砥砺品格，继往开来，开拓前进。我们所处的时代是催人奋进的伟大时代，我们正在进行的事业是前无古人的伟大事业。

回望历史，眺望前途，我们在党的奋斗历程和伟大成就中鼓舞斗志，在新时代开启新征程，无论是简单劳动者还是复杂劳动者，无论是体力劳动者还是脑力劳动者，都是实现中国梦的过程中不可或缺的重要力量。弘扬劳动精神、工匠精神，是弘扬光荣革命传统、赓续红色血脉的应有之义，是始终坚持人民群众的主体地位，始终将实现好维护好发展好最广大人民的根本利益作为党和国家一切工作的出发点和落脚点的精神动力。

中国梦就是实现中华民族伟大复兴的梦想。这个梦想凝聚和寄托了几代中国人的夙愿，是每一个中华儿女共同的期盼。而实现这个梦想需要每一个人的辛勤劳动。当前国际和国内发生的巨大变化，迫使我们不得不重新思考现代社会的劳动教育问题，特别是青少年的全面发展问题，因为这将关系到中华民族伟大复兴中国梦实现。时代的责任驱使我们新一代的劳动者，都必须拿起勤奋的铁锤，用执着的劳动态度，撑起中国梦想的晴天，这一梦想的实现离不开劳动教育。劳动教育承载着培养创新型国家建设所需要的人才的基础任务，是国家培养德智体美劳全面发展的人才、提升国家人才优势、增强国家综合国力，实现中国梦的有效手段。

（四）劳动教育是培育社会主义核心价值观的有效载体

爱岗敬业、争创一流，艰苦奋斗、勇于创新，淡泊名利、甘于奉献的劳模精神，是伟大时代精神的生动体现，是中国共产党人精神谱系第一批伟大精神的重要组成部分。劳模精神所蕴含的劳动精神、工匠精神生动诠释了社会主义核心价值观，是我们的宝贵精神财富和强大精神力量。关于劳模精神、劳动教育的重要思想和论述，为社会主义核心价值观注入了一抹"劳动"的颜色，这也有利于社会主义核心价值观更好地走进劳动群众，引导人民群众形成良好的"社会公德、职业道德、家庭美德、个人品德"，促进社会主义核心价值观在生产生活的实践过程中落地生根、开花结果。

实际上，劳动教育与社会主义核心价值观也具有内在一致性，劳动教育有利于在精神动力上丰富社会主义核心价值观。自古以来，中华民族就有着热爱劳动的光荣传统，一代又一代的中华儿女视劳动为本、勤俭持家为美德。党中央高度重视培育和践行社会主义核心价值观，广大青年要自觉践行社会主义核心价值观，不断养成高尚品格。要以国家富强、人民幸福为己任，胸怀理想、志存高远，投身中国特色社会主义伟大实践，并为之终生奋斗。在这样的背景下，劳动教育是全面贯彻党的教育方针的根本要求，是实施素质教育的重要内容，也是培育和践行社会主义核心价值观的有效载体，是提高学生综合素质的基本途径。

开展劳动教育重在培养学生辛勤劳动的习惯，把热爱劳动的思想观念转变为吃苦耐劳、艰苦奋斗的劳动精神，引导学生懂得依靠勤劳和汗水开辟人生和事业前程，这既体现了党的教育方针，也蕴含着社会主义核心价值观的思想内容。其中提倡社会主义按劳分配的原则、"勤劳致富，多劳多得"的思想观念，反对贪图安逸、惧怕困难、怨天尤人的思想。我们要弘扬社会主义先进文化、坚持艰苦奋斗，让学生在劳动实践的过程中认识到劳动成果来之不易的道理，逐步养成勤俭节约的良好习惯，引导学生进行合理的消费，培养学生的艰苦奋斗精神，形成正确的劳动观念，培养学生热爱劳动、热爱劳动人民、热爱生活，尊重劳动，尊重他人的观念，从而促使学生践行社会主义核心价值观。

（五）劳动教育是传承中华优秀传统美德的重要抓手

中华民族从来就是勤劳勇敢的民族，勤劳是中华民族的传统美德，中华民族之所以能创造出许多灿烂的民族文化及民族历史，都要归功于劳动。四大发明都是我们的前人在劳动中创造的。一切生存、发展、创造都是从劳动开始的，一切丑恶、堕落、犯罪都是从不劳动开始的。劳动创造着一切，热爱劳动是中华民族的传统美德。今天，我们要建设中国特色社会主义是实现中华民族伟大复兴的必由之路，离不开亿万劳动者的辛勤劳动和付出。通过劳动教育，广大学生可以继承和发扬我国劳动人民勤劳勇敢的光荣传统，在未来为社会建设作出更大的贡献，成为推动中华民族前进的不竭动力。

劳动锻炼，不仅可以使学生强身健体，还可以让学生在实践中学会如何运用知识解决实际问题，养成勤俭节约、艰苦朴素的好习惯，增强团队成员的团结、关爱、互助、合作，建立融洽的家庭和社会关系。通过引导学生积极参加劳动，在培养学生热爱劳动的意识的同时，学生还可以获得劳动知识与技能，深刻体味劳动的艰辛，学会尊重劳动人民和珍惜劳动果实。比如要理解诗歌中的粒粒皆辛苦，学生不仅要在课堂上学习，更重要的是要在实际劳动中感悟、体会。让学生在劳动活动中收获创造的快乐，认识到勤劳的双手能创造幸福生活，勤劳是人类最宝贵的财富。用自己的双手创造属于自己的幸福生活，这是人类"学会生存"的基础，对于传承中华民族优秀传统美德具有重要意义。热爱劳动，既是中华民族的传统美德，也是今天社会主义精神文明的重要内容。我们一定要叫响"劳动光荣"的口号，引导学生继承和发扬热爱劳动的传统美德，积极投身各种劳动实践，防止和克服享乐主义、个人主义和贪污腐化等不良思想行为。在劳动过程中注重引导学生懂得感恩，引导学生践行和传承勤俭节约的优良传统美德。

（六）劳动教育是培养工匠精神的重要支撑

制造业是我国经济的基础，要实现大国制造的目标，就需要有一大批技术熟练的现代产业工人。而目前我国制造业发展相对滞后的一个重要原因，就是缺乏技术精湛、精益求精的大国工匠。而比缺乏工匠更严重的是工匠精神的缺失。"工匠精神"的孕育是人类社会进化发展的必然结果；"工匠精神"的传承是历史文明的长期积累。正确认识"工匠精神"，有利于举全国之力、聚全国之智重塑"工匠精神"，促成"工匠精神"的早日回归，让"工匠精神"成为全社会的主体意识和主流价值，成为加快转型升级的助推器和提质增效的加速器。

"工匠精神"是态度与技术的复合。有学者曾对"工匠精神"总结出 20 个"特质"，其中包括"有情怀、有信念、有态度""做到专业与专心""一辈子只干一件事""对自己从事的行业充满敬畏感""对自己的手艺有超乎寻常甚至近乎神经质般的艺术追求""精雕细琢，精益求精"等。学校要培养学生的工匠精神，不仅要依靠开设相关的劳动课程，还需要开展各种劳动实践活动来实现。目前学生群体中普遍缺乏工匠精神，部分学生甚至比较浮躁和懒散，在学习中也表现出缺乏恒心与定力，缺乏对专业的热爱，对职业缺乏敬畏之心，对社会漠不关心，这些都与学生不愿意参加劳动、缺乏动手能力、欠缺劳动习惯、缺乏精益求精的精神有一定关系。目前部分学生只专注学习，不愿参加劳动，在家中甚至不用动手劳动，也没有学会动手劳动。这样的劳动素养和能力，不仅对自己将来的成长发展不利，也很难实现向应用型人才转变，更难以培育整个民族的"工匠精神"。

面对调结构、转方式、促创新的要求，当前培养工匠精神的任务艰巨。培育"工匠精神"，实现"创新驱动"的国家发展战略，就要从小养成学生的劳动习惯，提高学生动手动脑的创新实践能力，在劳动中培养学生精益求精、认真严谨、专业敬业的工匠精神，通过劳动教育在全社会弘扬劳动光荣、技能宝贵、创造伟大的时代风尚，提升学生的职业素养，不断强化"一技之长"，提升学生的职业能力。唯有在全社会形成崇尚科学、热爱劳动的价值观念，"工匠精神"才能得到继承与发扬。

三、新时代劳动教育蕴含的德育价值

劳动，不仅可以创造有形的物质产品，还可以产生无形的精神产品。但这无形的精神往往被忽略，对其进行的开发利用就更少。劳动如果缺乏价值的引导和精神的引领，往往会被认为是枯燥乏味、费力不讨好的苦差事。其实，劳动承载着个人的生活方式、思维方式，既是防止社会肌体腐败的防腐剂，也是人的经验积累、成长成熟、走向成功的起点。劳动教育蕴含丰富的德育价值，不仅反映在学生技能的提高上，还反映在他们意志的锻造、能力的发展和品德的养成上。

（一）通过劳动教育，促进学生学会合作与分享

多数的劳动都无法由单一个体独立完成，而是需要多人共同协作、共同完成，最后共同产出劳动成果。因此，劳动教育，能够帮助学生学会团结协作、合作完成任务，将自我融于集体中，培养学生的合群性，帮助学生完成社会化的过程，学会与他人和谐相处。劳动教育注重在实施的过程中培养学生的团队精神和合作能力，引导学生树立集体意识和团队荣誉感，增强学生对集体、社会、国家的责任感。

劳动教育为学生提供了成员之间合作的机会，增加了教育过程中学生之间合作互助的频度和强度。在劳动实践的过程中，学生通过共同完成任务相互认识和沟通，相互切磋和讨论，学会善于听取别人的意见，取长补短，培养技能，学会与人相处，彼此尊重，学会合作，还可以交流彼此的感情，增进大家的友情，共同分享成功的快乐；另一方面，学生参与劳动实践，不仅可以获得劳动的知识、技能，还可以在过程中发现、认识、锻炼自己的能力，认识到劳动的辛苦并得到收获，理解劳动成果来之不易，使学生学会爱惜劳动工具，树立珍惜劳动成果、勤俭节约的思想观念，培养尊重劳动成果、尊重劳动和劳动人民的意识。

（二）通过劳动教育，促进学生学会持之以恒

劳动实践是劳动技能养成之源，同时推动劳动技能向前发展。人类通

过实践来正确认识和改造客观世界。而劳动就是人类最基本的一种实践活动，人类通过劳动不仅改造了客观世界，也通过劳动去检验真理、验证理论、探索真知。但劳动往往需要经历一个艰辛的过程，青少年学生正处于青春期，活泼好动，对世界充满着求知欲，但也会出现做事情仅凭兴趣，遇到困难就容易失去耐心与坚持的情况，造成半途而废的结果。劳动的过程是锤炼个体意志的过程。每个人都需要学会欣赏劳动的美，感悟劳动中的文化，深刻体味劳动对人格完善和历练的重要作用。

劳动教育课程属于实践类，教师通过引导学生去完成项目或制作作品，在过程中学会找到办法解决问题，学生通过亲身参与调查、设计制作方案、选择合适的材料、准备和使用工具、制作修改等一系列的过程，掌握基本的劳动知识与技能，提高发现和解决实际问题的能力。在制作过程中，学生之间需要相互帮助和启发，在这个过程中他们学会了人际交往与沟通合作，也为他们自己提供了互相帮助的机会，既提高了自信，又提升了协作能力。最关键的是在具体的劳动实践实施过程中，对于存在的困难，其间的问题，通过与队友商量解决对策，团队成员相互加油鼓劲，个体可以提高应对挫折的能力。因此，在有目的、有计划地开展劳动教育教学的过程中，自然而然地就进行了德育的渗透，潜移默化地起到了对学生进行思想品德教育、完成对个体意志力的磨砺的作用。通过培养学生劳动光荣的思想观念，学生认识到了劳动的平等性，劳动的差异只是分工不同而没有高低贵贱之分，从而逐步树立正确的劳动思想观念，养成艰苦奋斗、吃苦耐劳的精神，并做到坚持不懈，持之以恒，勇于挑战并克服困难的健全人格。

（三）通过劳动教育，促进学生学会担当责任

责任感的培养是学生成长成才的关键内容，它是学生对自己、身边的他人、所在的集体、社会、国家的担当和使命，也是学生智慧创获、创造社会价值、实现自我价值的保证和整个社会得以推动发展的基石。社会责任感的培养和教育需要一个长期的过程，让每位学生都能参与劳动过程，通过劳动活动培养和提高自身的能力，从个人抓起、从小事抓起，持之以恒，在劳动教育中增强学生的责任感，使学生了解并主动承担自身责任，增强自身的使命感，意识到自己承担的职责的神圣性，自己完成自己应做的事是光荣而自豪的，培养学生对自己、他人、社会、国家的担当意识。

责任感是人自觉行动的动力，有了责任感就自然会有动力不断地开拓进取。学生责任感的培养可以从参与劳动做起，比如学生参与班级管理工

作，做好校园环境卫生打扫，开展集体公益劳动等；通过劳动任务和项目的分配，每个学生在劳动中承担一定的责任，并在这个过程中适当地对其进行表扬，这样学生既能克服惰性，又能激发积极性和责任感。

（四）通过劳动教育，促进学生学会创新实践

创新性是指学生打破既有的思想和行动的定势，在认识和改造主客观世界的过程中扬弃旧质，追求创造新质的特性。可见，创新精神的培养离不开实践过程，而劳动这样的实践活动就是不断地改造旧质、创造新质的探索过程。劳动是人的第一实践活动，劳动教育通过学校为学生创设良好的教学环境，鼓励学生在劳动中结合实际开展创新。这一过程是学生获得真知、掌握技能技巧、发挥创造力的有效途径。通过劳动，学生也可以发现和认识客观世界，因此劳动是学生探索世界的重要方式；通过劳动，学生可以对真理进行检验，也可以实践书本上的理论，从而获得真知，掌握必备的劳动技能。劳动教育有利于培养学生的实践创新能力，在完成劳动任务的过程中不仅可以让学生在劳动情境中获得丰富的情感体验，实现对劳动的情感认同，还可以激发学习的兴趣，启发思考，培养探索未知世界的创新意识，提升创新思维能力。

在劳动教育的过程中，教师要注重学生的参与，充分尊重和发挥学生的主体作用，让学生通过思考、讨论、质疑、总结、反思，激发思想的火花，碰撞出有创意的想法，鼓励创新性的言行萌芽。教师要鼓励学生"做中学"，在动手实践中让学生理论联系实际，通过观察和分析发现问题、解决问题，树立起科学的合作观、进取的竞争观、创新的思维观，不断地发展学生的创新能力；鼓励学生充分发挥想象力，大胆实践，在劳动过程中展现自己，同时通过创造性劳动发展自我，发挥学生的自主性、选择性、创造性，通过创造性劳动，发展学生的创造思维，培养学生的创造意识，养成创新精神。

（五）通过劳动教育，促进学生身心全面发展

劳动教育能够培养身心两健、人格独立自由的人，不仅能培养出造就未来的好公民，而且也为公民未来的幸福生活奠定基础。

真正的劳动教育必须是旨在实现个体自由而全面发展的教育，是顺应变化发展的实践和时代特征而不断进行内容和形式上的调整更新的教育范式，是现代劳动和现代教育在尊重客观规律基础上的实质意义层面的交融和耦合。只有在劳动实践活动中，学生个体的身心才能得到充分的锻炼，为未来的全面发展奠定基础。劳动实践不仅可以培养学生参加劳动的兴趣，提高他们的劳动素养和劳动技能，而且在劳动的过程中还可以提高学生的思想道德水平、科学文化素质和身心健康素质，使他们养成良好的行为习惯和积极乐观的态度，同时通过劳动展示自身的天赋才能，实现个性发展。劳动教育在陶冶学生情操方面也有着重要的作用，劳动课程面向社会大课堂，可以让学生走出校园，既能接触大自然，感受大自然的美丽，又能深入社会生活的方方面面，用智慧的心灵、灵巧的双手、聪明的头脑去创造美好生活。劳动教育还能发挥综合育人的功能，"以劳树德，以劳增智，以劳强体，以劳育美，以劳创新"，为学生终身发展服务。

第二节　新时代劳动教育的体系建构

劳动教育具有多元价值和多维功能，在育人中将产生辐射性、全方位的作用。随着时代的发展，劳动教育所面临的社会经济环境、教育的对象特征都已经发生了很大的变化，我们需要转变思维，摆脱现有劳动教育的桎梏、冲破瓶颈，凸显劳动教育的主体性、实践性、创新性、拓展性、时空性，通过合力构建劳动教育的保障机制、同步推进劳动教育的关键环节、科学制定各学段劳动教育内容、加快推进劳动教育的资源开发、完善创新劳动教育的展现模式来优化劳动教育体系，最大程度地发挥劳动教育的育人价值。

一、合力构建劳动教育的保障机制

在劳动教育这样一个系统工程中，主体、客体和载体等要素会随着外部环境的变化而不断发生改变。构建全员、全过程、全方位的保障机制，保证劳动教育实施所需的人、财、物等到位，是发展劳动教育的前提和基础。

（一）建立统筹协调机制

整体与部分是密不可分的。但整体又高于部分，对部分具有统率性的作用。整体在一定程度上决定着事物发展的质。因此建立起统一的协调机制，加大对劳动教育资源的整合力度，健全劳动教育的组织管理机制，形成教育行政部门的内部与媒体等教育教学活动的外部力量的合力，对构建劳动教育发展的良好政策生态环境，推动劳动教育的发展有着重要的作用。

我国教育部门尚没有专门负责劳动教育管理的职能部门，这使得劳动教育缺乏主体推进，往往颁布一些实施文件后在现实中较难落实落细、得到一以贯之的执行。因此，要实现劳动教育目标，需要教育管理部门理顺当前管理体制，给劳动教育一席之地，建立长效机制为劳动教育有序开展保驾护航。

首先，着力加强劳动教育的组织领导机制。各级教育部门和学校要根据相关的文件精神加强对劳动教育的组织领导，在工作中明确劳动教育责任主体和负责部门，加强各级教育部门与学校的统筹规划，确保在劳动教育的实施过程中师资、时间、场地、经费、设备等落实到位。各级教育部门和学校要不断提高对劳动教育的重视程度，将它作为学校教育的重要内容，建立健全领导体制和工作落实机制，鼓励教师创新教育途径和方法，保障工作经费落实到位，确保责任落实到人。

其次，着力统筹校内校外资源。各级教育部门和学校要充分发挥各方力量，形成协同联动机制，形成共同推动劳动教育的合力。各级教育部门要推动建立科学化、规范化和长效化的劳动教育制度体系，为学校劳动教育有序高效地开展提供保障。一方面加强校内资源统筹，充分发挥班主任、任课教师、共青团、少先队、学生会共同推出劳动教育实施的合力；另一方面加强校外资源协调，各级学校要积极借助家庭、社会的力量，整合更多的校外资源共同关心、支持、推动劳动教育的发展。在横向联系方面，可以不断完善现有的青少年校外教育活动联席会议制度，建立健全教育部门各相关处室劳动教育工作的互动机制，进一步推动"学校—家庭—社会"三位一体育人机制建设的深化发展，强化劳动教育的横向协同配合。在纵向联系方面，可以通过劳动教育现场工作会、分管局长研讨会、学校劳动教育工作调研会、劳动教育推进研讨会等方式，进一步推动各级教育部门与学校的联动，推动各级学校间的经验分享与交流。

最后，建立科研引领机制。劳动教育的可持续发展需要开展大量前瞻性、科学性的研究来为它提供理论指导。各级教育部门要充分发挥科研引领功能，激励更多一线教师和劳动教育专家来研究探索劳动教育的有效方法和实践途径，为解决当前劳动教育面临的新问题和新挑战提供新思路和新建议，为相关政策的出台提供咨询和参考。同时，还应积极发挥各市、区教研室的整合作用，开展劳动教育相关课程的研讨，推动劳动教育实验区、示范校等创建工作的开展。

（二）加强师资队伍建设

在教育过程中，教育者用自己的知识、阅历、情感影响着受教育者。因此建设高素质的师资队伍也是劳动教育体系构建过程中的重要一环。

首先，抓好师资培训。各级教育部门要高度重视劳动教育师资队伍的培养，将劳动教育教师的相关培训统一纳入教育系统教师培训计划，对劳动教育相关的管理人员、课程教师、实践基地指导教师进行有目标、有计划、有步骤的培训，全面提升劳动教育教师的综合素质，为学校培养一批专业素质强的师资队伍，以教师的言传身教来影响学生，增强劳动教育的实际效果。

其次，激励教师成长。各级教育部门要采取相关的激励措施来保持劳动教育教师队伍的相对稳定与持续发展，尤其是在教师的工资待遇、绩效考核、职称评定、评优选先、提拔任用等方面出台相关的激励举措，进一步激发劳动教育教师的积极性。

最后，扩大教师队伍。各级教育部门和各学校要积极探索培养一批专兼职结合的劳动教育教师队伍，除了劳动教育课程的教师之外，还可根据各地和各学校的实际情况配备教研员，通过定期开展劳动教育课程的教研活动、教师技能大赛等，促进劳动教育教师的专业化发展，提高劳动教育课程质量。还可以聘请校外能工巧匠、非物质文化传承人、企业专业技术人员、劳动模范等担任兼职教师。

（三）提供物质保障

物质保障是劳动教育教学和实践活动开展的必要条件，对教育质量的高低产生很大影响。同时，劳动教育的场地等物质条件也形成了劳动教育的外在环境，承载着环境育人、营造氛围的作用。

首先，教育主管部门要加大劳动教育专项经费投入。劳动教育的开展离不开劳动教育经费的投入力度、教育经费的合理使用。劳动教育只有在物质上得到切实保障，其德育魅力才会得以展现。

其次，规范管理，完善设施。做好学校劳动教育所需的各类设备的供应，为劳动教育提供专用的教室及实践的场地，配备专门的教学设备，为学生提供必要安全的防护措施，这些都是劳动教育课程得以顺利落实的保障。

最后，充分利用校内外环境、场所资源。一方面可以通过建设学校劳动场馆、劳技教室、种植园地和校外劳动实践基地，为学生参加劳动课程和实践活动提供空间和场所。例如，目前上海市教育部门在各个区县都建立劳动技术教育中心，整合区域资源为劳动教育提供平台。另一方面可以通过美化校园环境，营造劳动教育氛围。营造适合劳动、处处皆可劳动的校园环境对学生的成长将起到潜移默化的作用，学生不仅可以受到精神上的陶冶，还可以培养校园主人翁的意识，共同为建设校园作贡献。

（四）完善督导评价机制

劳动教育的评价具有监督和导向的作用，设置评价标准、构建评价机制，可以引导学校和教师科学实施劳动教育，指导教育过程向正确的方向发展。长期以来，缺乏一个有效、科学的评价机制，使得学校教育缺乏一个强有力的指挥棒来引导劳动教育问题。因此，我们要做好劳动教育工作，就要建立、健全劳动教育的评价机制和评价体系，引导劳动教育的真正落实和实施。

首先，将劳动教育实施情况纳入学校督学挂牌督导内容体系。各级教育督导部门要将劳动教育纳入督导范围，结合课堂进行的劳动素质教育实行规范化的课程管理，指导学习劳动教育科学规范地开展。督导的重点是学校是否做到劳动课教学有教师、有教材、有备课、有评价，课时是否能够得到保证，是否有相应的劳动教育设施、实践场所或基地等。

其次，大力加强学校劳动教育教学质量的评估。各级教育部门要制定学生劳动教育的评价制度，采用合理的评价指标，重点对学生参加劳动的次数、劳动态度、实际操作、劳动成果等方面评估考察。各个学校可以将每个学生参加劳动的具体情况和事实材料记录到综合素质档案中，各地教育部门也可以试点将劳动教育纳入升学、评优等考评体系。学校还可以推进新的激励机制，设置个性化的实践机制，根据各个学校的实际情况，制定针对性更强的考评细则。如劳动课要上够课时，与其他科目一同参加考核；学校期中和期末可设立"爱劳动的好孩子""劳动小能手"奖，对劳动中表现积极的学生给予奖励；同时注重过程评价和发展性评价，以达到适时、有效地促进学生成长的效果。

二、 同步推进劳动教育的关键环节

学校劳动教育的课程、校内劳动、校外劳动、家务劳动等都是推动劳动教育实施的关键环节。因此，需要同步推进劳动综合实践、通用技术课程教育、劳动教育专门技能课程，加大对学生动手操作能力、职业技能的培养，将劳动教育寓于其他学科、少先队共青团活动中，形成校内劳动、校外劳动、家务劳动的"三位一体"的劳动教育实施体系。

（一）落实劳动教育课程

课程是落实劳动教育的主要渠道。通过开足开好劳动教育的课程，在课堂中进行劳动知识、劳动技能的传授，培养劳动意识和劳动精神。学校不仅要抓好劳动教育相关课程的建设和落实，还要将劳动教育的内容有机融入其他学科的课程教学之中。

首先，学校要加强劳动课的课程管理。我国对劳动教育的课程在相关的文件中都有非常明确的规定。职业院校以实习实训课为主要载体开展劳动教育，其中劳动精神、劳模精神、工匠精神专题教育不少于16学时。普通高等学校要明确劳动教育主要依托课程，其中本科阶段不少于32学时。除劳动教育必修课程外，其他课程结合学科、专业特点，有机融入劳动教育内容。每学年设立劳动周，可在学年内或寒暑假自主安排，以集体劳动为主。高等学校也可安排劳动月，集中落实各学年劳动周要求。因此，各级学校要开展实实在在的劳动课教育，在保证劳动与技术课程、通用技术课等劳动课程课时量的基础上，兼顾质的提高。

其次，要积极开发校本课程。各地区、各学校在开发劳动教育课程的同时，应鼓励教师结合本地区、学校自身的实际情况和学生实际，调动各方力量充分开发具有特色的校本课程，充分利用当地的劳动教育资源，比如邀请劳动模范、工匠、非遗传承人进校园，开设家政、烹饪、手工、园艺、非物质文化遗产、公益劳动、现代劳动技术科普活动等相关课程。

最后，改进课堂教学方法。要让学生爱上劳动课，就需要改变原来"重理论灌输轻实践体验"的模式，需要教师优化课堂教学结构，创新教学方法。比如乡村学校可以扎根乡土文化，开发乡土特色课程，按照二十四节气安排课时，让孩子在土地上经历一轮完整的劳作，产生对劳动的真实体验与感知。城市学校可以采取"一纲多本"的模式，内容上注重各学段的纵向衔接，逐步递进，使教学的内容与学生的能力相匹配。

（二）规范校内劳动建设

学生身处于校园中，学校已经成为学生劳动教育的重要场域，在学校日常活动中充分结合劳动实践，将其有机融入校园文化环境建设之中也是劳动教育的重要方面。通过校园劳动活动，学生们在劳动实践中得以充分展现观察事物、动手实践、创新创造的能力，通过自主探索或者合作完成的方式，学生可以完成劳动任务和活动，在这个过程中亲近自然，开拓创新，感受劳动的喜悦，收获幸福和自信。

首先，将劳动教育与学校日常运行相结合。校园里也有很多的劳动教育资源可供开发和利用，比如学校可以开展校园公益劳动、美化校园环境、校园风貌整治、养护绿植等力所能及的劳动。

其次，将劳动教育与兴趣小组、社团或俱乐部活动相结合。校园文化活动、兴趣小组活动、班园建设活动都是学生参与度比较高的校内活动，可以结合这些活动适时开展班务整理比赛、手工制作、电器维修、班级环境装饰等劳动实践活动。也可以开展职业体验、工匠进校园等活动，引导广大学生在活动中了解不同职业的特点，体会劳动乐趣，感悟"工匠精神"，培养劳动创新精神和动手实践能力。

最后，将劳动教育有机融入主题教育之中。学校可以结合班会、少先队或共青团活动、劳模报告会、劳模作品展等方式，通过讲劳模故事、教唱劳动主题歌曲等形式广泛组织以劳动教育为主题的宣传教育活动。

（三）拓展校外劳动形式

丰富多彩的社会实践活动是学生走出校门、了解群众、深入社会、探知世界的最佳方式。劳动教育可以鼓励学生参加社会实践活动，在实践中运用所学的知识服务社会、奉献社会，不断丰富社会经验和提升社会适应能力，另一方面又可以培养他们热爱劳动的情感，学会关心他人、扶贫助困，在劳动协作中培养团队精神和无私奉献的精神，养成勤俭节约、艰苦朴素的好习惯。

首先，结合实际情况组织学生开展公益劳动与志愿服务。各级学校要将校外劳动纳入劳动教育整体工作计划，每个学段根据学生的不同特点安排一定时间参加生产劳动、农业体验、服务业实习等校外劳动实践活动。比如农村学校里，在有安全保障的前提下，教师可以利用农村特有的劳动教育资源，把劳动课堂搬到田间地头，通过动手劳动使学生感受劳动的艰辛和劳动成果的来之不易。在家校互动方面，教师可以在农忙时节给学生布置一些劳动教育的任务，指导学生帮助家长进行一些力所能及的农业生产劳动；城市学校可以充分利用校园周边或者共建的劳动实践基地、社会实践基地和其他工厂资源，结合研学旅行、团队集体活动和寒暑假实践活动等，组织学生参加学工、学农、社区劳动、志愿服务等。

其次，学校鼓励学生积极参加其他劳动实践体验。学校可以合理组织学生深入城市社区、工厂企业、乡村田野开展社会调查、生产劳动、社区事务服务、志愿服务、公益活动、科技发明和勤工助学等活动及其他多种形式的文明共建活动。这种结合社会实践的劳动不仅有助于学生在活动中磨炼意志品质，而且能促进学生理论联系实际、适应社会能力的提升。

（四）提升家务劳动质量

家庭是构成社会的细胞。父母是孩子的第一任老师，家庭教育对孩子的成长起着至关重要的作用。学生正确的劳动观念和良好的劳动习惯的培养不能仅依靠学校教育，必须构建起学校教育、家庭教育和社会教育"三位一体"的教育网络，形成强大的育人合力，才能真正促进劳动教育的落地落实。因此，构建学校和家庭相结合的劳动习惯养成教育，将劳动教育有机融入家庭教育指导之中是极为必要的。

首先，加强家校互动，侧重培养孩子热爱家务劳动观念，在课程内容中设置包括家政在内的劳动教育课程。学校可以每周给学生安排一定量的家庭劳动作业，布置可以是家务的（包括农作的），可以是整理个人用品、简单家务等方面的劳动，类似帮助父母洗碗、洗衣、打扫整理房间、浇花等学生力所能及的劳动。注重把劳动技术的学习与日常生活相结合，从学生的实际生活和未来发展出发，在劳动课程的教学中多融合运用新的知识技能。

其次，注意家务劳动教育的针对性。在家务劳动中，家长还要有意识地引导学生体会劳动的快乐，在为家人服务的过程中去关心爱护家人。这种家长和孩子一起劳动，共同体验劳动的乐趣的形式，不仅让学生获得了劳动知识和劳动技能，巩固了劳动课所学的内容，更培养了他们与父母等家庭成员之间的劳动合作技巧，密切了家庭关系。

此外，家长要有意识地开发和利用身边的劳动资源。家长要转变"重学习轻劳动"的观念，主动为学生创造家务劳动的条件，有意识地安排学生参加一些力所能及的劳动，比如在家中做一些家务劳动，或到社区参加志愿服务，或者到工厂、农场参加一些简单的生产劳动。这种家务活动不仅让孩子们获得了劳动知识和劳动技能，巩固了劳动课所学的内容，更培养了他们与父母等家庭成员之间的劳动合作技巧，密切了家庭关系。

三、加快推进劳动教育的资源开发

劳动教育资源是劳动教育顺利开展的重要保障。工厂、农场、商店、田园都可以变成劳动教育实施的场所，都有可挖掘的劳动教育资源。目前，劳动教育之所以会出现资源缺乏的情况，其主要问题在于对周边的资源开发利用不够。因此要加强劳动场地建设，拓展实践基地资源，整合社会、学校、家庭的劳动教育资源，构建家校劳动教育平台，明确双方责任，营造良好的德育氛围，形成学校、社会、家庭劳动教育的德育合力是以劳育德的重要保障。

（一）建好劳动教育实践基地，实现优质教育资源共享

劳动教育实践基地的建设是有序开展劳动教育的必要条件。劳动教育实践基地有利于推动劳动教育课程模式的转变，为学生提供探究性学习的求知方法和路径，可以让学生在实践基地丰富多彩的劳动体验活动中尝试调查、实验、操作、探究、设计、制作等学习方式。在劳动实践中，学生不仅收获了劳动知识，也学会了在劳动中发现和解决问题；不仅能积累和丰富个体的劳动经验，还能培养集体合作的劳动意识、创新精神和实践能力。因此，教育部门应积极探索新的办学模式，大力开发和建设适合劳动教育的实践基地，保障劳动教育的场地资源。

首先，强化劳动教育实践基地的统筹融合，做好校内与校外、集中与分散、理论与实践的结合。一方面需要充分利用校外资源，利用现有的青少年校外活动场所、青少年宫和示范性综合实践基地开展劳动教育。另一方面也可以充分利用校内原有的场地，将闲置校舍重新布局调整成为校内劳动实践基地或专用教室。还可以积极争取社会支持，比如利用校园周边产业结构调整中的闲置厂房建立行业类的劳动教育实践基地。或者与校园周边的种养殖场、工厂、商场、社区服务中心等单位开展合作共建，与相关单位合作建设劳动基地体验（馆）室等。或者整合、利用现有的实习基地、社会实践基地及勤工俭学基地等，为学生创造多样的劳动实践场所。经常组织学生到劳动实践基地开展劳动观摩、劳动体验、实习实践等劳动教育，增强学生劳动体验，体会劳动付出的艰辛，分享劳动带来的喜悦，掌握相关的劳动技能，养成良好的劳动习惯，不断提高实践动手能力和发现问题、解决问题的能力。联合劳动实践基地共同开发劳动课程，尤其需要增加学工、学农、素质拓展、生存训练等劳动实践项目的开发，最大限

度地拓展劳动基地的育人功能。

其次,加大学农基地建设,增加学生体力劳动体验。目前学生主要以脑力劳动为主,应充分重视体力劳动对学生身心的锻炼作用。根据当地农业的实际,因地制宜地拓展果园种植、蔬菜种植、家禽家畜饲养、鱼类养殖、盆景园艺、野外生存、农耕文化展示等学农实践基地建设,组织学生定期开展农事劳动、农田趣赛、农村调研等体验活动,引导学生积极参加体力劳动,在农事劳动中体验劳动的艰辛、劳动果实的来之不易,在体验丰收中收获劳动的喜悦,激发学生热爱和关爱大自然,培养热爱劳动、尊重劳动人民、珍惜劳动成果的情感。

(二)统一教育力量,实现劳动教育的资源整合

劳动教育作用的发挥离不开各方教育力量的共同努力,因此,劳动教育实施的过程中要充分调动教师、家长和学生自身等各方力量广泛参与,实现学校、家庭、社会等各方资源的充分整合。

首先,学校领导和教师要共同努力推动劳动教育发展。学校领导和师生员工是推动劳动教育发展的重要力量,如果能达成共识,通力合作,高度重视劳动教育在学校层面的落实,将对劳动教育的发展起到重要的影响。学校各方不仅需要在教育教学的内容设计、课程和教学时间的安排上落实上级的有关文件精神,而且要在劳动教育的教学环境配置、条件保障、资源整合等方面给予大力支持。学校还需加大对劳动教育的宣传力度,设立更多的校内勤工助学岗位,加强校外资源的整合和管理等,多渠道拓展劳动教育的途径。

其次,家庭、家长要与学校密切配合共同落实劳动教育。家庭和家长是劳动教育实施的重要助推力量,学校要协同家庭和家长一起为学生参加劳动提供保障条件,比如创造环境、提供机会、转变学生思想等方面,家长需要配合学校一起参与到劳动教育中。家长在关注学生综合发展的同时,也要协助学校共同促进学生通过自身的劳动服务他人、服务社会,在劳动的过程中引导学生树立正确的劳动观念,不断提高劳动能力。

最后,调动社会各界的积极性共同支持劳动教育发展。学校一方面可以充分整合社会资源,为学校推进公益劳动和志愿服务提供便利,调动各方力量共同培养学生担当精神、创新精神和实践能力;另一方面可以充分发挥社会力量的作用,通过引进劳动模范进校园、职业学校的优质课程共享、非遗传承人进校园、与校外少年宫合作等形式,开拓更多的劳动教育

途径，开展更多的劳动技术项目，鼓励学生自觉参加各种形式的劳动。

（三）建立家校互动机制，构建家校教育平台

现在许多家庭的孩子都是独生子女，家长往往舍不得让孩子劳动，只有少数的家长会让孩子在家里做一些简单的劳动。在生态性的德育系统中，学生个体是不可缺少和不可替代的"生态位"，他们在参与道德文化建设的实践中体现自我的道德价值，有利于个性的丰富和发展。而家庭父母作为孩子的"第一任老师"，对于学生个体性的成长具有不可磨灭的作用。劳动教育单靠学校推进肯定存在局限性，学校的劳动教育并不能替代家庭劳动或者社会劳动的作用。因此，学校要主动争取家庭的配合和支持，劳动教育才能取得更好的效果。

首先，争取家长对劳动教育的配合和支持。家长的重视、配合和支持是学校推进劳动教育的重要补充，学校要通过多种方式引导家长，使其转变观念，重视学生的劳动教育，支持学生参与力所能及的家务劳动，鼓励学生在家里承担一定的家务劳动，主动服务和帮助家人。同时家长也应及时向学校反馈学生在家庭中的劳动表现，这样就能形成家校之间、家长和老师之间的良性互动，保证劳动教育在家校层面的连续性和一致性，使家庭和学校共同发挥劳动育人的功能。

其次，开办家长学校，转变家长的劳动教育观念。目前仍有许多家长只重视学生的智力教育，把智力发展当成学生成长和家庭教育的唯一指向，忽视劳动对学生身心发展的重要作用。

因此，家长劳动教育观念的改变对劳动教育在家庭中的落实至关重要。教育部门和学校要有意识地对家长进行培训，指导家长系统掌握科学的家庭教育理念和方法，提升家长在家庭教育中的素质能力，构建家校合作平台，指导家长转变观念，为学生创造条件参加适当的家庭劳动和社区服务活动，达成家校之间对劳动教育的共识，提高家庭劳动教育质量。

四、完善创新劳动教育的展现模式

与时俱进是任何一种教育模式充分发挥作用的前提。在一定程度上，教育活动甚至是超前于社会发展的。因此，在"互联网＋"的社会环境中，新时代劳动教育需要跳出传统的窠臼，结合时代特征进行创新。需要面向当今创意经济个性化定制生产的新趋势，运用互联网思维、创客思维，与大数据、云计算机服务、个性化学习相结合，与时俱进地探索劳动教育的

新发展模式，以应对新时代对劳动教育提出的新挑战。

（一）鼓励学校创新校本课程

各级学校可以因地因校制宜，形成独具特色的劳动教育校本课程，引导学生了解自己的地方特色、民族特色模式是构建优化劳动教育体系的核心，可以结合学校学科教育、生产生活实际、经济社会发展、自然人文景观等进行科学设置和开发劳动实践基地课程，形成具有地方特色的社会实践活动项目，最大化地发挥校本课程的劳动综合育人功能。

首先，兼顾学生的生理心理特点、劳动活动的难易、学校现有的条件进行设计。学校现实的教育条件分析和学生需求评估是开发劳动教育校本课程的基础，学校既要以相关的政策规定为依据，又要以自身的具体情况为本；既要考虑整体推进素质教育发展的需要，又要考虑每个学生个体发展的需要；既要兼顾学校自身的教育传统，又要考察校园之外的社会资源，综合以上因素进行校本教材的开发和设置。

其次，建立相应的教师激励机制，鼓励教师积极参与校本课程开发。学校劳动课教师是保证国家课程教学质量的关键，也是自主开发校本课程的重要群体。由于校本课程的开发要花费大量的时间和精力，没有一定的激励机制很难形成教师主动参与的动力。学校需要为教师参与校本课程开发提供制度性的支持，比如为校本课程开发出台奖励措施，或者组织劳动课程校本教材开发大赛等，既让参与的教师收获一定的物质精神鼓励，又为开发校本课程营造创新氛围，这样就能逐步引导教师变被动参加为主动参与。

再次，积极开展校本课程的教学方式创新。劳动课程的教学形式除了知识讲座、报告会等形式之外，可以多多采用学生喜闻乐见的实践形式，比如科学实验、考察调查、手工制作、知识竞赛、技能训练、生产实践、公益活动等，在教学过程中多融入自主探究、团队合作，引导学生在劳动实践中学会动手、主动思考和解决实际问题。

最后，建立基于校本课程的学业评价制度。要发挥劳动教育校本课程的作用，一方面需要提高教师的积极性，另一个方面则需要激发学生在劳动课程中的主动性和积极性。在实施的过程中不仅需要改进教学方式，更重要的是要将劳动教育校本课程的成绩纳入学生学业评价考核的指标体系中，将学生的过程性评价、表现性评价细化为可操作性的管理办法。

（二）提升劳动教育科技含量

新时代劳动教育需要进一步解放思想、广开门路，突出技术教育的引领作用，强化对学生的劳动技术教育，培养学生的创新能力，让学生在劳动实践中健康成长，促进学生全面发展。随着新课程改革的推进，新时代要把劳动技术教育以综合形态推出，积极添置劳动技术教育设施，不断优化劳动技术教育环境，努力开发劳动技术教育课程，使学生们的创新意识和动手能力不断提升，实现劳动技术教育价值的最大化。

首先，将劳动教育与最新前沿科技相结合。各级学校要将现代科学技术与劳动课程相结合，让学生在劳动课程中学会运用各种高科技来开展劳动实践活动，培养动手实践能力、空间想象能力、知识运用能力，结合高科技的创新发展带动劳动教育的创新发展，培养学生创新思维和能力。例如，利用编程技术开展创意机器人设计、搭建创客空间、进行 3D 打印设计、制作彩虹鸡尾酒、磁悬浮陀螺、收音机、空气动力车等。

其次，将劳动教育与职业发展规划相结合。在劳动教育课程中融入职业规划的内容，通过组织学生参与职业劳动，体验各种职业角色，了解相关职业的知识、从业素质以及技能要求，从而让学生科学地认识自我和提高评价自我的能力，对未来职业进行规划，并对自身的职业能力体系进行一定评估，从而不断提升自我劳动素质。比如通过参观防震减灾展示、真人 CS、无线电测向、拓展训练等活动，在活动中增强对劳动的真实感受，不断挑战自己的体力、耐力和毅力，在活动中学会与人和谐相处，在挫折中不断修正，最终走向成功。

最后，将劳动教育与创新实践教育相结合。要不断提升学生创造性劳动的能力，提高学生对智慧发现、创新创造重要性的认识，在劳动教育中启发学生创新创造性思维。比如，激发学生学习电子的兴趣，利用电子科技培养动手动脑能力；又如，物理实验与业余无线电、电路知识等。这种与科技相结合的劳动教育方式更能激发学生的主动思考意识，使学生在劳动实践中更好地运用课堂上所学的知识和理论。

此外，注重在课内外培养学生的观察能力、动手能力和探究能力等，对学生的劳技创新作品予以肯定、欣赏、展示，或者进行推介并帮助他们去申请各种奖项等，让学生在创造性劳动中感受自身价值，收获劳技创新成果奖带来的成就感，还可以引导学生互相学习创新经验，吸引和带动更多学生的参与，引导更多的学生进行创新创造。

（三）创新发展劳动教育形式

形式是劳动教育的各种内在要素的展现方式，它是劳动教育内容得以存在的条件，要使劳动教育的内容得以呈现，必须要有好的劳动教育方式。在现实的教育情境之中，一些传统的劳动教育形式已经不适应学生的需求。新时代劳动教育在不断丰富内容的同时，也要注重形式创新，拓宽劳动教育的展现方式。

首先，可以开展"任务式"的劳动教育。例如，教师和学生都可以提出一些"悬赏任务"，让学生通过项目的方式组成劳动小组承接和完成劳动任务；可以加入学生劳动成果展示方式的创新，比如手工制品的展览、菜园蔬果的售卖；还可以让学生在周末或节假日开展"我的家我做主"活动，为家庭晚餐配菜、买菜、做菜等，让学生在有趣的劳动实践中体验劳动带来的乐趣，激发他们发现问题和解决问题的动力。

其次，可以与党组织、共青团等活动相结合。劳动教育可以与这些团队活动相结合，以"兴趣"为先导，组织学生参加各种形式的劳动，充分发挥集体的群体功能和激励作用。也可以以节假日活动为契机开展针对性强的劳动实践活动。

最后，可以充分发挥劳动基地作用。组织学生参加工厂劳动，如到砖瓦厂、酿酒厂等，不仅可以让学生参观一线的生产情况，还可以通过亲身体验感受劳动的艰辛。组织学生到农场参加种植活动，一方面通过与大自然的接触，学生可以培养亲近和关爱大自然的情感；另一方面激发学生自主探究科学的精神，培养科学利用自然、改造世界的劳动观念。

总之，通过"合力构建劳动教育的保障机制、同步推进劳动教育的关键环节、科学制定各学段劳动教育内容、加快推进劳动教育的资源开发、完善创新劳动教育的展现模式"等五个层面构建适应劳动教育的优化体系，使学生通过劳动教育树立正确的劳动观念，养成良好的劳动习惯，掌握一定的劳动技能，提升生活自理能力、实践创新能力、生存适应能力等，培养学生学会尊重劳动、艰苦奋斗、创新合作、勇于承担责任等劳动精神。

第八章　新时代劳动教育的创新实践

第一节　拓展阵地，构建劳动教育网络

通过拓宽劳动教育的学习场所，以"理论＋实践"的双维度丰富劳动教育的形式，劳动教育的内涵得到了深化。劳动教育的开展需要有理论知识作为基石，指引学生有基础的劳动认知，了解基本的劳动常识，同时也要通过一系列丰富多彩的方式培养学生对于劳动的感性认知，包括以多样化的拓展型课程培养学生的劳动信念和感悟，以切身劳动的方式让学生在亲身实践中体悟劳动的魅力和收获。

除了各类实际学习劳动教育环境，也要打造更加丰富多元的环境，比如网络平台所涵盖的各类平台，让劳动教育以更多样化的形式出现在学生的周围，保证劳动教育的普及性和切实性。

一、开设劳动教育课程，构建校园涵育文化

设置劳动教育课程，将劳动教育纳入高等学校人才培养方案，形成具有综合性、实践性、开放性、针对性的劳动教育课程体系。开设劳动教育课程是系统加强学生劳动教育的重要一环，以专业劳动素养的输出和培养作为学生劳动教育课程的重点。构建校园劳动文化是巩固充实学生在课堂上所习得的劳动内容的重要补充，提高感性劳动理念、强化劳动教育观念、深化学生对劳动教育的理解。通过校园劳育课程的开展以及校园文化的建构，使学生在校内可以充分接受到劳动教育的熏陶的影响，以劳育课程树立学生对劳动的基本概念和常识，以劳育文化引领学生对劳动的精神感知，为劳动教育取得的成效扣上"双保险"。

（一）夯基垒土，开设劳动教育实践课程

劳动教育课程化就是要以课程的方式和要求对劳动教育进行有目的、有计划的规划设计、过程管理、效果评价并形成相对稳定的教学制度和运行机制。从广义上讲，劳动教育课程包括了课堂教学、课外活动、课后作

业和实践体验，定期组织开设相应的专门进行劳动知识和技能教育的课程以及设置以劳动教育为主题的特色课程，辅以劳动教育为主题的主题班会。要对学生进行劳动观念的教育，使他们认识到劳动是人类生存的第一个基本条件，劳动人民是物质文明和精神文明的创造者，引导学生把劳动看成是光荣的事，养成劳动习惯，热爱劳动，热爱劳动人民，逐步养成爱劳动并尊重劳动者的良好行为习惯，从思想上树立正确的劳动观。在劳动的过程中，不仅可以增强学生的集体观念，还可以培养他们的纪律意识，养成勤俭节约、珍惜劳动成果、艰苦奋斗等品质。

拓展劳动教育实践课程。劳动教育中要注重让学生全身心投入，促进其手脑并用，让他们在真实的劳动情境和实践过程中感受劳动的艰辛及收获的快乐，是劳动体验教育的基本要义。校园环境中，教学楼、宿舍楼以及各公共场所卫生保洁、环境绿化维护等各种日常性生活劳动已经逐步由专门的人员取代，学生们参与日常性劳动实践的机会大幅减少，因此如何拓展劳动教育实践课程是学校需重点考虑的问题之一。

（二）统筹推进，构建劳动教育校园文化

劳动教育不仅需要关注学生个体劳动知识教育、劳动技能培养，更要关注"文化"对于学生成长的基础性价值。因此，新时代劳动教育的形式除了开设劳动教育必修课、广泛开展校内外劳动实践之外，还要大力加强校园劳动文化构建。所谓劳动文化即人们对关于劳动的物质形式、价值功能、观念形态等的总体认识。由此可见，校园劳动文化作为校园文化的重要组成部分，就是在校园环境中形成的关于劳动的总体认识。校园文化与劳动教育有机结合可以通过精神载体、树立典型、文化活动、媒体平台以及物质制度环境等开展。校园作为学校组织活动的重要场所，在开展劳动教育中发挥着重要作用。当前校园劳动文化在校园文化建设中的占比较低，重视程度也不够，这对劳动教育的深入开展有一定程度上的限制。针对这一问题，需要从精神载体、教职员工、身边榜样、文化活动等方面入手，全面强化校园文化建设在劳动教育开展中起到的支撑作用。

在校园文化中要融入劳动教育内容，用好校园物理空间。在学生出入频繁的教学楼、图书馆、学生生活园区等地方，建设含有劳动文化符号相关的不同文化景观、宣传橱窗、文化长廊等，以图片、实物、文字、视频等多种形式，更加全面、深入、细致、准确地展示身边劳动者的故事、榜样的劳动精神品质形成历程、劳动文化活动开展情况等，以此来提高学生

对劳动教育的感知度和认同感。

在校园文化中融入劳动教育内容，结合劳动节、日常行为规范等主题教育，开展文化宣传活动。丰富多彩的活动是学生喜闻乐见的教育形式，也是劳动文化建设的重要载体。

在校园文化中融入劳动教育内容，做好课程劳育。劳动创造幸福，实干成就伟业，劳动价值观念养成不是一蹴而就，也不是独立存在的，劳动教育是贯穿于所有学科教学过程中，融入学校教育各个方面，渗透于各种教学实践活动中的。因此，要充分挖掘各学科课程中蕴含的劳动教育元素，提高劳动教育课程建设的实际操作性，营造良好的劳动教育氛围。通过课程教学、课后作业等，有意识地将问题的情景设置和作答的内容要求融合社会主义是干出来的，新时代是奋斗出来的价值观念，在知识教育和劳动教育融合中实现人的全面发展。结合相关第一课堂的教学任务和内容要求，将劳动教育融入校园文化氛围的营造过程中，进一步开展征文、书法、演讲、微视频大赛等各类校园活动，广泛宣传劳动精神，使线上线下、校园内外合力形成尊敬劳动热爱劳动的风尚，促进学校课程建设、劳动教育课程研制、校园劳动文化的深度融合。

二、依托学校实践基地，延展劳动教育空间

实践基地与思想政治教育有着高度的耦合性，是实践体悟"课程思政"和"思政课程"的重要场所和途径。因此，实践基地是贯彻落实马克思主义劳动观和实践观的重要途径，在学校教育中发挥着重要作用，是学生开展劳动教育的重要客观空间依托。学校不仅要对校内劳动教育实践场所进行挖掘，还要拓展校外劳动教育实践基地，多渠道建设新形态劳动实践基地，从而保证学校劳动教育的有效开展。

（一）校内联动，充分挖掘劳动教育实践场所

劳动实践基地将书本层面的知识与劳动实践统一起来，既对课堂教学内容进行了补充，同时也对课堂教学资源提供了有益的延伸，有助于德、智、体、美、劳的相互渗透、相互融合，促进学生的全面健康发展。实践基地承担一定的劳动教育项目，拥有一定的教育服务水平，各类基础性教学设施齐全，为劳动教育提供基本的实践保障。同时实践基地充当校外的劳动教育场合，不断地促使学生在实际劳动中更加深入地亲身体会到劳动实践的感受。

（二）校外凝聚，积极构建劳动教育实践基地

通过开展各类校外实践活动，培养学生动手参与、勇于创造的能力。学校实践基地一方面为学生提供了开展实践活动、提升劳动技能的场地，另一方面也是对学校劳动教育进行的一次检验和评价。把引导学生积极参与劳动实践活动当作开展德育工作、提升劳动技能和培养社会责任感的重要渠道，不断探讨开展综合实践活动的新途径、新方法，在青少年学生提高学业成绩的基础上掌握一定的必要劳动技能，积极参与社会活动，提高服务社会和奉献社会的意识等方面，取得了良好的效果。

三、协同各项资源合力，营造劳动教育氛围

协同整合各类资源是开展劳动教育的充分条件。依托各部门协同推进机制，通过多部门参与建设、教育资源共享、联合共建等方式，尝试利用资源整合、协同运作，助力劳动教育的学习场所的普及范围扩大。通过"人力资源""宣传资源""阵地资源"等多种形式资源全方位、多角度助力劳动教育工作的开展。结合劳动教育的宣传内容，深入学校开展"面对面""手把手"的经常性宣传活动。

（一）因势利导，立体化推进"互联网＋劳动教育"

互联网为劳动教育提供便利，可以使劳动教育的形式变得更加多样，内容更加生动，更容易吸引学生。学校针对劳动教育的特点和规律，精心设计制作贴近不同年龄段的学生、通俗易懂的劳动教育宣传素材、资料，通过劳动教育模范的宣传片，发放劳动教育宣传资料，讲授劳动教育知识，组织进行劳动教育实践等多种形式，普及劳动教育的常识。通过融合"互联网＋"宣传模式，利用学生喜爱的新媒体技术传播劳动知识和教授技能，发布劳动教育的最新动态，切实提升劳动教育宣传的传播力和影响力。利用校外 LED 显示屏播放劳动教育视频等相关资料，切实增强劳动教育科普的校内宣传效果，加速校园外劳动教育宣传工作进程。组织专人对学生进行面对面的劳动教育培训，切实培养一批劳动"明白人"，提升学校劳动教育管理水平，实现合作共赢的实效。以合作模式实现资源共享，资源对接，资源整合，达到联动的实际效果。

随着科学技术的快速发展、移动互联网的迅速普及，使得人们对智能设备的依赖程度不断加深，由此出现传统职业逐渐被智能机器人取代的情

况。可以预见的是在人工智能时代，劳动教育将会面临一系列的难题与挑战。因此，如何因势利导，在传统的劳动教育课程实施、劳动教育场景设置、劳动实践场地拓展的基础上，充分发挥互联网技术和人工智能支撑的优势，实现劳动教育的多向互动、虚拟感知，实现"足不出户"的劳动教育实践。

（二）区域合力，多维统筹推进劳动教育平台联动

劳动教育贯穿于学生成长与发展的始终，联结着家庭、学校、社会和政府等多个主体，因此需要家庭、学校、社会和政府的共同参与和协同合作。学校和所属当地区域相连，通过区域化合作平台联动，实现资源共享、优势互补，寻求劳动教育区域合作，协同社会资源多方合力共同上好劳动教育"大课堂"。

第二节　凸显特色，创新劳动教育形式

通过开展地方特色民族特色的劳动教育、建立多方宣传平台、发挥家校社各自作用等，创新劳动教育理念，深化劳动教育实效。劳动教育在新时代的背景下，应该以一种更具创新性特色的形式展开，以劳动教育本身的独特性以及劳动教育开展形式的创新性推动劳动教育的开展与落实。"新劳育课程"结合当地区域特色，使学生在进行劳动教育的时候更能产生融入感和共鸣感，从而提升劳动教育的效果；多方宣传平台为劳动教育提供了更多的宣传机会，提高了劳动教育的影响力，在宣传的同时也使劳动教育更加丰富生动；发挥家庭、学校、社会各自在劳动教育中的作用，各司其职，从而有效推动劳动教育往深里走、实里走。

一、立足当地区域特色，因地制宜开展劳动教育

"新劳动教育"鼓励地区结合当地的产业特色、文化特色创造独特的劳动教育。"新劳动教育"课程群与以往的"劳动教育"相比，"新劳动教育"特色课程群的实施以模块式架构、社团化运作、项目制学习为切入点，为老师开展学校教育提供了一个多维度的全新载体。同时，"新劳动教育"特色课程群涉及人文、科学、艺术、语言、道德五个领域，基于劳动情境和劳动资源，开设各具特色的课程。同时，不断拓展教育空间，合理利用

校外农业资源，建立了多个富有特色的校外教育基地。

（一）立足地方，传承有特色的工匠精神

劳动教育不能仅仅传授简单的劳动技能，更是要结合当地实际的历史背景、文化底蕴开展富有地方特色的劳动教育，对于当地特色的传统技能进行启发与总结，将地方传统工艺借助劳动教育课程传承发扬，是劳动教育理论联系实际的重要表现，也是其重点所在。

（二）立足民族，讲好有特点的劳动故事

民族地区的劳动教育有不同的民族特色，在予以辨别、保留的基础上，在新时代背景下进行创造性传承和发展，当地民族特色和劳动教育深度融合，形成具有浓郁的民族特色和乡土特色的劳动教育内容和教育形式。

比如西藏的劳动教育有其特殊性，因其占地面积广，包含了农区、牧区、城镇等不同的生活空间，这样的地域特点也决定了其劳动教育的内容与其他地区会有所区别。因此，要根据实际情况，有的放矢地开展相应的劳动教育教学。西藏和平解放以来，各行各业、各条战线也出现了一大批可歌可泣的英雄人物和一些模范的团队，他们为西藏当地的建设作出了重要贡献，也是西藏开展劳动教育的生动范例。西藏当地的学校充分发挥了思政课堂的阵地作用，利用现代化媒介和手段，努力讲好中国劳动故事的西藏篇章，大力宣传西藏劳动模范的英勇事迹，弘扬劳动精神、劳模精神、工匠精神，引领西藏各级各类学校的学生了解劳动模范故事、学习劳动模范精神、增强主动劳动意识，积极为社会的经济发展贡献自己的力量。

青海省海南藏族自治州是少数民族自治州，藏族为当地主体民族，占到 2/3 以上人口，其余为汉族、回族等民族。长期的游牧生活习惯使当地人民培育出了热爱自然、乐于劳动的光荣传统，加上吃苦耐劳也是当地藏民自古以来就有的传统美德。因此，海南藏族自治州便以以劳树德、以劳增智、以劳强体、以劳育美、以劳创新为目标，对学生切实加强劳动教育；努力通过多种活动的开展，培养学生的劳动兴趣，磨炼学生不怕苦不怕难的坚强意志品质，激发学生的创造活力，促进学生身心健康和全面发展，争取使得当地劳动教育实验工作取得新的突破。

二、建立立体宣传矩阵，扩大劳动教育辐射面

宣传平台是扩大劳动教育影响力的重要媒介之一。随着新时代的到来，

运用新媒体进行宣传可以更加有效地增强劳动教育的辐射面。通过新媒体的全方位覆盖宣传在形式上缩短与学生之间的距离，学生随时随地都可以了解、感受劳动教育的内涵；同时又以高效便捷的信息沟通，使学生可以在朋辈群体及其他群体之间表达对于劳动本身的看法，增强对劳动教育的感悟。

（一）充分发挥移动媒体宣传优势

随着新媒体宣传方式的普及，加之媒体受众的阅读习惯逐步从读字向读图、看视频转变，短文、短视频也得到受众越来越多的青睐，如何用好新媒体、发挥其快速便捷的优势，是新时代劳动教育需要考虑的重点。当前，用微信公众号发布劳动教育品牌课程、沙龙讲座、实践基地、优质师资等资源信息，构建新型劳动教育资源协作的共享平台，逐渐成为多地开展劳动教育宣传的重要途径。

（二）开设劳动教育专题宣传网站

顺应大众的需求，除了常规的劳动教育相关信息的传递和普及，提供精准的、专业化的专题宣传内容也是新时代劳动教育的建设重点。建立有关劳动教育工作的相关专题网页，与报刊展开合作共同出版以"劳动教育"为主题的宣传内容，定期刊发介绍学生劳动实践体验过程和感想的文章，并利用校园这一重要宣传阵地，通过新闻媒体进行广泛宣传，引导广大师生、家长共同支持并积极参与劳动教育工作，是新时代劳动教育宣传的另一个努力方向。

（三）创设劳动教育课程共享平台

劳动教育课程的开发也可以借助新媒体技术，制作一些形式新颖、贴近学生的微课程，同步更新到网络平台，形成劳动教育课程库，也可以通过相关单位组织打造服务平台，让劳动课程资源、教师资源、智慧成果能实时分享、定期共享。

三、劳动教育中身体的退隐与凸显

（一）隐身：身体在劳动教育中的实地考察

1. 劳动教育中制度性的身体规训化

中国传统社会以礼与义为重，因为外界制度的约束，劳力者这一角色被社会所鄙视，他们长期处于社会的底层，这不仅弱化了偏向体力付出的劳动者的主体地位，而且造成了体力劳动者精神与地位上的双重落差。延续至今，传统思想的缺陷依然留存，当前学校的劳动教育仍然停留于对学生的体力训练，没有发挥劳动教育身心合一的重要作用。人们常常抱怨当前的孩子欠缺生活经验、交际经验与生存经验，而这些经验的生成与衍生无一不是通过以身体为媒介的劳动来获取的。在以成绩为本的大环境尚未改变的时候，在制度规训化的劳动教育下，学生会对劳动产生抵触、厌烦的心理，同时也打破了学生对劳动的憧憬与想象。

2. 劳动教育中技术性的身体异化

当今社会，信息技术的普遍应用以及互联网广泛普及，人们越来越依赖于技术的便捷而忽略了劳动的真正意蕴，尤其是人工智能中的深度学习、大数据分析等技术高效地感知到人们生活上的需求，以其个性化的特性关照到每个人。这种关照一方面激发人们更为注重对学生头脑的智能性开发，另一方面却对身体的能动性不闻不问，进一步禁锢了学生的身体，使其逐步陷入机械、僵硬的困局。当人们愈发关注智力劳动型付出的同时，也就降低了对身体劳动型付出的关注，想方设法地利用头脑的智能创造摆脱劳动的技术性手段或工具的束缚。

仅仅依靠符号化的认知与技术性的表达是远离劳动精神与劳动之美的表现。也就是说身体参与的劳动教育以学生的整体能力与素质的拓展与延伸为重点，而技术则以劳动为掩体，对知识进行再一次的重复与灌输。学生在依赖技术取代劳动的同时，也异化成为技术性的附庸，将身体异化为技术性的工具。如若没有劳动的身体为基础，创新性的脑力劳动与实践性的体力劳动这二者的结合终究在历史的演进中逐渐退步。人们沉浸于技术所带来日新月异的变化，却失去了对自我身体能力的主动性创造。

3. 劳动教育中时空性的身体占有化

马克思恩格斯从劳动中发现了人和人的身体的历史生成，即在劳动过程中，人和人的身体得以逐渐生成。而应试性的教育模式间接地限制了学生身体的闲暇时间与活动空间。也可以说教育竞争性的氛围将教育时空"静态化"，学生不仅在时间上需要恪守时刻表与作息表，而且在空间上也要被限定在规定的活动范围内。静态化的时空将学生的身体束缚于教室中，承担起动态化教学职责的劳动教育在此时也处于隐形、缺位的状态。

在学生的成长过程中，他们接触到劳动的机会逐步减少，这一方面是因为学校缺乏实施劳动教育的土壤，比如专职教师、劳动区域、劳动工具等软硬件设施；另一方面，受标准化测试的影响，沉重的课业负担以及紧张的学习压力扼杀了学生的思维，压缩了学生劳动活动的时间与空间，限制了学生接受劳动教育的可能性。劳动是知识生产的过程，片面的生产掩盖了身体的作用，在一定程度上也就压制了学生的身体行动，剥夺了学生的想象思维，束缚了学生的探知欲望。停留于课堂内的劳动教育的形式有时是装样子、做表演，其教学过程中的随意性与不稳定性不容忽视。

因此，劳动教育的时空占有化限制着学生活动的自主性与开放性，囚禁着学生的创造力与想象力，也遮蔽了学生的自由解放与主动建构。

（二）显身：身体在劳动教育中的应然审视

1. 劳动教育中身体的支配性

劳动的对象是人的类生活的对象化：人不仅像在意识中那样理智地复现自己，而且能动地、现实地复现自己，从而在他所创造的世界中直观自身。劳动的存在，是为了使人正确看待自身存在的意义和价值。从某种程度上讲，人们只有通过劳动，将自身的体力与理智运用到实际中，才能真实地复现自己、展现自己、开发自己。也正是因为劳动，人们才能将自然物转化为符合自身发展需要的实在物质。人是理性的存在，通过劳动在与外界接触中获得和丰富了自身的认知、情感与思维，这超越了动物性的行为，从而能够主动与世界联系，有选择、有计划地做出处于世上的行为和方式。

因此，劳动推动了人的分化、演进与生存，在一方面造就了人从依赖自然的自然人转化为使用工具的社会人；另一方面劳动促进了人由依赖外在的物质劳动演进为理性的自由劳动，获得了对身体的支配权。在学校劳动实践中，学生身与心的结合就是为了达到一定的均衡性发展，就是为了养成自觉的行为习惯与思维方式，以实现学生能够支配身体来体验劳动，对外界事物进行再生产、再加工与再创造。社会发展需要的不是驯从的人，而是在规范下有责任、有担当、有能力的人。同理，学校教育也不需要以劳动为手段压制学生身体，而是需要以劳动为支撑的实践创新性学生。

2. 劳动教育中身体的整合性

劳动教育并不是传统教育中外在的符号灌输，而是帮助学生发现学习知识的生动性、开放性与趣味性，使学生真正理解"学习是为自己而学"的内涵。从这个意义上讲，劳动教育缓解了知识灌输式教育的压力与强制，让学生认识到知识是可接触的、可感知的，从而满足学生对知识理解的欲望。学生对于劳动教育的认识，是关于主体与客体、精神与物质、身体与心灵的认知统一。知识的意义不仅是内在思想的产物，也是通过实践操作所赋予的具体价值。因此，学生不能作为知识的旁观者谨慎地观看教师的展示，抑或是站在原地空想，而是应该有意义地、能动地倾听与参与。劳动教育以形成学生的主动性为出发点，贯彻落实效率与质量并重的身体参与，以进一步激发学生的劳动热情。

学生主动性地参与劳动一是可以帮助学生内化劳动精神，二是有利于学生自我认同感的获取。"一粥一饭，当思来之不易；半丝半缕，恒念物力维艰"，反映出劳动教育只有充分发挥学生的主体作用，使学生全身心投入到劳动当中，才能依靠学生自己的力量把劳动与自我价值融为一体，塑造学生积极的劳动精神与劳动情感。劳动教育正是因为将付出与回报这种正相关的理念传递给学生，才能推动学生自愿劳动与自我发展的有效联结，实现自觉劳动与自我认同的有机融合。

3. 劳动教育中身体的建构性

身体作为人的感知与外部世界接触的媒介，帮助人形成自由化的倾向。我们的身体处于特定的社会环境中，理所应当被社会所浸染。身体就是人们获取知识的工具，通过对外界知识的获取与输入而建立自身的知识体系。身体是本能性与意向性的统一体。本能性是人基于身体主动地朝着目标前进，这是习惯所引导的。习惯是外部环境不断塑造的结果，展现着我们存在的意义，实现了我们存在的价值。在面对纷繁复杂的社会时，如何独善其身，如何自主自足都是我们不得不考虑的现实性问题。意向性是将其自我认知的世界系统化、规范化。身体的能力提高在于训练，即人所处于以往不一致的具体情境，接触不一致的现实环境，懂得理解与迁移。身体处于不断成长、进化的过程中，这是在训练中发展而成的。劳动给予人们身体新的生长点，使其不仅仅固着于单一的区块中。在劳动中人们掌握了思考、追求、想象与合作的能力。劳动使身体得到了新的增长支柱，使人成为能动的主体、行动的主体。正因为劳动的存在活跃了教育中的紧张氛围，缓解了人们单纯受知识支配的压力，在劳动教育的时空中，人们重新审视教育的真正含义与独特价值，使受教育者更好地建构自我知识体系与精神世界。

（三）从隐身到现身：身体在劳动教育中的理性构建

1. 加强劳动教育中学生身体的关联性

教育中所研究的人是抽象中的人，是概念中的人，是具有普遍伦理的人。而人的独特性、差异性从教育中剥离出来，当教育面对真实的社会人时，人的丰富内涵被严重忽略，重点关注的是从人的支离而生的"点"。这个点表示教育的不全面性、不系统化，漠视了人的具体情境以及偶然境遇。因此，教育要与社会、世界相关联，受此影响的个体便会走向现实，懂得自身生存的价值与意义。教育在给个体提供与生活领域接触的机会的同时，也要给予个体思考生活的能力。

在身体体验中的劳动感悟着身体力行所带来的活力，劳动教育不仅要激发学生的劳动热情，还要构建劳动知识，要让学生善于对现状进行反思、改造与完善，打破日常行为的机械性、习惯性，掌握自由独立、自主批判和审视世界的自觉意识。基于此类的劳动教育，基于劳动生产，学生会逐渐意识到自己的存在价值，能对存在的其他客观事物予以关注，而不是对他人排斥或漠视。我们可以把劳动与身体视为齿轮，只有齿轮之间互相啮合，才能使得二者共同运转。劳动建立起人与劳动对象之间的联系，通过交换与合作促使人与社会相融合，使人能够得到自由而全面的发展。

2. 关照劳动教育中学生身体的时空联系

劳动教育应努力摆脱教育时空限定的模式化与机械化，开放学生对外交流的时间与空间，使得学生增强对外部世界的惊奇感与探索未知知识的欲望。劳动教育中保持学生的个性与本真性尤为重要。劳动教育就要帮助学生认识到知识从何而来、用往何处，从而与本身的认知结构形成相应的体系，与认知链条相勾连。

3. 触及劳动教育中学生身体的灵魂深处

在物欲横流的时代，个体如何摆脱生活的死寂、安抚浮躁与功利的内心成为了新的问题。当人人都在竞争逐利、好逸恶劳之时，个体的自我净化、自我完善、自我革新、自我提高就显得弥足珍贵。当学生努力融入更为广阔的社会背景时，缺乏劳动意识终究会被他人所排斥、被社会所抛弃。

在当前的劳动教育中，教师不仅要关注知识学习的引导，并且更要注重知识在实际实践中的应用。也就是说，劳动教育不能脱离身体而开展，而是要让身体与劳动教育产生自在的、内生的、独有的联系。通过身体锻炼的熟悉性，使学生的灵魂深处融入劳动意识，让教育回归到学生心灵、情感与价值观三者齐头并进的道路上来。学生以身体为媒介主体实践进入客观世界中，并与外部世界产生切实可靠的联系。而劳动教育就要充分挖掘学生身体的内在价值意蕴，转化自发发展规律，唤醒身体的内在力量，进而形成自我经验体系，最终触及学生灵魂深处。

第三节　完善机制，深化劳动教育实效

组织领导机制、协同联动机制、评价督导机制是科学、有序、有效开展劳动教育的制度保障。以系统性的组织领导机制，指导相关单位和部门在落实劳动教育的过程中有参照实践的范本，使得劳动教育的过程更加系统化、规范化；通过学校和家庭双重主体的联动参与、协同构建，为劳动教育的开展提供一个更加切实可行的环境，保障劳动教育可以在校内外全面铺开；建立评价督导机制，使得劳动教育可以更清晰地呈现劳动教育的全过程以及成果，以一个完整的监督体系来保证劳动教育在落实的基础上得到全面的发挥，保障劳动教育在实际落实的过程中取得更具科学性的成果以及长期实效。

一、加强组织领导机制，促进劳动教育规范化和制度化

组织领导机制，要求在落实的过程中具有一定的组织性，即各级单位和部门要在上级的指导下有组织地开展工作；同时也要具有一定的领导性，即各级单位和部门成立一定的领导小组，该领导小组对于本单位及部门的全体人员进行领导及工作的安排。因此，该机制要求各级单位和部门明晰以及承担本单位及本部门关于落实劳动教育的责任，在此基础上制定并出台有关的一系列文件，并且各单位和部门都必须有组织地有一定领导性地进行具体工作实践。

（一）成立领导小组，劳动教育要求规范化

成立劳动教育工作领导小组，定期研究制定劳动教育的实施方案，组织开展相应工作指导，层层召开动员部署会议，展开劳动教育工作，促使

劳动教育的精神直观化，使劳动教育工作要求在上级文件及各地区出台文件中得以"落地生根"，以促进劳动教育工作制度化、规范化，从上至下规范各级部门更好地落实劳动教育的开展。

（二）健全经费保障，劳动教育开展制度化

健全完善经费保障相关措施，可以激发基层学校开展劳动教育的工作积极性。具体措施有落实学校劳动教育教学经费保障措施，将劳动教育的经费纳入学校预算编制，将劳动教育经费合理分配到参与劳动教育的双主体上；制定劳动教育经费使用的规范，要让经费的实效落到劳动教育的实处；适时调整劳动教育经费标准，对于必要的建设投入费用加大经费的支持；接受相关部门对劳动经费使用情况的监督检查，做到经费支出公开透明。

二、加强协同联动机制，促进劳动教育协同化和联动化

劳动教育是一项系统工程，需要学校、家庭等多方面的力量相互协调、整合才能发挥最佳的教育效果。学校教育离不开家庭教育的配合，家庭教育既是学校教育的基础，又是学校教育的继续和升华，而学校教育则是家庭教育的指导与深入。学校积极开展劳动教育要与家庭教育指导整合，将家庭教育真正融入学校德育体系之中，并逐步将家庭教育指导工作发展成学校的办学特色，并通过家庭教育指导提高家庭教育的质量，使家庭教育与学校教育同步发展，构建联动的长效机制，最大限度地提升劳动教育的实效性和规范性。

（一）家庭、学校联动合作

通过"家校联动合作制"，合力促进劳动教育的落实。要以学校劳动教育为主、以家庭劳动教育为辅，用学校劳动教育来带动家庭劳动教育，构建劳动教育的家校双重教育环境和家校互动的新机制，密切家校联系；积极开展家庭教育指导，引导家长树立正确的育人观，理解劳动在孩子学习、生活和未来长远发展中的积极意义和重要作用。

（二）家庭、学校、社会三位一体

随着时代的不断进步，劳动的形式、内容也在不断发生变化，劳动教

育的时代内涵、育人价值和实践路径也随之变化，这就需要整合家庭、学校、社会各方面力量，共同上好劳动教育这一课。

三、加强评价督导机制，促进劳动教育全面性和整体性

完善加强评价督导机制，是落实劳动教育工作开展的重要的一部分，以评价督导机制使进行劳动教育工作开展的各单位明晰劳动教育的责任。通过各类评估体系的建立，由上至下从各方面健全评价督导运行机制，如制度建设、基地建设、经费投入、教育实效等方面，切实督导各省市、各学校劳动教育工作开展的进程，切实评估各省市、各学校劳动教育工作的落实情况。

（一）政府主管部门对学校劳动教育实施过程和效果进行监督考核

为了让劳动教育活动深入贯彻和落实，需要安排一定的评价和督导机制，部分地区由省教育厅、市教育局等各级教育部门对该地区内各学校劳动教育实施情况进行督查和考核。教育部门公开对学校的劳动教育工作进行审核，展示学校优质的教育成果，并以此为切入点，为其他学校做好劳动教育发挥榜样作用。

（二）学校内部对劳动教育完善优化评价制度

除了相关主管部门、政府单位的督促，学校内部完善评价制度、评价形式也是推进劳动教育落地的重要方面，将校内开展的各类劳动教育课程纳入整体的劳动教育评估，将学生参与劳动的实践活动纳入学生培养评估总体范围，各单位组织也有相关的做法值得借鉴参考。

参 考 文 献

[1] 方小铁. 大学生劳动教育[M]. 北京：北京理工大学出版社，2022. 01.

[2] 高小涵. 大学生劳动教育与实践[M]. 成都：电子科学技术大学出版社，2022. 03.

[3] 张开江. 高职院校劳动教育理论与实践成都职业技术学院劳动教育体系研究[M]. 成都：西南交通大学出版社，2022. 12.

[4] 李臣之，黄春青. 新时代劳动教育课程设计与实施[M]. 广州：广东教育出版社，2022. 05.

[5] 黄燕，叶林娟. 中国劳动教育回顾与体系建构研究[M]. 上海：东方出版中心有限公司，2022. 09.

[6] 王文婷. 高校劳动教育理论与实践研究[M]. 长春：吉林出版集团股份有限公司，2022. 07.

[7] 余金保. 新时代大学生劳动教育教程[M]. 北京：北京理工大学出版社，2022. 03.

[8] 王春喜. 劳动教育我们这样做中小学劳动教育优秀教学设计[M]. 广州：广东高等教育出版社，2022. 05.

[9] 杨烁. 用双手创造幸福大学生劳动教育与实践教程[M]. 成都：电子科技大学出版社，2022. 08.

[10] 俞林亚. 培智学校劳动教育课程纲要[M]. 南京：南京师范大学出版社，2022. 05.

[11] 汪永智，郭宏才，荣爱珍. 劳动教育[M]. 北京：北京理工大学出版社，2021. 05.

[12] 王晓红，孙利峰，黄科祥. 劳动教育实践手册[M]. 北京：航空工业出版社，2021. 08.

[13] 冯喜成，向松林. 新时代劳动教育理论与实践教程[M]. 北京：首都师范大学出版社，2021. 01.

[14] 梁露，张自遵，王继梅. 高职生劳动教育教程[M]. 北京：中国民主法制出版社，2021. 04.

[15] 韩春卉，侯银海，曹飞颖. 职校生劳动教育教程[M]. 北京：中国民主

法制出版社，2021．04．

[16] 姜正国．劳动教育与工匠精神教程[M]．北京：北京理工大学出版社，2021．05．

[17] 王一涛，杨海华．大学生劳动教育与实践[M]．苏州：苏州大学出版社，2021．08．

[18] 郭原娣，王彦发，金凌洁．劳动教育理论与实践教程[M]．石家庄：河北科学技术出版社，2021．04．

[19] 李志峰．大学生劳动教育概论[M]．武汉：武汉大学出版社，2021．01．

[20] 王卫旗，王秋宏，刘建华．大学生劳动教育教程[M]．北京：北京理工大学出版社，2021．02．

[21] 邵国莉．大学生劳动教育与素质养成[M]．长春：吉林摄影出版社，2021．12．

[22] 张子睿，郭传真．劳动教育及其创新进路研究[M]．北京：中国书籍出版社，2021．05．

[23] 艾海松．大学生劳动教育实用手册[M]．重庆：重庆大学出版社，2021．09．

[24] 曹丽萍．新时代大学生劳动教育研究[M]．北京：北京工业大学出版社，2021．04．

[25] 龚春燕，程艳霞．新时代劳动教育创新论纲[M]．北京：教育科学出版社，2021．12．

[26] 梁焕英．新时代劳动教育多样态[M]．沈阳：辽宁大学出版社，2021．10．

[27] 施盛威，张毅驰．新时代大学生劳动教育实践指导[M]．苏州：苏州大学出版社，2021．09．

[28] 张其光．新时代高校劳动教育的回归与转型研究[M]．北京：九州出版社，2021．09．

[29] 刘辉，刘全明．职业院校劳动教育与实践[M]．湘潭：湘潭大学出版社，2020．08．

[30] 邵文祥．新时代大学生劳动教育教程[M]．成都：电子科学技术大学出版社，2020．09．

[31] 陈锋，褚玉峰．新时代劳动教育理论与实践教程[M]．上海：同济大学出版社，2020．09．